U0117983

中国制造 2025 系列丛书

优质制造

国家制造强国建设战略咨询委员会
中国工程院战略咨询中心 编著

电子工业出版社

Publishing House of Electronics Industry

北京·BEIJING

内 容 简 介

本书是围绕经济社会发展和国家重大安全需求，由中国工程院会同工业和信息化部、国家质量监督检验检疫总局联合开展的"制造强国战略研究"重大战略咨询研究项目成果之一。

本书围绕质量强国，系统介绍了质量变革与先进国家质量提升的经验、国家质量技术基础在促进产业质量升级中的重要作用、我国质量品牌建设的先进经验，强调质量为先是建设制造强国的必由之路，提出了我国质量提升与发展的建议。本书对推动优质制造战略的实施、建设质量强国有重要的参考借鉴价值。

本书可为政府部门、制造业企业和研究机构中从事制造业政策制定、管理决策和咨询研究的人员提供参考，也可以供高等院校相关专业师生及其他对制造业感兴趣的社会读者阅读。

未经许可，不得以任何方式复制或抄袭本书之部分或全部内容。

版权所有，侵权必究。

图书在版编目（CIP）数据

优质制造 / 国家制造强国建设战略咨询委员会，中国工程院战略咨询中心编著.
—北京：电子工业出版社，2016.5
（中国制造 2025 系列丛书）
ISBN 978-7-121-28149-5

Ⅰ. ①优... Ⅱ. ①国... ②中... Ⅲ. ①制造工业－品牌－质量管理－研究－中国 Ⅳ.
①F426.4

中国版本图书馆 CIP 数据核字（2016）第 027629 号

责任编辑：李　洁
印　　刷：中国电影出版社印刷厂
装　　订：中国电影出版社印刷厂
出版发行：电子工业出版社
　　　　　北京市海淀区万寿路 173 信箱　邮编　100036
开　　本：720×1 000　1/16　印张：16　字数：358.4 千字
版　　次：2016 年 5 月第 1 版
印　　次：2016 年 5 月第 1 次印刷
定　　价：98.00 元

凡所购买电子工业出版社图书有缺损问题，请向购买书店调换。若书店售缺，请与本社发行部联系，联系及邮购电话：（010）88254888，88258888。

质量投诉请发邮件至 zlts@phei.com.cn，盗版侵权举报请发邮件至 dbqq@phei.com.cn。

本书咨询联系方式：lijie@phei.com.cn。

落实《中国制造2025》加快建设制造强国

——在国家行政学院"中国制造2025"专题研讨班上的讲话

（代 序）

马 凯

制造业是国民经济的主体，是立国之本、兴国之器、强国之基。党中央、国务院历来高度重视制造业发展。习近平总书记强调，"工业化很重要，我们这么一个大国要强大，要靠实体经济，不能泡沫化"，"要推动中国制造向中国创造转变、中国速度向中国质量转变、中国产品向中国品牌转变"。李克强总理指出，"制造业发展与就业民生密切相关，根本出路在于加快创新升级，强化质量品牌建设，打牢实体经济根基"。为推动中国制造由大变强，党中央、国务院着眼全球视野和战略布局，立足我国国情和发展阶段，做出了实施《中国制造2025》的战略决策，这是未来10年引领制造强国建设的行动指南，也是未来30年实现制造强国梦想的纲领性文件。

实施《中国制造2025》，加快建设制造强国，要全面贯彻党的十八大和十八届三中、四中全会精神，坚持市场主导、政府引导，立足当前、着眼长远，整体推进、重点突破，自主发展、开放合作，坚持创新驱动、智能转型、强化基础、绿色发展、人才为本，坚持把装备升级作为重中之重，积极推动信息技术与制造技术深度融合，大力提升国家制造创新能力，夯实工业四大基础，提高数字化、网络化、智能化制造水平，促进产业转型升级，努力满足经济社会发展和国防建设需求，加快实现制造业由大变强的历史跨越。

组织实施《中国制造 2025》，是一项庞大的系统工程，涉及方方面面、关系全国上下，需要中央、地方、企业、科研院所、大专院校、金融机构等有关方面广泛参与、共同努力。当前和今后一个时期，我们要全面动员社会各方力量、充分汇集社会各方资源，千方百计、扎扎实实地把《中国制造 2025》组织实施好，加快把战略规划转变为年度计划，把年度计划落实到实际行动，把实际行动转化成实实在在的发展成效。

第一，企业要承担起制造强国建设的主体责任。企业是战略规划的实施主体，在制造强国建设中肩负着重要使命。我们衡量由制造大国到制造强国转变的一项重要指标就是能否形成一批富有创新精神、竞争力强、在国际上有重要影响的制造业大企业大集团，能否形成一批世界知名的制造业品牌。重点要抓好七个方面。**一要抓市场**。坚持市场导向，做好市场分析，瞄准市场需求，紧盯国家短板，紧跟未来科技发展。唯有如此，企业发展才有出路。离开市场，发展就会缺乏动力，也难有效益。**二要抓创新**。这是建设制造强国的根本。这里所说的创新，是全方位、全过程、全环节的创新，包括技术创新、体制创新、管理创新、商业模式创新等，也包括从整机到核心元器件、材料、工艺等各方面/各环节的创新。**三要抓融合**。下一步制造业的发展，核心就是要抓信息技术与制造技术的深度融合，实现"数字化、网络化、智能化"制造，这是新一轮科技革命和产业变革的核心所在。在过去的 200 年里，我国与第一次、第二次工业革命失之交臂，但目前我国无论是装备制造业还是信息技术产业都具备了相当的基础。如果搞得好，就完全有可能走在世界前列。**四要抓服务**。制造业服务化是现代制造业的发展趋势，也是做强服务业的重要途径。从一定意义上讲，未来制造业的竞争，就是生产性服务业的比拼。要加快制造与服务的深度融合，大力发展工业设计和服务型制造，把前端研发设计和后端售后服务的水平提升上去，提高企业价值创造能力。其中，要特别重视工业设计。科技是第一生产力，设计是科技+艺术，是一种新的生产力。杨振宁说，21 世纪是设计的世纪。哪个民族不重视设计，就要落后。**五要抓基础**。我国制造业与国际先进水平的差距，表现出来的是整机或最终产品的差距，但背后却是材料、工艺、元器件等整个工业基础问题。如果关键基础材料、核心基础零部件（元器件）、先进基础工艺及产业技术基础这四个基础不打牢，那么高端产品是生产不出来的。企业要向价值链高端攀升，必须在这"四基"上狠下功夫。**六要抓开放**。有条件的企业要加快走出去步伐，学会利用两种资源、两个市场。特别是在我国经济进入新常态的大背景下，要积极参与国际产能和装备制造合作，在国际竞争中扩大市场、提升竞争力。**七要抓改革**。上述几条能不能真正搞好，最终还是要靠改革。要坚持问题导向，深化国有企业改革，健全内部治理结构，加快建立与市场经济相适应的选人用人、业绩考核、收入分配等激励约束机制。在大胆推进改革的同时，也要注意把增强活力和加强监管相结合，确保国有资产保值增值。中央企业在国民经济发展中具有十分重要的地位和作用，是制造强国建设的骨干和中坚，要积极履行使命，主动承担重任，切实发挥好主力军和排头兵的作用。行业协会是政府与企业的桥梁和纽带，要把规划实施与行业实际紧密结合，不断加强对行业企业的指导和服务。

第二，政府要为制造强国建设创造良好发展环境。推进制造强国建设，主要应靠企业努力，但离不开政府的组织、引导、推动和政策支持。政府要准确把握定位，不能"越位"，也不"缺位"，关键是不能替代市场的主导作用和企业的主体作用。政府的定位就是要深化体制改革，完善政策支持，创造良好环境，为制造企业减负，为创新创造松绑，为产业发展保驾护航。**一要在深化改革、简政放权上下工夫**。深化市场准入制度改革，实施负面清单管理，加强事中事后监管。**二要在创造公平竞争环境、激发企业创造活力上下工夫**。健全知识产权创造、运用、管理、保护机制，严厉惩处市场垄断和不正当竞争行为，依法打击侵权行为。**三要在发挥制度优势、集中力量办大事上下工夫**。有些战略新兴产业一开始仅仅依靠市场很难地发展起来,要发挥社会主义优越性，整合有效资源，积极推动制造业重大工程建设。**四要在推广应用上下工夫**。加快落实支持重大装备规模化应用的政府采购政策，落实好、完善好首台（套）重大技术装备应用等鼓励政策。**五要在财税、金融支持政策上下工夫**。完善税收制度，创新财政资金支持方式，积极发挥政策性金融、开发性金融和商业金融的优势，加大对高端装备重点领域的支持力度。

第三，各地区要因地制宜抓好制造强国战略推进实施。地方政府是战略规划实施的重要力量。《中国制造 2025》印发后，不少地方都将其作为新的经济增长点，抓紧研究制订/落实意见或行动计划。这里有几点要注意。**一要吃透精神**。各地要及时传达党中央、国务院有关精神和要求，认真组织学习《中国制造 2025》，把握好规划的指导思想、基本原则和核心内容。**二要加强组织**。健全本地区工作推进机制，强化部门协同和上下联动，确保重点工作落实到位。**三要科学规划**。各地要从各自省情、区情、市情出发，结合自身制造业发展实际、所处阶段和比较优势，科学地制定发展规划。**四要突出重点**。各地都要分析自身优势所在，确定本地区发展重点，不能简单机械地照搬或者搞层层分解，切忌面面俱到、什么都搞。要选择有优势的领域或者产业链的优势环节，集中力量实现重点突破。**五要大胆探索**。《中国制造2025》的实施需要在体制机制等方面开展创新，具备条件的地方应积极探索、先行先试。例如，制造业发展条件好、创新资源丰富的地区，可以率先探索建立区域性创新中心，带动本地区制造业创新发展等。

第四，科研院所和高等院校要为制造强国建设提供坚实的科技和人才支撑。科研院所和高校是科技创新和人才培养的重要基地，在制造强国建设中承担着不可替代的职责。制造业最终的比拼就是人才的比拼，是各个层次人才的比拼，包括一流科学家、高素质科研人员、各行业领域领军人物，也包括高级技工，还包括一般工人。总之，人才是关键。科研院所和高等院校要切实抓好以下几方面工作。**一要在主动参与企业为主体的产学研用协同创新上下工夫**。科研院所和高等院校要走出校门、走出院门，和企业结成共同体，形成一个新的协同创新体系。高铁的成功，协同创新功不可没，其中科研院所和高等院校都发挥了重大作用。**二要在基础研究上下工夫**。基础研究是科技创新的根基，这是企业和政府取代不了的。原始创新能力不强、重大原创性成果不多，是建设制造强国最为突出的一块短板。要瞄准国家重大战略需求和未来产业发展制高点，大力加强基础研究和高技术研究，不断提高原始创新能力，为制造业技术创新提供坚实的科学基础。**三要在突破共性技术上下工夫**。过去，我国在共性技术领域拥有一套完整、系统的研发体系和人才队伍，但原行业的科研院所转企改制后共性技术供给严重缺失。要尽快整合有关力量，加强与"四基"企业、整机企业对接合作，积极参与设立制造业创新中心，加快突破关键基础材料、核心基础零部件等的工程化、产业化瓶颈，夯实制造业发展的基础。**四要在推动成果转化上下工夫**。成果转化是联结科技与经济的纽带，是技术从实验室走向市场、实现价值创造的关键一跃。要以完善激励机制为重点，加快推进科技成果使用、处置和收益管理改革，大力推动科技成果产业化。**五要在人才培养上下工夫。**一方面，要以高层次、急需紧缺专业技术人才和创新型人才为重点，实施专业技术人才知识更新工程和先进制造卓越工程师培养计划，打造一支高素质的专业技术人才队伍。另一方面，要强化职业教育和技能培训，形成一支门类齐全、技艺精湛的技术技能人才队伍。

第五，金融机构要为制造强国建设提供全方位的金融服务。金融和实体经济是命运共同体，一荣俱荣、一损俱损。金融是现代经济的核心，实体经济是金融的根基；离开了实体经济发展，金融也就成了无源之水、无本之木。因此，金融机构要牢牢树立为实体经济服务的理念，创新金融产品，创新服务模式，拓宽制造业融资渠道，千方百计降低企业融资成本，支持制造业发展。要积极发挥政策性金融、开发性金融和商业金融的优势，加大对新一代信息技术、高端装备、新材料等重点领域的支持力度。健全多层次资本市场，支持符合条件的制造业企业上市融资、发行各类债务融资工具。积极引导风险投资、私募股权投资等支持制造业企业创新发展。探索开发适合制造业发展的保险产品和服务，鼓励发展贷款保证保险和信用保险业务。在风险可控和商业可持续的前提下，通过内保外贷、外汇及人民币贷款、债权融资、股权融资等方式，支持企业走出去。

第六，专家学者要为制造强国建设提供广泛的智力支持。制造强国战略实施，涉及经济、法律、政策、产业、技术、管理、文化等多个领域，需要广泛的智力支持。广大专家学者是党和国家的宝贵财富，是实施《中国制造2025》的重要依靠力量。在《中国制造2025》的形成过程中，专家学者做出了重大贡献。希望在实施推进过程中，广大专家学者能够继续发挥作用、提供智力支撑。为保证规划实施的科学化、民主化，国务院决定成立制造强国建设战略咨询委员会，作为领导小组咨询机构。该咨询委员会由产业经济、专业领域、行业协会、企业代表等方面的院士和专家组成，代表着各领域的最高水平。各位专家要加强制造业前瞻性、战略性、长远性问题调查研究，积极建言献策，提出有价值和独立见解的咨询意见和建议。今后，对拟提交领导小组审议的重大问题，要积极吸收有关专家参与研究，主动征求咨询委员会意见建议，充分开展论证评估。与此同时，也要支持包括社会智库、企业智库在内的多层次、多领域、多形态的中国特色新型智库建设，为制造强国建设提供咨询建议。

加快建设制造强国，任务艰巨，意义重大。我们要紧密团结在以习近平同志为总书记的党中央周围，求真务实，奋发有为，共同推动我国实现从制造大国向制造强国的历史性转变，为全面建成小康社会、实现中华民族伟大复兴的中国梦做出新的更大贡献！

2015 年 7 月 14 日

前言
Foreward

质量是兴国之道、强国之策，质量问题是经济社会发展的战略问题，关系可持续发展，关系人民群众切身利益，关系国家形象。《中国制造 2025》规划明确提出：必须把质量作为建设制造强国的生命线，全面夯实产品质量基础，不断提升企业品牌价值和"中国制造"整体形象，走以质取胜的发展道路。中共中央、国务院专门出台的《国家创新驱动发展战略纲要》中，明确提出要实施知识产权、标准、质量和品牌战略，推进质量强国和中国品牌建设。质量已然成为制造强国的关键内核和推动经济转型升级的重要因素。这种升级的一个重要标志，就是让我们享誉全球的"中国制造"，从"合格制造"变成"优质制造"。

本书是"制造业质量与品牌发展战略研究"课题组阶段性工作的总结，全书由五章构成。

第一章强调质量为先是制造强国的必然之举。介绍了优质制造的背景，分析质量在制造强国中的战略地位，剖析我国制造质量所面临的问题，阐述供给侧结构性改革、"互联网+"等新形势下对质量提升的新要求，提出了质量提升的并联式发展指导思想。

第二章系统介绍了质量变革与先进国家质量经验。阐述了质量内涵的演变，分析质量的发展历程以及未来质量的研究，并通过对美、德、日等先进国家质量经验的分析，提出对我国质量发展与提升的启示。

第三章介绍国家质量基础建设与示范。国家质量基础（NQI）是支撑制造业提质增效升级的重要技术基础，通过国家建设坚强智能电网工程与格力电器空调生产案例，具体分析了国家质量基础建设在促进产业质量升级中的重要作用。

　　第四章论证全球经济环境下品牌的制胜效应，通过案例形式，介绍了国外知名企业先进的质保体系和品牌发展之路，挖掘中国企业质量品牌的先进经验，促进全社会对质量品牌的关注和认同。

　　第五章选取了9家中国质量奖获奖者和获奖提名者，整理归纳质量的特色及在强企中的作用。这些获奖组织的创新做法和典型经验，是我国质量管理多年探索创新的结晶，集中反映了当前我国质量管理的最高成就，对于全社会学习、交流、传播质量先进经验，推动我国质量事业创新发展，具有重要参考借鉴价值。

　　期望本书的出版能够为政府部门的科学决策以及相关研究学者的进一步深入研究提供借鉴参考，为加快推进质量强国发挥积极作用。

　　本书的编写工作由中国工程院林忠钦院士，国务院张纲参事，上海交通大学奚立峰、潘尔顺、赵亦希、李艳婷，国家质检总局刘辉、刘军、赵海翔、王金玉、王立志，上海质量科学研究院郭政、邓绩、李敏珩、崔继峰等共同完成。经过大家的努力，终于将此书奉献给广大读者。

　　感谢各级政府及企业界、学术界的同志们在本书编写过程中给予的鼎力支持，感谢出版社编审的辛勤工作。

　　由于时间较紧，错误之处在所难免，殷切希望读者对本书提出指正意见。

目 录
Contents

质量为先是建设制造强国的必然之举 /001

一、优质制造的背景 /002

二、质量在制造强国战略中的地位 /004

三、我国制造业质量面临的问题 /010

四、制造质量提升的新形势 /016

五、质量提升的并联式发展指导思想 /024

质量变革与先进国家质量经验 /032

一、质量内涵 /033

二、质量发展演变与未来质量研究 /040

三、发达国家的质量经验 /056

国家质量基础建设 /080

一、国家质量基础 /081

二、国家质量基础的战略地位 /091

三、国家质量基础促进产业质量升级：
案例分析 /093

四、国家质量基础国际发展状况及趋势 /111

全球竞争环境下品牌的制胜效应 /121

一、品牌建设对国家和企业的重要意义 /122

二、中国制造业品牌发展的总体情况和
主要问题 /126

三、国内外制造业典型企业的品牌建设 /131

四、品牌建设的健康发展环境 /159

从中国质量奖看中国企业质量发展之道 /163

一、概述 /164

二、中国航天科技集团公司 /166

三、海尔集团公司 /177

四、华为投资控股有限公司 /186

五、山西太钢不锈钢股份有限公司 /197

六、大连造船厂集团有限公司 /205

七、雅戈尔集团股份有限公司 /213

八、联想集团 /221

九、中联重科股份有限公司 /228

编委会 /237

中国制造 2025 系列丛书出版工作委员会会 /238

跋 /239

1

质量为先是建设制造
强国的必然之举

上海交通大学

林忠钦　奚立峰　潘尔顺　李艳婷　赵亦希

本章简介：介绍优质制造的背景，结合中国制造业质量的悖论及质量品牌的总体形势，分析我国制造业质量现状和面临的挑战，阐述质量在经济转型中的重要作用和在制造强国中的重要地位。从经济全球化、"互联网+"等多个视角分析新时期我国质量品牌的变革和机遇，提出中国制造业质量提升的并联式发展指导思想。

一、优质制造的背景

质量是制造业的生命，也是制造业强大的主要标志，没有高水平的质量，不可能成为世界制造强国。纵观世界实体经济，质量是产品竞争力的核心要素，是制造业实力的综合反映，是国家强盛的关键内核。加快提升我国制造业质量，是促进经济转型发展的需要，是支撑消费升级的需要，是增强竞争能力的需要，是维护社会稳定的需要，也是实现中华民族伟大复兴的必由之路。中国经济发展已进入换档升级的中高速增长时期，要支撑经济社会持续、健康发展，实现中华民族伟大复兴的目标，就必须推动中国经济向全球产业价值链中高端升级。这种升级的一个重要标志，就是让我们享誉全球的"中国制造"，从"合格制造"变成"优质制造"。

新中国成立尤其是改革开放以来，我国制造业持续快速发展，建成了门类齐全、独立完整的产业体系，产品及服务质量稳步提升，质量基础建设逐步加强，一批产业、企业和产品已经进入世界先进行列，工业结构正由门类单一到齐全、由低端制造向中高端制造方向迈进，成为名副其实的"制造大国"。"十二五"时期，我国产品质量状况保持积极向好的发展态势，产品质量合格率从 2011 年的 87.5%提升到 2015 年的 91.1%，增加 3.6 个百分点；产品质量国家监督抽查不合格产品检出率从 12.5%下降到 8.9%，降幅达 3.6 个百分点。我国制造业质量竞争力指数持续增长，从"十二五"初期的 82.57，提高到末期的 83.34，累计增长了 0.77。根据 2015 年统计，我国出口商品平均出口单价（美元/千克）达到 18.74，同比大幅提升 51.62%；具有全球质量竞争优势的出口商品出口额占比达到 9.94%，同比提升 2.37 个百分点；出口缺陷商品被召回次数每 10 亿美元从 7.08 次下降到 4.53 次，降幅达 56.29%。

尽管如此，我国制造业质量水平仍然滞后于制造业规模的增长，产品质量总体水平不高，质量创新能力不足，产品结构不优，世界知名品牌匮乏，制造业产品的假冒伪劣现象严重。质量已经成为我国制造业大而不强的关键因素。

《中国制造2025》战略规划和目标的指导思想中提出五个基本方针，即创新驱动、质量为先、绿色发展、结构优化、人才为本。"质量为先"是五个基本方针之一，也是头10年重点实施的核心方针，质量是建设制造强国的生命线，"质量为先"是通过 "向质量进军"迈向"中国制造"强国的第一步。

《中国制造2025》提出"质量为先"，正是抓住了我国制造业的短板[1]。质量是我国制造业突破瓶颈的关键。只有在产品质量上实现突破提升，才能根本解决制造业产品质量不高的顽疾；要保证我国制造业稳定发展，"提质增效升级"的支点在质量；同时质量是我国制造业由大变强的基础，没有质量的坚实基础，"中国制造"就摆脱不了"低质低价"的标签，制造强国非但无法实现，制造大国甚至有可能因其他发展中国家的追赶而逐渐落后。

2016 年 3 月 5 日，李克强总理所作的政府工作报告，对"十三五"时期主要目标任务和重大举措进行部署时，明确提出"加快建设质量强国"，展示了走质量效益型发展道路的坚定决心。当前，新一轮科技革命和产业变革历史性交汇，新的国际分工格局正在重塑。对于处于转型发展时期的发展中国家，我国现阶段解决质量问题的客观需求更强。制造业质量提升是具有全局性、系统性的工程，必须综合施策、整体推进。以"质量为先"作为制造强国进程中的指导方针和行动指南，是建设制造强国的必然之举。

---

[1] 蒋家东. 推进中国制造转型升级必须坚持质量为先. 中国电子报, 2015 年 6 月 16 日第 003 版.

二、质量在制造强国战略中的地位

制造业是国家支柱性产业，是强国之基、富国之本，一个国家没有强大的制造业不可能成为真正意义上的大国和强国。高质量是制造业强大的重要标志，既是企业和产业核心竞争力的体现，又是国家综合实力的反映。现阶段，确立并实施制造质量强国战略，对于主动适应和引领新常态，突出提高质量效益的中心地位，优化产业结构，提升竞争实力，促进经济社会健康可持续发展具有重要意义。

促进转型发展

质量是转型发展的核心要素。后发经济体实现跨越式发展往往要经历两个阶段。在第一阶段，利用土地、劳动力等资源禀赋优势在国际分工体系中以低成本实现数量增长，取得快速的经济增长；在第二阶段，贸易扩大和财富增长将导致劳动力等要素价格的上涨，单纯依靠资源禀赋的数量增长已难以为继。贸易伙伴对产品质量的要求不断提高，本国消费能力的增强也要求更高的质量水平，高质量将成为跨越式发展的核心要素。因此，在两个阶段中，如果不能合理地推进发展方式的转变，经济增长将会转入停滞甚至倒退。从这个意义来看，所谓"中等收入国家陷阱"实质上是"数量-质量发展模式转换陷阱"。依靠廉价劳动力、开发自然资源和获得外国直接投资等难以支撑可持续的经济增长，创新、质量和知识是主要发达经济体提高生产率，以及这些国家的企业在国际上成功地展开竞争和扩张的重要方面。一些拉美国家之所以无法成功跨越"中等收入国家陷阱"，其根本原因在于缺乏高水平的创新和高质量高附加值的工业制成品出口，在经济全球化竞争中长期处于不利地位。

当前，世界制造业新一轮分工争夺激烈，我国面临"双重挤压"。一方面，金融危机使美国、欧盟等发达国家和地区重新重视发展实体经济，加速"再工业化"和"制造业回归"。另一方面，受劳动力成本上升、人民币汇率升值等因素的影响，我国低附加值产品出口的价格优势弱化，而印度、越南、印尼等发展中国家以更低的劳动力成本承接劳动密集型产业的转移，我国过去单纯依靠劳动力成本低、资源、能源消耗大和牺牲环境为代价的传统比较优势已难以为继。"双重挤压"局面要求我国制造业必须转型升级，由数量规模型向质量效益型转变，核心是要推动我国经济实现由"量"到"质"的转变。

质量提升是产业结构优化、经济发展升级的重要途径。据欧盟有关机构研究，质量优势是欧洲各国应对美日"创新挤压"以及新兴经济体"成本挤压"的重要方式，是平衡欧洲高福利和竞争力的根本手段。发达国家产业结构中，质量弹性产业增加值占制造业增加值比重通常较高，如欧盟为 42%，美国为 38%，日本为 35%，而我国不足 20%。在我国提质增效升级的现阶段，从质量维度研究产业结构，并通过提高质量敏感型产业在制造业中的比重是一项具有创新意义的举措。

质量是建设资源节约型、环境友好型社会的支撑。质量提升是重要的节约途径，高质量意味着废品的减少，意味着制造和维护成本的下降，意味着使用寿命的延长。例如，我国提高钢筋质量标准，以中高档钢筋取代低档钢筋可节约钢材 14%~20%，脚手架用高强钢替代普通焊管可节材 30%以上，输电铁塔用高强钢取代普通钢可节材 10%以上[2]。再如，我国对现役飞机进行可靠性与寿命增长改进，投入 1.5 亿元人民币，使机群寿命增加了约 239 万飞行小时，相当于减少装备购置费、维修费 33.41 亿元人民币，投入产出比高达 1：22。提高质量也是改善环境的有效途径，以油品质量为例，柴油标准从国Ⅲ升级为国Ⅳ意味着硫含量指标从不大于 0.035%降至不大

---

[2] 刘勇昌. "节能减排目标没有实现"触动了钢铁什么. 中国钢铁新闻网。

于 0.005%[3]，有效地降低了汽车尾气排放物中氮氧化物和颗粒浓度，促进了环境保护。

支撑消费升级

稳定消费、扩大内需是经济增长的基础。质量对生活性消费和生产性消费都具有显著的支撑作用和拉动效应。

在生活性消费领域，需求取决于两个主要因素：一是购买能力，由居民可支配收入决定；二是购买意愿，由消费偏好、市场供给等因素决定。其中，质量对消费者购买意愿发挥着重要作用。质量好，起到增幅器的作用，有助于放大需求，实现增长。反之，则起到阻滞器的作用，压制或转移需求。10多年来，我国制造业整体质量水平不断提升，较好地保障了消费的稳定增长和经济的持续发展。

当前，我国生活性消费需求正在呈现多元化、分层级的发展趋势，伴随消费结构的不断升级，对质量的要求与日俱增。具体表现为：一是由收入效应带来的从"低质低价"向"中质中价"甚至"高质高价"发展，从数量消费正在向质量消费过渡，随着国民收入水平提高，需求结构变化，已经进入质量需求全面升级的新阶段；二是替代效应造成从日用消费品向耐用品、资本品过渡，从百元、千元消费层次向万元、10万元消费层次过渡。从国际经验来看，消费结构的升级带来了巨大的市场潜力，但如果本国产品质量不能同步发展，必然导致对国外产品需求的大幅增长，进一步加深我国经济发展面临的总量矛盾和结构矛盾。这一点在汽车领域表现十分突出。

---

[3] 中华人民共和国国家标准：车用柴油（Ⅳ）。

　　J.D. Power 亚太公司中国新车质量研究已经进入第 15 个年头。这项研究衡量新车车主购车后 2～6 个月内经历的问题，并将新车质量问题明确划分为两大类：设计缺陷和故障/无法操作。新车质量的综合得分以每百辆车的问题数（PP100）来衡量，分数越低表明问题发生率越低，质量也越高。我国汽车产品质量虽不断地提升，但与国外相比始终存在一定差距（图 1）。

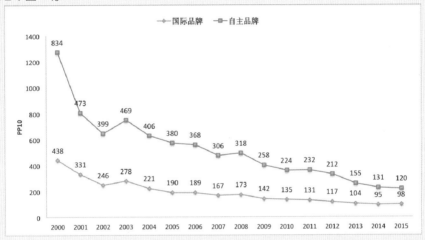

图 1　我国和国际汽车行业品牌总体 PP100 发展趋势

　　据 J.D. Power 亚太公司发布的近年来中国新车质量研究 SM（IQS）报告显示，中国新车质量持续提升，自主品牌进一步缩小与国际品牌之间的差距。自主品牌 2015 年总体新车质量 PP100 指数平均为 120，国际品牌则为 98。中国新车的质量提升道路仍任重道远。在生产性消费领域，对高质量的需求更加迫切。目前，我国重大装备生产所需的母机，各行业使用的精密仪器，以及高端医疗设备、重要核心元器件、零部件等主要依靠进口，其主要原因就是国产设备和产品的质量水平不高，由于精度低，稳定性和可靠性差，产品的一致性与国外同类产品水平相比存在明显差距。例如，我国工程机械液压产品平均故障间隔时间（MTBF）不到 3000 h，而国外先进水平可达到 8000 h，这导致我国大型工程机械（属具有国际竞争力的优势产业）所需 35 MPa 以上液压件的 95%以上依赖进口。

增强竞争能力

　　质量是赢得国际市场的根本途径。一国产品的质量水平与其国际市场份额呈现强正相关，与国际贸易中价值链地位呈现强正相关。国际货币基金组织对全球 58 个国家（覆盖了 94%的国际贸易）三个时期（174 个观测值）的贸易相关数据进行了动态分析，其中就产品质量和国际竞争力的关系，形成以下结论：①发展中国家，尤其是亚洲国家，产品质量的提升是全球市场份额增长的主要来源；②发展中国家在向全球市场，尤其是向发达国家销售产品时，质量提升作用显著，甚至高于单纯的产品结构形式的改变；③质量提升不仅有助于产品出口，而且有助于出口价格的提高，使发展中国家获得更好的贸易地位；④质量提升有助于建立和维护国家声誉，对发展中国家尤为重要。

　　制造业质量水平与国家综合实力密切相关。市场经济是竞争的经济，竞争主要靠产品、价格和服务，而产品竞争归根到底是质量的竞争。美国学者迈克尔·波特指出，"产品与服务的生产率高低以及它们的质量水平是国家竞争能力的直接体现，其他因素都附着其上。国际间的贸易竞争、经济竞争本质上是质量竞争"。采用中、德、日、韩四国历史数据测算发现，以"出口货物单位价格"计算的质量水平指标与一国的国内生产总值、R&D 投入占比、高等教育普及率等综合竞争力指标多为强正相关关系。

　　制造业质量水平还关系到一国的国际声誉。在国际市场上，一个国家首先是通过销往他国的产品及服务而被认识和定位的。好的质量能够帮助企业乃至一个国家建立长期声誉，获得更大的贸易"溢价"。而差的质量不仅使市场需求大幅减少、甚至丧失产品附加值，还会直接影响一国的国家声誉，并且这种负面影响在较长时间内难以消除。我国出口商品长期占据欧美等国召回通报数量的首位，使国家的整体形象往往和"低质低价"联系在一起，即使与我国关系友好的非洲，也多次表达希望输出高质量产品的要求。特别是一些重大质量安全事故的发生，使得我国在全球贸易中国家形象受损。

维护社会稳定

制造业质量是提高生活质量的物质基础与保障，经济社会的发展史实质上是一部提高生活质量的奋斗史。

产品质量关系到人民群众的切身利益，它贯穿于食品、消费品、住房、医疗、出行等日常生活的方方面面，直接影响着生产安全、交通安全、工程安全等各个领域。如果产品质量不高，不仅直接损害消费者基本权益，有时重大质量事件的发生，还会危及人民群众生命健康安全，甚至引发系统性风险，影响社会稳定。这几年我国相继发生的三聚氰胺、瘦肉精、地沟油、塑化剂等质量安全事件，造成群众对食品安全的强烈担心和不满，特别是 2008 年发生的"三鹿奶粉"事件，导致 6 名儿童死亡，严重影响了社会稳定和国家形象，也重创了我国乳业的发展。综上所述，在现代国际竞争环境下，我们有理由认为质量是制造实力的综合反映，是竞争能力的核心要素，是国家强盛的关键内核。质量在建设制造强国进程中发挥着决定性作用。

三、我国制造业质量面临的问题

中国制造业质量的悖论

神舟飞天、嫦娥探月，创新缔造中国高度；蛟龙入水、海上钻探，创新成就中国深度；高铁飞驰、天河运转，创新改写中国速度。质量是我国制造业突破瓶颈的关键。多年来，我国制造业虽然取得了"上天"、"入地"、"下海"的巨大成就，但产品质量不高问题却一直未得到根本解决，突出表现在：一些领域基本符合性的质量问题仍大量存在，导致一些产品质量常年不合格。一些装备的关键材料、基础部件、核心系统质量不稳定或者可靠性不高，必须依赖进口，导致研制生产长期受制于人；一些产业缺乏高端、高质量产品研发设计能力，只能定位于生产低端低附加值产品。

1. 产品质量与成本的悖论

我国企业的产品基本都处于低端市场，绝大多数中国制造都是走大规模制造、低成本低价格、产品同质化的道路，极度缺乏创新的、高价值的、个性化的产品。这就使中国制造走在了低价格竞争、低利润回报的恶性循环中。而高附加值、高利润的产品却被国外产品所占据。2015年春节期间凤凰新闻客户端推送了一条标题为《央视：中国游客赴日抢购电饭煲和马桶盖》的新闻，一石激起千层浪，当很多人得知飘洋过海从日本背回的马桶盖，其实是在中国杭州生产的时候，大多感到很诧异，之后又大多很感慨。"爆款"马桶盖用的是中国技术和中国原材料，而且是在中国设计，在中国生产，只不过资金和品牌带着浓厚的日本基因，那么它为什么不属于中国产品，而仅仅是中国制造？爆买热的背后，反映的是中国供给侧的不足，折射的其实是中国制造的痛。在过去 20 年里，中国所做的事情是制造和加工，出卖廉价的资源，利润微薄，而至于商品的核心科技和中国没有一点关系，而"中国制造"推行的用市场换技术的策略已经完全失效，国外技术封锁，中国商品更新换代立刻停滞，受人制约非常严重。

以深沟球轴承为例，国外名牌产品的寿命一般为计算寿命的 8 倍以上（最高可达 30 倍以上），可靠性为 98%以上（或追求与主机等寿命），而我国轴承的寿命一般仅为计算寿命的 3～5 倍，可靠性为 96%左右[4]。

以数控机床为例，目前市场上五轴联动加工中心多用于航天航空、核电等，单台价格达四五百万元。五轴联动数控机床国外产品连续工作 1500 h 没有故障，国产数控机床大约为 1000 h，相差 1/3。而数控系统是数控机床的核心，德国西门子和日本的马扎克、法那克掌握着数控系统的最高水平，目前国内机床企业使用的中高档机床的数控系统基本都是国外进口[5]。

产品寿命低、可靠性差，制造者就需要配置更多台数的装备和消耗更多的零部件，造成更多的能源和资源消耗，无法提高产品的附加值，就只能在残酷的价格战中苦苦挣扎，工人的工资被压低，难以改善民生；产品可靠性差还容易引发重大事故，所造成的损失将远远超过装备本身的价值；武器装备的寿命低、可靠性差将严重削弱部队的战斗力，后果不堪想象。

2. 国内低质与出口优质的悖论

我国商品准入市场的标准太低，这就是为什么同样是国产商品，出口国外的都比留存国内的商品质量好。欧美市场对于进口商品的检测标准非常高，质量是重中之重；而我国市场的准入标准非常低，所以即便从国外买回来的"中国制造"质量也会好于国内。

我国制造业的低质问题集中体现在中国的出口市场上。虽然中国制造

---

[4] 中国百科网，我国滚动轴承与国外的差距分析。

[5] 数控机床行业我国与国外先进国家相比主要的差距在哪里，数控工作室。

业出口在中国加入世贸组织后出现了迅速的增长，高质量产品在中国出口中所占的比重越来越低，中国制造业出口与发达国家之间在差距不断扩大，产品质量相对世界平均水平不断下滑，大有陷入"质量陷阱"之中的迹象。

与质量低紧密相关的一个问题在于中国出口价格极其廉价，中国制成品在世界上的唯一竞争力在于价格低，而以出口质量为核心的产品竞争能力远未建立起来。大量出口企业严重依赖以低价为特征的价格竞争作为自身在出口市场中的安家立命之所，但却使得中国制造业长期增长潜力乏力，贸易利益获取极其有限。由于出口质量远高于国内产品质量，国内产品的低质问题更是引发深思。国内大量企业并不注重自身产品质量的提升，仅仅依赖于以低廉的价格获取销售市场，更不关心通过生产流程的改进以提高自身的产品质量，从而导致由于产品低质所引发的社会问题屡见不鲜。

其次，中国制造业所面临的另一个难题在于中国制成品附加值极低。长期以来，中国制造业在国际分工和价值链中处于从属地位，在全球分工中被锁定在低附加值的生产区段。出口商品的定价权被牢牢掌握在发达国家的跨国公司或大买家手中，出口收益陷入发达国家的"纵向压榨"之中，中国制造业长期处于国际生产价值链体系的底端。一个芭比娃娃在美国的零售价可以卖到9.9美元，但在芭比娃娃最大的产地珠三角地区，生产一个芭比娃娃的中国企业只能获得0.35美元的加工费[6]，品牌所有者获得了利润的最大头，而中国作为实际生产者所获取的利益微乎其微。中国制造业正是因为被锁定在出口价值链的底端，往往只负责产品的组装与加工，而将研发、营销、广告等高附加值的区段均让渡给发达国家的企业，这大大限制了中国制造业在全球经济中的话语权。因此，跳出低附加值区段也正是实现中国制造业跨越式发展的另一个关键之所在。

最后，中国制造业在生产过程中的低技术与低创新投入也表现得极为突

---

[6] 加工 1 个芭比娃娃中国企业赚 35 美分 外企赚 20 美元，人民日报，2012 年 5 月 28 日。

出。仅有30%左右的中国制造业企业进行研发投入，这一比重远低于发达国家的平均水平。中国制造业企业极其擅长于对国外产品设计与技术的模仿，这就导致了中国企业难以依赖研发创新形成自身的品牌效应，无法与国外企业进行高水平的竞争。这一方面引发了大量知识产权带来的贸易纠纷，另一方面也造成中国制造业处于始终被压制的状态之下，难以获取国际竞争的主导权。具体来说，中国虽然从产品结构上看，生产的很大比重是机电、通信等高技术产品，但中国仅仅是在对这些产品进行组装，产品的核心技术往往都掌握在他人的手中。因此，进一步推进以创新驱动为核心的制造业发展战略是中国走出制造业发展瓶颈的一个非常重要的环节。

制造业质量提升的困境

改革开放以来，特别是进入新世纪以后，我国制造业质量水平不断提升，中国制造质量的关键指标持续改善，主要产业整体素质和企业管理水平有较大幅度提高。

通过32万家规模以上制造企业抽样调查，2013年全国制造业各行业质量竞争力指数显示：机械电子类制造业、资源加工类制造业和食品类制造业三大制造行业质量竞争力指数分别为88.70、80.86、78.25，由高到低呈阶梯状分布。东部各省市连块环岛式分布形成了东部"质量高地"，继续引领"中国质量"发展。

我国制造业质量水平的提高明显滞后于制造业规模的增长，主要体现在：不能完全适应日益激烈的国际竞争需要，不能完全适应经济转型升级的要求，更不能完全适应人民群众对高质量产品和服务的热切期盼。存在如下4个主要问题。

1. 质量基础薄弱

标准总体水平不高，存在"不适应、跟不上"的问题。现行标准存在交又重复、缺失、滞后老化等现象，标准体系结构还不够合理，标准的研制能力相对薄弱。国际话语权不强，计量保障能力不足，标准国家化水平有待提高。我国被承认的校准测量能力虽然在数量上名列世界第四，但在核心项目支撑能力上与美国、德国等相比存在相当差距。从国际计量局（BIPM）2015年公布的"国家校准与检测能力（CMC）"数据来看，中国获得国际承认的校准与检测能力共计 1224 项，仅为美国的一半。半数以上的物理量、六成以上的化学量，我国还不具备与国际比对的能力。

认证认可作用不强，我国有效认证证书数量虽已位居世界前列，但认证有效性不足，影响力不大，国际互认率低。

检验检测服务支撑力不够，我国境内共注册检验检测机构约 2.8 万家，数量大，规模小，分布散，竞争力弱。至今在世界各大检验检测认证机构均进入中国的同时，我国检验检测机构尚未"走出去"。

我国每万名就业人员中获得质量工程师资格的人数远低于美国、韩国，质量专业技术人才不能满足需求。

2. 质量竞争力不强

质量是品牌的第一要义。近 10 年来，我国制造业鲜有企业进入世界品牌 500 强，以 2014 年为例，中国企业共有 29 家入围，其中制造业企业仅 6 家[7]。

因质量问题和技术性贸易措施造成的损失严重。我国出口工业品退运批次基本呈逐年递增趋势，2011、2012、2013 和 2014 年，我国出口工业品退运批次分别为 32 803 批、42 684 批、41 140 批和 42 447 批，退运货值分别达到 15.84 亿美元、29.54 亿美元、24.26 亿美元和 24.0 亿美元。[8]

---

[7] 数据来源：世界品牌实验室（World Brand Lab，WBL）2005—2014 年历年世界 500 强名单。

[8] 国家质检总局《出口工业产品货物退运追溯调查工作报告》，2011—2014.。

3. 质量信誉不高

一些生产经营者质量诚信缺失，制假售假屡禁不止，存在部分区域性质量问题，网购市场质量问题日益显现。近年来有以下 7 个发展趋势：①制售假冒伪劣进一步向农村发展；②行业质量违法"潜规则"问题比较突出；③假冒高端品牌现象屡禁不止；④利用互联网平台制售假冒伪劣的问题日益显现；⑤造假科技含量日益增高；⑥一些地方片面追求增长速度，区域支柱产业质量问题比较突出；⑦一些缺乏质量诚信的企业用降低标准、甚至偷工减料、牺牲质量的办法降低成本。

根据世界品牌实验室的调查，相较美国、日本，消费者对中国制造有较多负面感知，主要包括产品质量差、安全水平低、不可信赖等。

4. 质量安全事件时有发生

2013 年度，我国产品伤害监测系统从全国 11 个监测地区的 32 家监测点医院采集产品伤害信息 75779 例；重大装备因质量问题引发安全事故，如"7·23"高铁特大事故、"4·18"辽宁铁岭钢水包倾覆特大事故；食品质量安全事件（如三聚氰胺、瘦肉精、地沟油、塑化剂等）呈高发态势。

分析造成我国制造业质量问题的主要原因：从质量供需看，我国生产力水平不高，质量提升内生动力不足；消费水平参差不齐，低质低价仍有市场。从质量法治看，质量法律体系建设滞后于经济社会发展需要。法律不完善，如没有质量促进法、质量责任法等；法律法规老化，如产品质量法、标准化法、计量法；法律制度不科学，如质量安全责任中未突出民事赔偿责任等。从质量管理看，质量治理体系尚未形成，包括大质量工作体制不健全、质量管理运行机制不完善；质量提升的市场主导作用发挥不充分，包括市场的价格发现功能、服务配套功能、信息反馈功能、调节激励功能不足。从质量环境看，全社会、尤其是企业的"质量为先"理念尚未广泛建立，与之相适应的质量文化尚未形成；质量诚信建设滞后，假冒伪劣屡禁不止。

四、制造质量提升的新形势

适应供给侧结构性改革的质量新要求

近年来，中国游客屡屡刷出境外消费的新纪录，其背后的原因有很多，但根本原因之一是我们的产品质量没有达到顾客的预期。2016 年 1 月 26 日下午，在中央财经领导小组第十二次会议上，习近平总书记强调，供给侧结构性改革的根本目的是提高社会生产力水平，落实好以人民为中心的发展思想。要从生产领域加强优质供给，减少无效供给，扩大有效供给。使供给体系更好适应需求结构变化。加强优质、有效供给的核心是质量，凸显了供给侧结构性改革中质量的重要性。

供给侧结构性改革关键是从生产领域加强优质有效供给，对质量的新要求则是要做到"需求牵引、多元供给、创新驱动、立法保障"，真正把用户的需求放在第一位。

顾客需求是指顾客的目标、需要、愿望及期望，满足和超越顾客的需求是质量的根本。在加强供给侧结构性改革的新形势下，需要相关制造企业更加关注顾客的需求，在保证产品基本功能的基础上，让产品质量的提升围绕顾客动态变化需求进行，多生产超越顾客期望的产品，实现制造业供给结构与消费者需求结构相匹配，产生新的发展动力。

多元供给，一方面要求企业激发内生动力，积极谋求转型升级和结构性改革，创新消费品，淘汰落后、低质量产品，增加优质产品的有效供给，另一方面要求提高产业自身市场化水平，在经济新常态的形势下，从优化结构的角度出发，建立多元化的供给体系，为广大消费者提供丰富、多元、可选择的产品，满足消费者个性化、多样化、差异化的消费需求，消费者品质化消费必然倒逼生产供给的升级。

创新作为供给侧的一个关键要素，通过创新有助于增强优质、有效供给的能力。必须通过质量技术创新和管理创新的手段优化产品结构，夯实质量基础设施，提升关键基础材料、核心基础零部件、基础工艺等水平，提高制造质量管理的综合能力，加快从中低端制造业向中高端制造业迈进，加快从劳动密集型向技术密集型转变，不断提升产品质量，提高产品附加值。

我国现有与质量直接相关的法律，重点关注保底的质量安全，对于质量发展和质量促进则相对较弱。为了更好地为供给侧结构性改革提供保障，需要在国家层面尽快制定质量促进法，实施质量激励促进措施，推进优质优价，提高产品、工程、服务和环境等质量水平。从法律的角度鼓励增强有效供给和优质供给的意愿，激发供给侧的正能量和提供法律保障。

提升质量，作为供给侧结构性改革的一个重要内容和抓手，是整个经济转型发展的重要切入点之一。新形势下，相关质量工作必须以增强优化供给，改善和扩大有效供给为目标，通过质量改善，进一步释放消费潜力，转变发展方式，增强综合国力。

适应"互联网+"模式下的质量新思维

2015年3月5日上午十二届全国人大三次会议上，李克强总理在政府工作报告中首次提出"互联网+"行动计划。李克强在政府工作报告中提出，制定"互联网+"行动计划，推动移动互联网、云计算、大数据、物联网等与现代制造业结合，促进电子商务、工业互联网和互联网金融健康发展，引导互联网企业拓展国际市场。

2015年3月25日李克强总理主持国务院常务会议，会议强调，要顺应"互联网"的发展趋势，以信息化与工业化深度融合为主线，重点发展新一代信息技术等十大领域，强化工业基础能力，提高工艺水平和产品质量，推进智能制造、绿色制造。促进生产性服务业与制造业融合发展，提升制造业层次和核心竞争力。这十大领域具体包括新一代信息技术、高档数控机床和机器人、航空航天装备、海洋工程装备及高技术船舶、先进轨道交通装备、节能与新能源汽车、电力装备、新材料、生物医药及高性能医疗器械以及农业机械装备等。

2015年7月15日国务院印发《关于积极推进"互联网+"行动的指导意见》（以下简称《指导意见》），《指导意见》提出，要坚持开放共享、融合创新、变革转型、引领跨越、安全有序的基本原则，充分发挥我国互联网的规模优势和应用优势，坚持改革创新和市场需求导向，大力拓展互联网与经济社会各领域融合的广度和深度。到2025年，"互联网+"新经济形态初步形成，"互联网+"成为我国经济社会创新发展的重要驱动力量。

有人说"互联网+"是"重资产+技术"，意在以互联网改造生产模式，以电子商务改造流通模式，拉动需求、提振经济。有人说"互联网+"是"轻资产+服务"，意在完成传统产业的在线化、数据化，实现大数据指导经营和管理。还有人说，互联网不过是一种技术手段而已，既不神秘也不值得拔高，一些理念只是"新瓶装旧酒"罢了，比如非理性消费成了粉丝经济，供货不足成了饥饿营销，等等。作为一种新兴业态，互联网的未知远远大于已知。各派观点孰是孰非实践自会印证，但产业发展万变不离其宗，先进技术和过硬品质是永恒的追求。

1. "互联网+"模式下的以客户为中心的定制化生产

新一轮科技革命和产业变革正在进行，互联网与制造业深入融合，是时代的发展趋势，也是制造业的一次新的契机。互联网的发展大大削减了产销之间的信息不对称，加速了生产端与市场需求端的紧密连接。以产能为导向的"企业-顾客"推动式生产也逐渐演变为以需求为导向的"顾客-企业"拉动生产。因此，传统的标准化、大批量、刚性缓慢的生产方式也逐渐被新型的个性化、小批量、柔性制造模式所替代。

在传统工业时代，制造企业往往按照自己设想中的需求大批量生产商品，然后卖给消费者，消费者在购买时只能在现有的产品中选择尽可能适合自身的产品，这种被动式的消费难以满足消费者个性化的需求。同时，传统B2C模式下，生产与消费之间隔着重重的批发、分销、配送环节，企业不能很好地掌握市场信息，从而导致产能过剩或者供不应求的两难境地。

随着互联网的深入应用，以客户为中心、拉近客户距离成为企业关注的重点，而越来越多的制造业企业不再仅仅关注产品的生产，而是涉及产品的整个生命周期，包括市场调查、产品开发或改进、生产制造、销售、售后服务、产品报废或回收等。互联网降低了制造企业与用户交互的成本，制造企业可以快速响应用户具体需求，规模效应不再是工业生产的关键因素，工业生产由集中式控制向分散式控制转变。

互联网技术将生产企业和消费者紧密联系在一起，使消费需求数据、信息得以迅捷地传达给生产者和品牌商。生产商根据市场需求变化组织物料采购、生产制造和物流配送，使得供应链的各方面更紧密的协同，以实现更加"柔性化"的管理。同时，销售方式决定生产方式。而互联网释放了消费者的个性化消费，企业生产体系必须适应"多品种、小批量"的要求，才能"接得住"蓬勃的个性化需求。

2. "互联网+"质量—新型六西格玛管理

工业革命以来，生产效率极大提高，供需力量发生变化，产品的丰富必然导致消费者对产品质量要求的不断提高。同时，全球市场竞争的日益激烈，也要求企业必须提高产品质量和管理效益，以保持在激烈的市场竞争中的优势地位。1987年，摩托罗拉的迈克哈里首先提出了六西格玛（Six Sigma）突破性管理概念，并创建了相应的管理体系。真正使六西格玛理论流行并发展起来的，是通用电气公司的成功实践。1996年，通用电气公司宣布实施六西格玛管理法，将其作为突破提升的企业战略。当时通用电气公司质量水平在三西格玛左右，每年质量损失高达70亿～100亿美元。通用电器公司总结全面质量管理经验，提炼了其中流程管理技巧的精华和最有效的方法，使之发展成更加系统的流程管理模式，迅速提高了企业的业绩与竞争力。以互联网为核心的信息通信技术，从根本上改变了企业的组织结构、管理模式、营销模式，以及消费者的消费行为等。六西格玛以其严谨的方法和实施步骤，以面向最终用户来建立营运体系的管理思想，对各类型企业提供了提升质量和竞争力的最佳实践。在互联网和大数据背景下的企业管理实践同六西格玛管理思想具有一些共同的地方。

第一，都重视客户重要性。互联网环境下，客户的个性化需求提高，且企业满足客户个性化具有经济可行性；同时因为客户转移成本低等因素影响，客户的重要性更加突出，用户体验成为企业竞争力的主要影响因素。这也是所谓的互联网思维的重要内容。在苹果、小米等互联网企业，客户重要性都得到了充分体现。传统企业往往以满足客户需求为目标，而互联网企业提供的产品和服务，往往要求达到超出客户预期、带来惊喜为目标。这同六西格玛的"真正关注客户"的理念一致。

第二，都充分利用数据。随着移动互联网、社交网络、物联网等的深度应用，互联网企业掌握了海量的信息，同时又可以达到对客户的精细化，甚至"一对一"精准理解，企业内部信息化程度一般也要好于传统企业。这在一定程度上解决了传统质量管理缺少数据、事后被动管理的难题，给企业开展基于数据的六西格玛管理带来了数据基础，并且可实现实时质量监测，甚至事前质量预测，进行有预见的积极管理。因此互联网企业完全可以更好地实施六西格玛。阿里巴巴基于商业相关大数据积累，对商家营销提供数据支撑，向消费者提供推荐服务，在"双11"等业务高峰期向快递公司提供业务预测和风险预警，来提高客户服务质量和自身经济效益。

第三，都体现开放和追求完美。开放、共享是互联网思维的根本，在互联网企业的商业模式、乃至传统企业转型中都有体现，如小米手机鼓励用户深度参与产品研发和测试。这对传统质量管理的以企业内部为主、同客户处于对立状态迥然不同，更大程度地体现了六西格玛管理的"无边界合作"的理念。因互联网具有传播速度快、影响力大等特点，互联网企业内在自发地对产品、服务的质量要求也比传统企业要高，以避免负面影响，这同六西格玛倡导的追求完美异曲同工。携程将六西格玛体系成功运用到旅游电子商务上，其各项服务指标均已接近国际领先水平，服务质量和客户满意度也随之大幅提升。

虽然互联网、大数据的发展，为企业实施六西格玛管理提供了有利的条件，但也带来了一些挑战。如大数据下"信息爆炸"带来的质量相关多源信息融合、有效信息筛选、数据充分利用问题；传统六西格玛以企业内部为主，如何迎接互联网下的更大程度开放的挑战，如众筹模式下的六西格玛协同管理、互联网新兴商业模式的新型流程质量属性与特征等问题。这也是在"互联网+"、"中国制造2025"背景下，我国传统企业进行升级改造过程中在质量管理方面所必须解决的问题之一。这需要企业提高数据质量、丰富质量数据、理顺新型质量管理机制，形成"互联网+质量"的新型六西格玛管理模式。

3. "互联网+"模式下企业的质量全过程信息化管理

"互联网+"汹涌来袭，席卷着传统的各行各业，也颠覆着传统生活、消费和生产方式。在"互联网+"浪潮中，固守传统思维模式，固守传统监管方式、检测技术手段、数据分析处理手段，必将被社会淘汰。"观念"、"思维"才是最具价值的核心竞争力。互联网思维的核心思维就是用户思维，重点突出要以用户为中心，不仅是从品牌经营到企业经营要做到一切以用户为中心，而且在企业价值链的各个环节也都要以用户为中心。全面质量管理的八项原则之一就是以顾客为关注焦点，这两个观点基本上是吻合的。

随着"互联网+"时代的诞生，必将引发传统企业转型发展的"破与立"。企业必须抓住"互联网+"时代带来的新机遇，深化移动互联网、云计算、大数据、物联网等技术在企业信息化建设的应用，建立质量全过程信息化管理平台，推动产业发展。

通过推行"互联网+"检测，搭建高效的质量管理信息化平台，可以实现对产品全生命周期数据进行全方位的监控，可以规范检测工作流程，提高检验数据采集自动化水平，提高检验数据可靠性，实现质量数据共享。

适应经济全球化的质量新战略

改革开放以来，特别是近十几年来，我国制造业持续快速发展，总体规模大幅提升，综合实力不断增强。制造业的快速发展，直接促进了中国经济发展的速度、质量和效益，增强了我国在全球化格局中的国际分工地位。

在新一轮全球产业化分工中，我国制造业面临着"双重挤压"。一方面，国际金融危机使美国、欧盟等发达国家和地区重新重视发展实体经济，加速"再工业化"和"制造业回归"。另一方面，受劳动力成本上升、人民币汇率升值等因素的影响，我国低附加值产品出口的价格优势弱化，其他发展中国家也在加快以更低的劳动力成本承接劳动密集型产业的转移。我国传统的以牺牲环境和资源为代价，以低廉的劳动力成本为优势的低端制造和低成本竞争模式，已经不能适应新形势的要求。

经济全球化给我国质量带来了机遇，但更多的则是挑战。首先，发达国家善于利用经济全球化的商业规则，依靠技术创新、先进工艺、管理经验和促销窍门等手段，来创造自己的优势，进行对外扩张。而我国的企业在国际级的较量中，无论在技术、还是资金或是人才，以及国际视野，都处于绝对的劣势；其次，我国质量人才资源的外流严重。发达国家在全球化人才资源竞争中以雄厚的资金、高度的影响力、优越的待遇和灵活的用人机制，吸引了国内很多优秀质量人才，导致一大批具有开拓意识和发展潜力的优秀质量人才流向外资企业；此外，随着全球化进程的推进，品牌已成为我国企业参与国际市场竞争的重要战略手段，促使我国相关制造业必须通过创新、宣传等手段加大品牌发展的力度。同时，消费者价值观在全球化环境下也不断更新，消费者的个性化需求转型衍生了创新的必要性。

为应对经济全球化对我国质量工作带来的挑战，需提出新形势下的质量新战略：

（1）培育国际化的质量视野，融入全球环境。面对不可逆转的经济全球化潮流，唯一的、也是正确的选择是积极参与，不满足于国内的竞争，放眼全球，充分利用全球化资源配置要素，培育国际化的质量视野，更好地融入到全球竞争性的环境，用高质量的产品接受国际市场的检验。

（2）参与国际标准制定，提高话语权。"一流国家卖标准，二流国家卖技术，三流国家卖产品。"中国的企业需要积极参与制定国际标准，将技术和经验固化，实质参与 ISO、IEC、ITU 等国际标准化组织的工作和活动，跟踪、采用国际标准和国外先进标准，把企业特色优势技术标准推向国际，抢占国际市场的话语权。

（3）重视质量人才，建立一支适应全球化发展的人才队伍。一支精干、高效、符合质量全球化竞争需要的人才队伍是不可或缺的。我国应积极创造条件，改善人才待遇，吸引一批懂得质量管理技术的国内外人才加盟企业，通过外派进修、聘请质量大师等，调整人才增量素质和水平，努力建立一支适应全球化发展的质量人才队伍。

（4）提升中国企业品牌国际化。我国企业品牌的现状是缺少国际化品牌、利润率低、海外消费者对我国品牌认知度低。我国应树立全球化品牌意识，积极参与品牌差异化建设，同时坚持技术创新，打好品牌国际化的基础。善用模仿创新，通过学习领先者的经验，迅速达到或接近领先者的技术水平并利用市场和其他经营资源优势，在此基础上达到完全自主创新的目标。

（5）以创新为基础实施质量管理工作。应对全球化趋势下的分工与合作，企业需注重管理创新与技术创新。管理创新可使企业根据市场的变化和技术的进步，调整企业经营过程、组织、经营理念和管理方式，从而打破陈规，提高企业的运行效率，激发员工的质量意识和技术创新意识。技术创新可应对消费主权时代的挑战，通过创新产品来满足消费者个性化需求，提高产品的技术含量。

五、质量提升的并联式发展指导思想

工业革命与质量发展路径的比较

1. 工业革命的四个阶段

"工业 4.0"的概念源于 2011 年德国汉诺威工业博览会，旨在提升制造业的智能化水平，建立具有适应性、资源效率及人因工程学的智慧工厂，在商业流程及价值流程中整合客户及商业伙伴，最终提高德国工业的整体竞争力，在新一轮工业革命中占领先机。在德国工程院、弗劳恩霍夫协会、西门子公司等学术界和产业界的大力推动下，"工业 4.0"已上升为国家级战略，德国联邦政府计划投入 2 亿欧元资金，支持工业领域新一代革命性技术的研发与创新。与美国流行的第三次工业革命的说法不同，德国将制造业领域技术的渐进性进步描述为工业革命的四个阶段，即工业 4.0 的进化历程[9],[10],[[11],[12]，见图 2。

2. 质量发展的百年历程

从工业发达国家的情况可以看出，质量管理经历了三大历史阶段，分别是：第一个阶段为产品检验阶段，检验单个产品是否符合标准样件；第二阶

[9] 西门子工业软件公司、西门子中央研究院.工业 4.0 实战：装备制造业数字化之道.机械工业出版社，2015 年 9 月 。

[10]【德】保尔汉森.工业和信息部电子科学技术情报研究所译.实施工业 4.0——智能工厂的生产·自动化·物流及其关键技术、应用迁移和实战案例.电子工业出版社，2015 年 4 月。

[11]【德】乌尔里希·森德勒（Ulrich Sendler）.工业 4.0——即将来袭的第四次工业革命.机械工业出版社，2014 年 7 月 。

[12]【印】阿盖什·约瑟夫（Ugesh A. Joseph）.德国制造：国家品牌战略启示录.中国人民大学出版社，2015 年 12 月 。

段为统计质量控制阶段，由于机械化、大批量生产模式出现，利用统计方法进行抽样检验及过程控制成为必然要求；第三阶段为全面质量管理阶段，调动企业各部门以及全体员工的积极性，以最经济的方式，在保证用户充分满意的条件下，实现企业经营质量不断提高。如果加上进入 21 世纪后出现的工业 4.0、智能制造、"互联网+"、大数据等新模式和新环境，可以称之为第四阶段，即现代质量管理阶段。

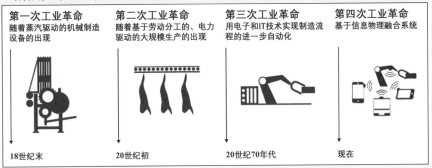

图 2 工业革命的四个阶段

3. 工业4.0和质量4.0演变的对照

在工业 1.0 的阶段，18 世纪 60 年代至 19 世纪中期，机械生产代替了手工劳动，经济社会从以农业、手工业为基础转型到了以工业以及机械制造带动经济发展的模式。质量只是辅助职能，手工作坊制是主体，产品与体验不可分，质和量都取决于工匠的经验与技能，质量的控制靠检验，因此产出效率低，产品数量短缺，价值昂贵，组织效益较差。这个阶段的质量是为了提高有效的产出，面向的是一种单件生产模式。

在工业 2.0 的阶段，即 19 世纪后半期至 20 世纪初，通过零部件生产与产品装配的成功分离，开创了产品批量生产的新模式，主要解决大批量制造过程中的质量一致性问题，这个时期最大的特点是统计过程控制，即应用统计的方法进行过程控制，包括统计抽样检验、统计过程控制图应用等。从满足规格的要求变成满足配合的要求，从最终控制产品特性到控制过程关键因子的变化。这个阶段的质量控制应用了统计的方法，主要针对制造过程，面向的是一种大规模的生产模式。

在工业 3.0 的阶段，始于 20 世纪 70 年代并一直延续到现在，电子与信息技术的广泛应用，使得制造过程不断实现自动化。随着生产力的迅速发展和科学技术的日新月异，人们对产品的质量从注重产品的一般性能发展为注重产品的耐用性、可靠性、安全性、维修性和经济性等。相对应的是质量进入了全面质量管理阶段，在生产技术和企业管理中要求运用系统的观点来研究质量问题。在管理理论上也有新的发展，突出人的因素，强调依靠企业全体人员的努力来保证质量。此外，还有"保护消费者利益"运动的兴起，企业之间市场竞争越来越激烈。这个阶段，强调了全员参与和全面的质量管理，更加关注成本的降低，面向的则更是一种多品种小批量的生产模式。

在工业 4.0 的阶段，德国学术界和产业界认为，未来 10 年，基于信息物理系统（Cyber-Physical System，CPS）的智能化，将使人类步入以智能制造为主导的第四次工业革命。这个阶段以获得企业的卓越绩效为目标，强调顾客的感知价值，在互联网环境下，顾客全方位的体验是核心。这个阶段的质量提升需要充分考虑智能制造、大数据等环境带来的冲击。

对于质量 4.0 的划分，有两种划分：第一种划分是按照质量管理发展的历程，即质量检验阶段为质量 1.0，统计过程控制阶段为质量 2.0，全面质量管理阶段为质量 3.0，现代质量管理阶段为质量 4.0。第二种划分完全和工业 4.0 相对应，即与本节前面工业 4.0 每个阶段对应的质量描述。需要说明的是，这两种分类大同小异，有些细微的不同。比如说，传统质量检验阶段，既有针对单件的检验，也有涵盖大批量生产中的统计抽样检验。

工业 4.0 对应的质量控制、管理方法和工具见表 1。

表 1　工业发展阶段与质量管理手段

时　间	事　件	工业发展历程
工业革命前	产品质量由工匠个人控制	工业 1.0
1875 年	泰勒制诞生	
	最初的质量管理	

续表

时　间	事　件	工业发展历程
1925 年	统计过程控制（SPC）理论	工业 2.0
1930 年	统计质量控制技术（SQC）	
40 年代	战时标准 Z1～Z1.3(最初 QM 标准)	
	美国质量协会 ASQ	
50 年代	戴明十四法	
	全面质量控制在日本推广	
1958	MIL-Q-9858A 提出"质量保证"	
60 年代初	全面质量管理（TQM）	
	老七种工具	
60 年代中	AQAP 质量管理系列标准	
70 年代	JIT—准时化生产	工业 3.0
	Kanban —看板生产	
	Kaizen—质量改进	
	QFD—质量功能展开	
	田口方法	
	新七种工具	
1979 年	英国国家质量管理标准 BS5750	
80 年代	零缺陷	
	美国、欧洲设立质量奖	
1987 年	ISO9000 系列	
1988 年	6SIGMA 品质系统	
1994 年	ISO 9000—1994 问世	
90 年代末	并行工程（CE）、企业流程再造（BPR）等	
	全面质量管理战略	
2001 年	全国质量奖	工业 4.0
2008 年	大数据	
2013 年	中国质量奖	

质量提升的并联式发展的重要性

在新中国成立后至 20 世纪 70 年代末，我国质量管理基本上处于质量检验阶段，沿用的是苏联 20 世纪 40—60 年代使用的百分比抽样方法。由于特殊的历史原因，很长一段时间，我国的企业在包括质量管理的企业运营管理上停滞不前，甚至倒退。改革开放以后，80 年代初，我国技术抽样检查标准制定贯彻后，才逐步跨入统计质量管理阶段。1985 年，随着原国家经委颁布了《工业企业全面质量管理方法》，全面质量管理在全国普遍推广。

在我国，无论统计过程控制，还是全面质量管理，抑或其他先进的质量管理方法和理念，不少企业都很熟悉，有的甚至口号喊得很响，但最后都是不了了之，效果非常差，这主要反映在我国产品的综合质量水平上。同样对推动日本、美国等发达国家提升竞争能力的先进质量理念、方法和工具，在我国并没有取得相应的、很好的效果，主要原因在于质量 2.0 和质量 3.0 的基础不实：

（1）很多企业对统计过程控制和全面质量管理等认识不足，认为就是只要培训一下，了解相关概念，会画控制图、鱼刺图等就可以了。往往将统计过程控制和全面质量管理看成一种工具和方法，殊不知，统计过程控制和全面质量管理是一种质量管理模式。

（2）很多企业认为企业质量管理主要是贯彻 ISO 质量标准，并且将通过体系认证作为工作的最终目标，一旦通过认证，认为质量就达到了要求，相关的质量程序和文件就束之高阁，生产等全过程可能并不严格按照标准流程来做。

（3）对质量工作的不重视。这种现象一方面体现在领导的不重视，另一方面体现在企业的运行机制中对质量工作的惯性思维。很多企业在绩效考核中，往往更加关注销售额，以生产进度和完成任务的情况作为考核的最终目标。

（4）缺乏质量意识和工匠精神。精益求精的做事态度、"第一次就把事情做对"的严谨工匠精神，恰恰是我国的很多企业极其缺乏的。急功近利的社会氛围，企业基层员工的待遇保障不够，这些都会极大程度地影响先进质量管理理念、工具和方法的应用，影响产品质量的提升。

当前，中国制造业既面临着高端的堵截与发展中国家追赶的"前后夹击"等诸多挑战，也面临着信息技术与制造技术深度融合带来的制造业变革。金融危机后，西方工业大国纷纷实施"再工业化"战略，以期保持在高端制造领域的优势地位。新一轮的工业革命和产业变革，以制造业的数字化、网络化、智能化为核心，促进制造业发生重大变革，引发新技术、新产品、新业态、新模式的产生和加速更迭。由于我国制造业的生产力水平跨度覆盖 20世纪 50 年代到 21 世纪初，制造企业生产力水平参差不齐，产品质量高低不齐，质量创新能力弱，企业质量管理水平低，部分企业质量责任意识淡薄等，已成为制约制造业发展的突出问题。想要实现对工业发达国家的追赶甚至超越，实现制造强国 2025 的战略目标，也就意味着需要花 10 年的时间完成发达国家数十年的发展历程，因此并联式发展提升质量水平是唯一可行且重要紧迫的事[13],[14]。

质量提升的并联式发展指导思想

中国工程院周济院长在各种场合强调：制造强国，中国的质量需要补课。实际上是要补工业 2.0 或者 3.0 的课。"中国制造 2025"不是任何一家的翻版，

---

[13] 王喜文.中国制造 2025 解读：从工业大国到工业强国.机械工业出版社，2015 年 8 月。

[14] 吴晓波.新经济导刊.读懂中国制造 2025.中信出版社，2015 年 11 月。

而是具有中国特色的制造强国战略。德国"工业 4.0"战略与我国提出的两化深度融合有很多相通之处。在某种程度上，两化融合可称为我国工业的 3.0，两化深度融合可以说是我国工业的 4.0。中国打造"制造强国，质量为先"的目标并非仅仅是关注传统工业制造的质量和规模，而是在择优继承和全面夯实以往质量管理方法的基础上，重点发展以现代信息化与工业化融合为主线的新一代信息技术，提升高档数控机床和机器人、航空航天装备、海洋工程装备及高技术船舶、先进轨道交通装备等十大领域的制造水平和质量水平。

制造强国的发展需要合理定位，尊重科学规律，不能一蹴而就，要走渐进式、并联式的发展道路，不要走跨越式或"大跃进"式的发展路线。简单地说，不要在落后的工艺基础上搞自动化，不要在落后的管理基础上搞信息化，不要在不具备数字化、网络化的基础上搞智能化[15],[16]。同样，中国制造业质量发展应立足于制造业基础，以并联式发展为指导思想，根据自身实际探索转型路径和发展模式。

对于我国制造业，要不断强化制造业的基础，包括基础材料、基础零部件、基础制造工艺和技术基础，着重于通过工艺改善突破质量控制，先解决采用保证批量生产质量的工艺。工业"四基"在很大程度上决定着产品质量的优劣，是提高产品质量的基础，应高度重视。发达国家走过工业 2.0，也是一个产品从幼稚走向成熟的过程。一个产品从设计、制造到实验千万次互动过程中，不断提高质量和可靠性。因而，我们必须要具备完善的工艺流程和标准，严谨的检验检测规范，在此基础上确保工业化批量生产的质量水平。此外，从质量 2.0 的视角来看，必须加大力度，切切实实地夯实统计过程控制的基础，绝不能走过场，而是要系统地推进统计过程质量控制理论和方法之应用。

面对工业 3.0 的基本要求，一方面，要摆脱一切以 ISO 体系为中心的质

---

[15]【美】李杰.邱伯华等译. 工业大数据：工业 4.0 时代的工业转型与价值创造. 机械工业出版社，2015 年 7 月。

[16] 刘强.高瞻远瞩 探奥拓新——李哲浩先生的两个观点对今天发展智能制造的启示，中国制造 2025 江苏行动专题培训班，2015 年 7 月。

量管理思维，全面贯彻全员参与、持续改进、全面治理的质量管理思路，在统计过程控制的基础上，加强组织、领导、流程等管理的提升。另一方面，在全面质量管理基础上建立信息化，用精益制造管理取代粗放型制造管理，由产业集群取代产业集聚，从而完成由生产低端低品质产品向制造高端高品质产品的过渡。因此，工业 3.0 的普及还有相对较长的路要走，从关乎质量水平的制造基础、管理水平等方方面面，都要下足功夫。

对于工业 4.0 的特定阶段，需要鼓励制造型企业完善信息技术和制造技术及工业自动化技术的深度融合，注重运用开源、开放、共创、共享的"互联网+"思维，利用数字化、网络化、智能化核心技术，进一步改造提升制造业的产品质量，形成一批质量过硬、品牌响亮的"中国制造"示范型企业，引领整个行业的发展壮大。

2

质量变革与先进国家质量经验

上海交通大学

林忠钦　奚立峰　潘尔顺　李艳婷　赵亦希

本章简介：不知今者察之古，欲知来者察之今。本章着重阐述质量管理的历史和未来，包括质量内涵的演变，质量管理的百年历史，未来质量研究，先进国家的质量经验以及对我国质量的启示。

一、质量内涵

什么是质量？在生产发展的不同历史时期，人们对质量的理解有所不同，而当人们站在不同的角度去看质量，又可给质量下了不同的定义，在 20 世纪，质量管理的发展历程经历了质量检验、统计质量控制和全面质量管理三个阶段。从质量管理理论的发展轨迹，我们可以观察到，随着经济的发展和社会的进步，质量理念也在不断演变着。

质量定义

1. 符合性质量

20 世纪 40 年代，符合性质量概念以符合现行标准的程度作为衡量依据，"符合标准"就是合格的产品质量，符合的程度反映了产品质量的水平，即狭义质量的核心要求是质量的符合性，符合图样规定，符合技术标准。与之相对应的就是符合性质量管理，符合性质量管理是以检验为中心的质量管理，将检验作为一种管理职能从生产过程中分离出来，建立专职的检验机构，由检验人员按照产品质量标准对产品生产过程的符合性进行检验。符合标准就合格，就是高质量，不符合标准就是不合格，就拒收，相应地产生了"质量是检验出来的"说法。

传统观念认为产品达到规定标准就是合格品，超出规定标准就是不合格品。然而，单纯关注是否合格却无法将质量控制好。

1979 年 4 月 17 日，日本《朝日新闻》对索尼生产的彩色电视机进行报导。索尼电视机有两个产地：日本和美国加州，两地工厂生产的索尼电视机使用同一设计方案、同一的生产线，连使用的产品说明书也一样。设计方案规定，电视机彩色浓度 Y 的目标值为 m，容差为 ±5，当 Y 在公差范围 $[m-5，m+5]$ 内，判定该机的彩色浓度合格，否则判为不合格。两地工厂都这样检验产品。

到了 70 年代后期，美国消费者购买日产索尼电视机的热情远高于美产索尼电视机。这是什么原因？调查显示，日产 0.3% 彩色浓度不合格，而美产基本没有不合格的。

假如我们把注意力集中到符合公差界限的电视机上，并把彩色浓度非常接近 m 的电视机定为 A 级，偏离 m 越远性能越差，可定为 B 级品和 C 级品。于是可见，日产彩电中 A 级品比美产彩电 A 级品多得多，而 C 级品却比美产彩电少得多，这是美国消费者喜爱日产彩电的原因之一。原因之二是在使用一段时间之后暴露出来的，电视机的彩色浓度会随着时间的延长而发生退化，比如图上两个分布向左移一个标准差，美产彩电发生退化后彩色浓度不合格品（D 级）就比日产彩电多很多（见图 1）。

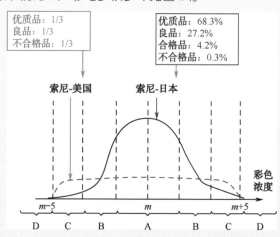

图 1　索尼（美国）与索尼（日本）电视彩色浓度比较

造成这个现象的原因在于两个工厂在彩色浓度上的概率分布不同，美国工厂的质量管理由检验部门把关，认为"合格就好"，因此彩色浓度均匀地落在规格限内，形成均匀分布，对产品是否合格严加控制，生产的电视机虽然检验严格，然而只是保证了每个产品应通过合格下限，质量平平。只能控制产品的质量，而不能真正改善产品的质量。而日本索尼厂的生产者和管理者都认为"越靠近目标值 m 越好"，采取线外质量管理（三次设计）提高产品设计质量，增加了稳健设计的关键参数容差设计思想。因此彩色浓度大多落在目标值附近，少数远离目标值，形成正态分布。这使产品从色彩、清晰度、抗干扰能力等诸多指标上保证有 99.7% 的产品是令顾客满意的高质量产品。这就是两种质量观念导出的不同结果。

2. 适用性质量

20 世纪 60 年代，朱兰（Joseph M. Juran）博士提出了适用性（Fitness for Use）质量概念，认为"适合顾客需要的程度"是衡量质量的依据，从产品使用的角度定义产品质量，认为质量就是产品的"适用性"[1]。

朱兰是世界著名的质量管理专家，他所倡导的质量管理理念和方法始终深刻影响着世界企业界以及世界质量管理的发展。他的"质量计划、质量控制和质量改进"被称为"朱兰质量三部曲"。由朱兰博士主编的《朱兰质量手册》（*Juran's Quality Handbook*）被称为当今世界质量管理科学的名著，为奠定 20 世纪全面质量管理（TQM）的理论基础和基本方法做出了卓越的贡献。朱兰认为："质量是一种适用性，而所谓适用性是指使产品在使用期间能满足使用者的需求。"可以看出，朱兰对质量的理解侧重于用户需求，强调了产品或服务必须以满足用户的需求为目的。事实上，产品的质量水平应由用户给出，只要用户满意的产品，不管其特性值如何，就是高质量的产品，而没有市场的所谓的"高质量"是毫无意义的。

---

[1] 约瑟夫·M·朱兰, 约瑟夫·A·德费欧. 朱兰质量手册——通向卓越绩效的全面指南（第六版）. 中国人民大学出版社，2014。

朱兰博士认为质量是"产品在使用时能够成功满足用户需要的程度"。质量涉及设计开发、制造、销售、服务等过程，形成了广义的质量概念。从"符合性"到"适用性"，反映了人们在对质量的认识过程中，已经开始把顾客需求放在首要位置。即广义质量的核心要求要适用市场需求，符合标准不一定就是高质量，只有适应市场需求才是高质量。市场需求是多方面的，企业只有对产品质量形成的各个环节实施控制，才能确保影响产品质量的所有因素是否符合要求，才能生产出合格的产品。此阶段下的质量管理特征是：以企业为中心，立足企业，面向市场。通过提高员工的工作质量，控制质量产生、形成和实现的全过程，产出满足市场要求的产品，相应地产生了"质量是管理出来的"说法。

除此以外，在质量管理方面，朱兰提出质量螺旋（Quality Spiral）的概念。朱兰认为，为了获得产品的适用性，需要进行一系列活动。也就是说，产品质量是在市场调查、开发、设计、计划、采购、生产、控制、检验、销售、服务、反馈等全过程中形成的，同时又在这个全过程的不断循环中螺旋式提高，所以也称为质量进展螺旋。

在质量责任的权重比例方面，朱兰提出著名的"80/20原则"，他依据大量的实际调查和统计分析认为，在所发生的质量问题中，追究其原因，只有20%来自基层操作人员，而恰恰有80%的质量问题是由于领导失职所引起的。在ISO 9000：2000国际质量标准中，与领导职责相关的过程占有极其重要的地位，在客观上证实了朱兰博士的"80/20原则"所反映的普遍规律。

在生活质量方面，朱兰博士认为，现代科学技术、环境与质量密切相关。他说："社会工业化引起了一系列环境问题的出现，影响着人们的生活质量。"随着全球社会经济和科学技术的高速发展，质的概念必然拓展到全社会的各个领域，包括人们赖以生存的环境质量、卫生保健质量以及人们在社会生活中的精神需求和满意程度等。朱兰博士的生活质量观反映了人类经济活动的共同要求：经济发展的最终目的，是为了不断地满足人们日益增长的高质量物质文化生活的需要。

3. 满意性质量

20 世纪 80 年代，质量管理进入到 TQM 阶段，国际标准化组织在其质量管理的最新标准《ISO 9000：2015 质量管理体系—基础和术语》中给质量下了如下的定义："一组固有特性满足要求的程度"。

对这一定义，我们可以理解如下：

"质量"可使用表示程度的形容词如差、好（高）或优秀来修饰，例如，我们可以说一个产品的质量很好。

"固有"是指存在于某事或某物中的，尤其是那种永久的特性，例如，机器的功能、机器的参数、服务的标准流程等。

"特性"可以是固有的也可以是赋予的，特性可以是定性的也可以是定量的。"特性"的种类很多，如物理的(如：机械的、电的、化学的或生物学的特性)、感官的(如：嗅觉、触觉、味觉、视觉、听觉)、行为的(如：礼貌、诚实、正直)、时间的(如：准时性、可靠性、可用性)、人体工效的(如：生理的特性或有关人身安全的特性)、功能的(如：飞机的最高速度)等。

"要求"是指一个产品或一项服务必须满足的明示的或隐含的需求或期望；"隐含"的要求通常是指质量相关方的习惯或惯例；"要求"可由不同的质量相关方提出；"要求"可使用修饰词表示，如产品要求、质量管理要求、顾客要求等。

它不仅包括符合标准的要求，而且以顾客及其他相关方满意为衡量依据，体现"以顾客为关注焦点"的原则。

全球经济一体化的时代，质量已成为了效率、完美、合理和进步的同义词，"生活质量"的提出把质量渗透到社会的各个领域，全面质量的概念被公认，全面质量的核心要求是顾客持续满意，这种满意性质量管理以顾客为中心，不仅要满足顾客对产品质量、价格、服务的要求，还要满足顾客个性化需求、风土人情、心态习惯的需求。企业主动满足顾客需求，甚至顾客还没想到，企业就超前考虑顾客需求。全面质量管理是指通过让顾客满意后，本组织所有成员及社会获得收益，而达到长期成功。全面质量是从市场角度定义的，质量由顾客来评价，根据顾客的需求，全面质量强调了质量与成本的统一，强调了质量创新，包含了质量文化、质量道德内容。

4. 卓越质量

20世纪90年代，摩托罗拉、通用电气等世界顶级企业相继推行6 Sigma管理，逐步确定了全新的卓越质量理念——顾客对质量的感知远远超出其期望，使顾客感到惊喜，质量意味着没有缺陷[2]。根据卓越质量理念，质量的衡量依据主要有三项：一是体现顾客价值，追求顾客满意和顾客忠诚；二是降低资源成本，减少差错和缺陷；三是降低和抵御风险。其实质是为顾客提供卓越的、富有魅力的质量，从而赢得顾客，在竞争中获胜。

质量维度

产品质量，就是指产品的使用价值，指产品适合一定用途，能够满足国家建设和人民生活所具备的质量特性，即产品的有用性。凡是对产品的使用目的所提出的各项要求都属于这种特性，它不仅包括功率、强度、化学成分，即机械、物理以及化学性能等这样一些特性，也包括如形状、外观、手感、色彩、音响、气味等方面的要求；进一步看，还包括对这些性能的时间要求。比如，电视机的质量是从它的显像管显示图像的清晰度、稳定性、使用寿命；电子元器件的平均无故障工作时间，电子元件的耐高温、耐冲击、失效率、抗震性，整机可靠性指标，油漆颜色、光泽和牢度、外观，耗电量指标等一系列质量特性表现出来的。其他各种工业产品也具有自己的质量特性。但是，如果把各种产品质量特性归纳起来，则可以概括为产品的性能、寿命、可靠

---

[2] 詹姆斯·埃文斯，威廉·林赛. 质量管理与卓越绩效（第9版）. 中国人民大学出版社，2016年1月。

性、安全性、经济性五个方面。

性能，是指对产品使用目的所提出的各项要求，就是产品适合使用的性能，也称之为使用适宜性。比如，对农业机械就有种种不同要求，不仅要有耕作机械、场上机械、运输机械，还要有中耕锄草、喷灌、除虫、收割等机械；不仅有适合于粮食作物的机械，还要有适合于多种经济作物的机械；不仅要有适合于平原地区的机械，还要有适用于山区的机械；不仅要有适用于旱地作业的机械，还要有能用于水田作业的机械，等等。产品适用于不同目的、不同条件下使用的性能，这就是它的适用性。

寿命，是指产品能够使用的期限。例如，灯泡的使用小时数、钻井机钻头的进尺数、闪光灯的闪光次数等。汽车、拖拉机这类需要经常维修保养才能保持其性能的产品，也可把两次大修的时间间隔期限作为它们的使用寿命。

可靠性，是指产品在规定的时间内、规定的条件下，完成规定工作任务能力的大小或可能性。一般讲，就是产品不仅出厂时各项性能指标须达到规定要求，而且还要做到"经久耐用"，即产品的精度稳定性、性能持久性、零部件耐用性好，能够在规定的使用期限内保持规定的功能。例如，一架飞机，不仅在出厂时性能指标必须符合标准，而且要求在飞行过程中不出故障；一套通信设备，不仅在启用时各项性能指标要合乎要求，而且在使用过程中也必须保持良好等。所以，可靠性意味着经过一段时间考验，在使用过程中逐渐表现出来的各方面满足人们需要的程度，它属于产品内在的质量特性。

安全性，是指产品在操作或使用过程中保证安全的程度，对操作人员是否会造成伤害事故、影响人身健康、产生公害、污染周围环境等可能性。

经济性，是指产品的结构、重量、用料等制造成本，以及产品使用过程的运转费用、维护修理费用、维持费用、运营费用等使用成本。产品的经济性，不仅考虑制造成本，还要考虑产品的使用成本，要看产品寿命期的总成本。这一点随着经济的发展已为人们越来越重视。如，产品使用过程中的动力、燃料消耗，柴油机、汽油机的燃油消耗率，锅炉的燃煤、燃油消耗率等，都是考核产品质量经济性的重要指标之一。当前，特别要根据节约能源的要求，力求降低消耗，达到先进指标，尽快改变大量耗费能源的电老虎、煤老虎、油老虎的产品质量现状。此外，提高产品的维修性（易修性），在保养、维修上力求省时、省事、省钱，也是达到质量经济性的重要方面。

产品质量，就是从上述五个方面质量特性来综合考虑的。产品性能即符合使用目的，是产品质量最基本的性能要求，而寿命、可靠性、安全性、经济性等其他几项特性，都是产品性能的引申和发展，是随着生产力发展逐步提出的要求。再从时间上来看，产品性能如尺寸、成分、光洁度、硬度、物理性质、化学性质等都是通过现场检验就可判断的，而其他几项特性，则都与时间相关，需要在使用过程中才能做出判断。产品的五方面质量特性之间有时是有矛盾的，协调不好，就可能厚彼薄此或顾此失彼。要解决这个矛盾，就要具体地看待产品质量，即根据产品使用的目的、地点和时间等各种条件，也就是根据用户的需要与加工技术经济可能，并考虑质量水平与购买力之间的关系，确定一个从技术经济来说对用户最合用、最适宜的质量。同时，为了保证最终产品质量，满足用户的使用要求，保证产品的使用质量良好（符合预定目的），就要求产品的设计、制造、检验都应当按照这个使用质量目标，保证设计、制造、检验的质量都符合要求。因此，从这个角度来看，产品质量，又可从它的设计质量、制造质量、检验质量、使用质量这四个方面来考核。

二、质量发展演变与未来质量研究

"疑今者察之古，不知来者视之往。万事之生也，异趣而同归，古今一也"[3]。事物的发展是一个过程，都是循着时间逐渐演变而成的。观察事物的历史，可以推知它的现在；观察它的现在，可以推知它的未来。欲深入理

---

[3] 春秋·管仲，管子·形势。

解质量管理理论，同样需要知晓质量管理在漫长的历史长河中，如何跟随科学和社会进步，由初级到高级，由主观到客观，由被动到主动的发展历程。任何一门科学的发展都有其内在的规律性，质量管理科学的发展就是以社会对质量的要求为原动力的。质量管理的方法在过去数千年中发生了巨大的变化，这种变化还会继续不断进行下去。

工业时代以前的质量管理

质量是个永恒的话题，虽然质量管理方式的起源隐匿于远古时代的迷雾之中，最原始的质量管理方式已很难寻觅，但是我们可以确信自古以来一直就面临着各种质量问题[4]。古代的食物采集者必须了解哪些种类是可以食用的，哪些是有毒的。古代的猎人必须了解哪些树是制造弓箭最好的木材。这样，人们在实践中获得的质量知识一代一代地流传下来。

人类社会的核心从家庭发展为村庄、部落。在集市上，人们相互交换产品（主要为天然产品和天然材料的制成品）。产品制造者直接面对顾客，产品的质量由人的感官来判定。这刺激了劳动分工和专门技能的开发，同样工序的循环反复进行，使得手工艺人对原材料、工具、工序步骤以及制成品变得越来越精通，这种循环中包括了将产品卖给使用者并接受反馈，因此，手工艺人的名气和名誉成为维系质量水准朴实但是有力的工具。

随着社会的发展，村庄逐渐发展为集市和城镇，更快的运输手段催生了区域交易。在跨区域交易中，买卖双方不再直接接触了，而是通过商人来进行交换和交易。这大大减少了村庄市场中所具有的那种质量保护，从而出现了一种新的保证质量的形式，即质量担保、产品

---

[4] 约瑟夫·M·朱兰，约瑟夫·A·德费欧. 朱兰质量手册——通向卓越绩效的全面指南（第六版）. 中国人民大学出版社，2014。

质量标准、测量 [5]。

质量担保最初以口头形式出现，因为难有约束力，由此诞生了书面的担保。最早的质量担保出现在公元 429 年，在古巴比伦的闪族人废墟中发现的一块陶制的碑上。它事关一枚镶着绿宝石的金戒指。卖主保证 20 年内绿宝石不会从金戒指上脱落。如果 20 年之内绿宝石从戒指上脱落的话，卖主同意支付给买主 10 个单位的银子作为赔款。落款日期相当于公元 429 年。另外一个质量担保的例子发生在约公元前 18 世纪，古代汉谟拉比法典中有一条法律规定："如果营造商为某人造一所房屋，由于他建得不牢固，结果房屋倒塌，使房主身亡，那么这位营造商将被处死"。

在我国，甲骨文卜辞中的"司空"、"司工"，就是商王朝任命的专门管理手工业产的官司吏。《周礼·考工记》记载，从春秋战国时期起，就有了国家对产品质量进行检验的年审制度和政府官员质量负责制度。春秋初，齐、晋、秦、楚等国规定：制造产品，要"取其用，不取其数。"在原材料选择、制造程序、加工方法、质量检验、检验方法等，都要按统一的标准和规定进行生产，以保证产品的"坚好便用。"《吕氏春秋》上首次提到了"物勒工名"，器物的制造者要把自己的名字刻在上面，以质量负责制对产品质量进行检测监督。《唐律疏议》中明文记载，"物勒工名，以考其诚，功有不当，必行其罪"这些都反映出我国古代质量担保的状况。

为了使彼此相隔遥远的厂商和经销商之间能够有效地沟通，产品质量标准产生了。无论距离多么遥远，产品结构多么复杂，买卖双方间，层层供应商之间直接使用同一种"语言"沟通有关质量的信息。

然而，如果买主和卖主采用不同的测量和检验方法，则会导致冲突，这使得制定检验和试验规范成为必然。这推动了测量手段的进步。

由于这一时期的质量主要靠手工操作者本人依据自己的手艺和经验把关，因而又称为"操作者的质量管理"。

---

[5] 约瑟夫·M·朱兰，约瑟夫·A·德费欧. 朱兰质量手册——通向卓越绩效的全面指南.（第六版）.中国人民大学出版社，2014。

18 世纪中叶，欧洲爆发了工业革命，其产物就是工厂，由于工厂具有工业者和小作坊无可比拟的优势，导致手工作坊的解体和工厂体制的形成。另外一个对手工作坊制度的沉重打击来自起源于 19 世纪后期的"科学管理"制度。以往适用于手工作坊模式的质量管理方法在效率和成本上都落伍了。工厂进行的高效的大批量、流水线生产带来了许多新的技术问题，如部件的互换性、标准化、工装和测量的精度等。这些问题的提出和解决，催促着质量管理科学的诞生。

工业化时代的质量管理

20 世纪初，人类跨入以"加工机械化，经营规模化，资本垄断化"为特征的工业化时代，按照质量管理在工业发达国家实践中的特点，质量管理的发展一般可分为三个阶段：①质量检验阶段；②统计质量控制阶段；③全面质量管理阶段[6]。分别介绍如下。

1. 质量检验阶段

20 世纪初，人们对质量管理的理解还只限于质量的检验，质量检验所使用的手段是各种检测设备和仪表。这一阶段是质量管理的初级阶段，其主要特点是以事后检验为主。在此之前的工厂的产品检验都是通过工人的自检来进行的，方式是严格把关，进行百分之百的检验。

其间，美国出现了以泰勒为代表的"科学管理活动"[7]，"科学管理"提出了在人员中进行合理分工的要求并将计划职能与执行职能分开。中间加一

---

[6] 约瑟夫·M·朱兰，约瑟夫·A·德费欧. 朱兰质量手册——通向卓越绩效的全面指南（第六版）. 中国人民大学出版社，2014。

[7] 弗雷德里克·泰勒. 科学管理原理. 机械工业出版社，2013 年 5 月。

个检验环节，以便监督。检验要根据计划和设计的质量标准，检查最终产品是不是符合规格要求，合格的通过，把不合格品剔除出来，防止混入合格品流出厂外。检查对计划、设计、产品标准等项目的贯彻执行。这就是说计划设计、生产操作、检查监督各有专人负责，从而产生了一支专职检查队伍，构成了一个专职的检查部门。这样，质量检验机构就被独立出来了，形成专业工种。

起初人们非常强调工长在保证质量方面的作用，将质量管理的责任由操作者转移到工长，故被人称为"工长的质量管理"。后来，这一职能又由工长转移到专职检验人员，由专职检验部门实施质量检验，称为检验员的质量管理。专职质量检验制度对保证产品质量起了积极的重要作用。在这方面，大量生产的条件下的互换性理论和规范公差的概念也为质量检验奠定了理论基础，根据这些理论规定了产品的技术标准和适宜的加工精度。质量检验人员根据技术标准，利用各种测试手段，对零部件和成品进行检查，做出合格与不合格的判断，不允许不合格品进入下道工序或出厂，起到了把关的作用。质量检验的专业化及其重要性至今仍不可忽视。

质量检验是在成品中挑出废品，以保证出厂产品质量。但这种事后检验把关，并不能提升产品质量，也不能给产品增加任何附加值，无法在生产中起到预防和控制作用，废品已成事实，很难补救，类似于"死后验尸"[8]。百分之百地检验，还增加了产品成本和人力负担，导致费用增加。生产规模进一步扩大，在大批量生产的情况下，其弊端就凸显出来。此外，检验也并不是百分之百准确，次品与合格品也会误判；在生产规模扩大、产量大幅度增长的情况下，往往发生废品漏网，混入合格品出厂，造成质量事故，影响企业信誉。另外一个问题是在破坏性检验以及某些产品质量特性不可能全检的情况下，难以了解和保证产品质量。

除此以外，由于当时过多地强调了设计人员、生产人员、检验人员之间的分工，设计人员只根据技术要求规定标准（公差），很少考虑经济上的合

---

[8]【美】克劳士比. 杨钢，林海（译）. 质量免费. 山西教育出版社，2011-06-01。

理性、工艺上的可行性、技术上的可能性；生产人员主要按标准执行加工，很少考虑生产过程的稳定性和控制问题；检验人员单纯把关，逐一检验产品，很少考虑检验费用与质量保证问题。三方面人员之间联系薄弱，三方面工作缺乏有机的组织和协调配合，生产、技术、经济不统一，因而对生产过程的管理和产品的质量管理的效能是很低的。

正因为有如此多的弊端，大规模制造急需更加有效经济的质量管理方法。在此期间，一些基于数理统计方法的新的理论与方法被提出来。

第一次世界大战爆发后，休哈特（W.A.Shewhart）博士运用概率论原理为美国国防部解决了二百万套大小规格不同的军服，使美国参战官兵都能按自己的身材穿上适合的军装。抽样数据表明军衣和军鞋的尺寸规格分布符合正态分布，于是他把军装、军鞋尺码按高、矮、胖、瘦分成十档进行加工制作。结果军服与参战军人体裁基本吻合，及时保证了军需供应。这一实践初步证明了数理统计方法在管理工作中的巨大作用。

1924 年，休哈特进一步运用概率论和数理统计学原理来加强质量预防。他认为质量管理除了检验之外，应在发现有废品产生预兆时就要注意预防，实行监督控制，做到防患于未然，并在他的备忘录中给出了第一张质量控制图，首创质量控制的统计方法，并在贝尔系统的西屋电气公司生产现场应用了这个质量管理工具，这基本上就是现在广泛应用的质量控制图的雏形。他认为质量管理不仅要搞事后检验，而且在发现有废品生产的先兆时就进行分析改进，从而预防废品的产生。控制图就是运用数理统计原理进行这种预防的工具，因此，控制图的出现是质量管理单纯从事后检验转入检验预防的标志，也是形成一门独立学科的开始。休哈特的这一创造使企业家获得启发，纷纷把数理统计方法运用在质量管理上，起到预见性了解质量状态的作用。美国西屋电气公司等企业首先采用并获得显著成功，数理统计方法成了保证质量，预防废品出现的有效工具。

自 1925 年起，休哈特接连发表质量管理的文章，并于 1931 年，把他的论文、设计的质量方案和控制图收集到一起，出版了《产品生产的质量经济控制》（*Economic Control of Quality of Manufactured Product*）一书。这是第一本正式出版的质量管理科学专著。当时，美国的威士汀豪斯电气公司、通用汽车、福特汽车公司等少数企业，在质量管理中采用了他所介绍的统计方法，取得了一定成效。在休哈特创造控制图以后，同属贝尔研究所的道奇（H.F.Dodge）和罗米格（H.G.Romig）两人一起提出在破坏性检验情况下采用的"抽样检验表"和最早的抽样检验方案，为解决这类产品的质量保证问题提供了初步的科学依据，并发表了《抽样检验方法》。他们三人是最早将数理统计方法引入质量管理的，是统计质量管理理论的奠基人，为质量管理科学做出了贡献。

然而，休哈特等人的创见，除了他们所在的贝尔系统以外，只有少数美国企业开始采用，特别是由于资本主义工业生产受到了 20 年代开始的经济危机的影响，以及由于当时生产力发展水平以及经济发展成熟程度的限制，对产品质量和质量管理的要求还处于较低水平的状态，致使休哈特等创始的一套先进管理技术和科学方法未能被广泛推开。直到 20 世纪 40 年代初期，绝大多数企业仍然主要采用事后检验的质量管理办法。先进的质量管理思想和方法没有能够广泛推广。

由于国防工业迫切需要保证军火质量，直至第二次世界大战期间，这种方法才获得广泛应用。由此，质量管理也进入了第二个历史时期。

2. 统计质量控制阶段

从事后检验的质量管理发展到统计质量管理，是第二次世界大战以后的事，是随着战争引起的科学技术发展以及推动军工生产大幅度提高的客观需要。

第二次世界大战爆发后，美国在武器质量、可靠性技术、军需供应生产组织，以及军事物资调运等方面都遇到了许多亟待解决的新问题。单纯依赖增加检验人员，产品积压待检的情况日趋严重，有时不得不进行无科学根据的检查，结果不仅废品损失惊人，而且在战场上经常发生武器弹药的质量事故，极大地影响士气和战斗力。因此加强军需品的质量保证，提高武器的可靠性成为迫切要求；在大战期间，美国大批生产民用产品的企业转为生产军需物资，但由于无法控制废品和消除各种质量缺陷，导致不能按规定期限交货。

美国国防部为了解决这一难题，邀请休哈特、道奇、罗米格等专家以及美国材料与试验协会、美国标准协会、美国机械工程师协会等有关人员研究，并于 1941—1942 年先后制定和公布了《美国战时质量管理标准》，即 Z1.1《质量管理指南》、Z1.2《数据分析用的控制图法》和 Z1.3《生产中质量管理用的控制图法》，强制要求生产军需品的各公司、企业实行统计质量控制。实践证明，统计质量控制方法是在制造过程中保证产品质量、预防不合格品的一种有效工具，并很快地改善了美国军需物品的质量。

第二次世界大战（1935—1945 年）结束后，美国为了支援欧洲国家，组织大规模物资出口，许多企业扩大了批量生产，生产水平的提高和经济的发展，进一步推动了质量控制技术的进步。因为统计质量控制方法给这些公司带来了巨额利润，所以在战后那些公司转入民用产品生产时，仍然乐意运用这一方法，其他公司看到有利可图，也纷纷采用，于是统计质量控制方法风靡一时。20 世纪 50 年代初期，统计质量控制达到高峰。此外，美国以外的许多国家，如加拿大、法国、德国、意大利、墨西哥、日本等，陆续推行了统计质量管理，并取得了成效。由此，休哈特创制的质量控制图得到了大量的实践，从而不断完善，逐步形成一整套常用的、成效显著的质量控制工具，为工业部门采用统计方法控制质量提供了条件。

统计质量控制阶段，除定性分析以外，还强调定量分析，这是质量管理科学开始走向成熟的一个标志。统计质量控制阶段为严格的科学管理和全面质量管理奠定了基础。1993 年日本第 31 次高层经营者质量管理大会明确指出："TQM（全面质量管理）的基础是 SQC（统计质量控制），SQC 与 TQM 二者不能偏离，专业技术与管理技术同等重要。"统计方法的应用减少了不合格品，降低了生产费用。

但是统计质量管理方法依然存在缺陷，首先，此方法过分强调质量控制的统计方法，在讲解和介绍数理统计方法时，只依靠少数数学家、统计学家和技术专家，搬用大量高等数学理论和复杂的统计计算方法，致使人们产生错觉，误认为质量管理就是数理统计方法，而数理统计方法理论深奥，方法复杂，因而缺乏基础数理统计知识的一线员工很难接受和运用这种方法，反而不能很好地普及和推广，限制了其作用的发挥。同时，对质量的控制和管理只限于制造和检验部门，忽视了其他部门的工作对质量的影响，也忽视组织管理和生产者的能动作用，企业主要依靠制造和检验部门实行质量控制，其他部门则很少过问、关心质量工作；这样就不能充分发挥各部门和广大员工的积极性，制约了它的推广和应用。统计过程控制只关注生产阶段对产品质量的影响，缺乏对产品质量形成过程的全局意识。除此以外，统计质量管理只关注如何监控管理生产过程，使产品尽可能符合公差，然而公差的标准依然由工厂或者商家自己确定，是否符合消费者的期望不得而知。这样生产出来的产品即使百分之百符合公差，也不一定获得消费者的青睐。

现代化大规模生产十分复杂，影响产品的质量因素是多种多样的，单纯依靠统计方法不可能解决一切质量管理问题。这些问题的解决，又把质量管理推进到了一个新的阶段。

3. 全面质量管理阶段

全面质量管理的理论于 20 世纪 60 年代提出，至今仍在不断的发展和完善当中。促使全面质量管理出现的原因与需求有以下几点。

20 世纪 50 年代以来，随着社会和科技的发展，人们对产品质量的要求越来越高，不仅注重其性能，而且增加了耐用性、可靠性、安全性、经济性等要求；如美国的"阿波罗"飞船零件 560 万个，如果零件的可靠性只有99.9%，则飞行中就可能有 5600 个零件要发生故障，后果不堪设想。为此，全套装置的可靠性要求在 99.9999%，在 100 万次动作中，只允许失灵一次，连续安全工作时间要在 1 亿到 10 亿小时。

自泰勒创立科学管理理论以来，科学管理出现了各种学派。20 世纪 60年代在管理理论中出现了"行为科学理论"，突出重视人的因素，强调人在管理中的作用。

随着"保护消费利益"运动的兴起，随着市场竞争尤其是国际市场竞争的加剧，促使生产企业必须保证产品使用过程中的安全性和可靠性等问题，各国都很重视 "产品责任" 和"产品保证"的问题。

市场的竞争的加剧凸显产品责任（PL）和质量保证（QA）问题。要求企业必须建立贯穿于产品质量形成全过程的质量保证体系。系统分析的方法要求用系统的观点分析研究质量问题。在生产和企业中广泛应用系统分析的概念，把质量问题作为一个系统工程加以综合分析研究。

最早提出全面质量管理概念的是美国的菲根堡姆（A.V.Feigenbaum）。1961 年，他发表了《全面质量管理》一书[9]，该书强调质量职能应由全体人员承担，质量管理应贯穿于产品产生、形成的全过程。该书给出的全面质量管理的定义是 "为了能够在最经济的水平上，并考虑到充分满足顾客要求的条件下进行市场研究、设计、制造和售后服务，把企业内各部门的研制质量，维持质量和提高质量的活动构成为一体的一种有效的体系"。全面质量管理的主要特色可以总结为"三全一多样"，"三全"指：

全面的质量，即不限于产品质量，而且包括服务质量和工作质量等在内的广义的质量；不仅要保证产品质量，还要做到成本低廉，供货及时，服务周到，等等。要求追求价值和使用价值的统一、质量和效益的统一，用经济手段生产用户满意的商品。

全过程，即不限于生产过程，而且包括市场调研、产品开发设计、生产技术准备、制造、检验、销售、售后服务等质量环的全过程；体现预防为主、不断改进和为顾客服务的思想；它把满足消费者或用户需要放在第一位，运用以数理统计的方法为主的现代综合管理手段和方法，对商品开发、设计、生产、流通、使用、售后服务以及用后处置的全过程进行全面的管理；防检结合，以防为主重在分析各种因素对商品质量的影响。

全员参加，即不限于领导和管理干部，而是全体工作人员都要参加，质量第一，人人有责。要做好全员的教育、培训；要制订各部门、各类人员的质量责任制，落实责、权、利；要开展多种形式的群众性质量管理活动；它

---

[9] Armand Vallin Feigenbaum . Total Quality Control, New York: McGraw-Hill Book Company,1983.

强调依靠与商品使用价值形成和实现有关的所有部门和人员来参与质量管理，实行严格标准化；不仅贯彻成套技术的标准，而且要求管理业务、管理技术、管理方法的标准化。

一多样是指方法的多样性。不拘泥于统计方法、运筹学方法、管理学方法、心理学方法，等等，只要是能带来质量改善的方法皆可运用。

全面质量管理是在统计质量控制的基础上发展起来的，它重视人的因素，强调企业全员参加，从全过程的各项工作研究质量问题，它的方法，手段更丰富，从而把产品质量真正管理起来。

20 世纪 60 年代以后，全面质量管理的观点在全球范围内得到了广泛的传播，各国都结合自己的实践进行了创新，提出若干新理论与新方法。出现了很多大师级人物，如戴明[10]、朱兰[11]、克劳士比[12]等。

随着全球经济一体化的发展和国际贸易的迅速扩大，产品和资本的流动日趋国际化，企业的竞争范围逐渐扩大，随之而来的是国际产品质量保证和产品责任问题。制定质量管理国际标准以促进国际技术经济合作、消除技术贸易壁垒成为世界各国共同的需要。国际标准化组织(ISO)提出的 ISO 9000 标准已为许多国家所采用，它标志着现代质量管理向着规范化、系列化、科学化和国际化的新高度不断地深入发展。ISO 9000 系列国际标准于 1987 年 3 月正式颁布，在世界范围内迅速掀起一股实施与应用 ISO 9000 的热潮。美、日、欧盟各国以及我国等 80 多个国家等同或等效采用 ISO 9000 系列标准；该标准分别在 1994、2000、2008 和 2015 年进行了更新换代[13]。1987 年，摩托罗拉（乔治·费西尔）提出了六西格玛管理方法[14]。

---

[10] 威廉·爱德华兹·戴明，乔伊斯·尼尔森·奥尔西尼. 裴咏铭译. 戴明管理思想精要：质量管理之父的领导力. 西苑出版社，2014 年 10 月。

[11] 约瑟夫·M·朱兰，约瑟夫·A·德费欧. 朱兰质量手册（第六版）. 中国人民大学出版社，2014 年 2 月。

[12] 克劳斯比，零缺点的质量管理. 中信出版社，2000。

[13] 国家质量技术监督局. 中华人民共和国国家标准：GB/T19000—2000/ISO 9000：2015 质量管理体系标准. 中国标准出版社，2015。

[14] 何桢. 六西格玛管理（第三版）. 中国人民大学出版社，2014 年 6 月。

现代质量管理

进入 21 世纪，质量管理呈现出许多新的特点和趋势：在工业 4.0、智能制造、互联网+、大数据等新模式和新环境下，全面质量管理的重点已经由制造向设计和售后服务两侧延伸。售后服务的质量和产品质量同等重要，必须以顾客为导向，不断加以改进以使顾客满意。甚至超越顾客的期望，提升顾客忠诚度。

为满足顾客的个性需求，"大规模定制"生产方式出现，形成以互联网、自动控制、工业 4.0 等技术为支撑的生产网络，因此，新的质量管理模式必须融合智能制造、"互联网+"、大数据等新模式和新环境。依赖于发达的 RFID、传感器、互联网技术，整个产品生命周期各个环节的数据被实时收集和存储，基于数据融合和分析技术，可以对数据进行收集、汇总、过滤、分析、预测，指导产品研发、采购、制造、物流、销售、维护、回收等各个环节的决策、执行、反馈。这使得实现费根堡姆提出的全面质量管理成为可能，也使得全面、动态、实时管理朱兰质量螺旋曲线（见图 2）上的市场研究，产品开发、设计，制定产品规格、工艺，采购，仪器仪表及设备装置，生产，工序控制，产品检验、测试，销售及服务 13 个环节的质量水平成为可能。

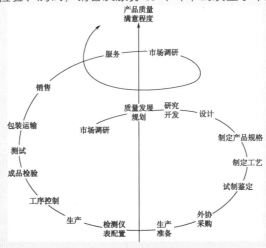

图 2：朱兰质量螺旋曲线

大数据分析法改变了质量管理中两个非常重要的层面，第一是企业能够更精准的根据消费者的需求来确定产品特性，通过互联网技术，企业可以获得消费者的购买行为数据，通过统计分析方法分析预测消费者购买意向，从而更精准的制造生产、运输和采购。第二，传统的质量管理主要是在生产过程中发现质量问题，关注的只是制造质量，对产品运行和工作质量缺乏抓手和管理能力。而现在企业通过在产品上安装传感器、RFID 标签实时监测产品性能，如汽车、飞机、船舶发动机上的温度与振动、桥梁建筑物的磨损程度等，可以远程获得设备运行的工况数据、周围环境数据等，实时进行设备故障诊断和健康管理，这些实时数据可以在问题出现之前就采取措施，这和事后补救相比，成本要小得多。这真正使质量管理的范围从工厂内外延到工厂以外，也为企业提供了新的利润增长点。

大数据技术在互联网数据上应用广泛，但工业大数据和互联网大数据有着深刻的区别。这就决定了工业大数据中所应用的质量管理手段和分析方法有别于互联网的大数据。工业数据的采集和分析需要更多依赖于生产过程的加工机理和物理意义，而互联网大数据大多只关注数据层面上的相关性。工业大数据对分析方法的精度和实时性要求更高，公差范围 0.1 mm 的偏差可能带来的损失要远远高于是否对某个客户推荐某类商品。

随着各种变革因素的影响，质量发展呈现出动态的特点。今天的质量，已经不同于 1996 年或 2008 年时的情况；人们曾经信赖的工具，现在用起来也可能不如以前那么奏效。因此，对于质量管理，需要重新审视，以洞悉世界之变，看清未来，未雨绸缪。

质量未来研究

1996 年，美国质量学会（ASQ）集合了一些世界知名质量专家，首次开展"质量未来研究",即对质量未来的发展进行预测,识别出影响未来的几大变革因素（Forces of Change）,并设想这些因素对于世界的影响,从而总结出该研究带给我们的启发。这项研究每 3 年进行一次。ASQ 从各行各业的 ASQ 全球合作伙伴、IAQ（International Academy for Quality）成员、ASQ 奖章获得者和 ASQ 企业会员中邀请两百余人参与研究。参与者被要求列出认为最可能对质量产生强有力影响的 10 大要素,并说明原因。每轮结果经汇总后被转发给每位成员,以便大家能够了解他人的想法与观点,进而为下一轮投票做准备。在新一轮投票时,参与者可以调整或修改自己之前的看法。在最后一轮,参与者通过一段时间的考虑后,除列出最终确定的 10 个因素外,还要将其按照影响程度进行排序[15]。

2011 年,ASQ 根据投票结果,确定了影响质量未来发展的 8 大因素[16]。

1. 全球责任

全球责任即对社会责任要求的高度意识。由于人口的增长,社会需求的增大,全球的有限资源正在被不断增加的人口所消耗。经济层面曾经可以接受的浪费,如今从社会层面来看就不合理了。全球责任是社会各个层面对道德领导力的呼吁。就组织层面来说,全球责任包含发展与盈利,组织既要具有减少浪费的责任感,又要将节省用于实现盈利,涵盖了负责任的产品设计以及在整个产品生命周期所承担的义务。这意味着制造型企业不仅要关注质量提升,企业盈利,还要承担人权、劳动者行为、公平经营、环境、消费者利益以及 ISO 26000 中描述的对于社会的贡献等责任。例如,由于消费电子产品更新换代频率高和缺少有效的设计策略,造成了越来越多的电子垃圾、污染和资源枯竭。制造企业应该反思其社会责任,消费电子产品生态化设计、绿色设计应该成为该产业的设计新方向。

---

[15] The Future of Quality: Quality Throughout. http://asq.org/future-of-quality/.
[16] 范青. ASQ 质量未来研究. 中国质量, 2013(1), 18-20。

2. 消费者意识

由于互联网的发展和交通运输方式的进步，消费者现在可以在全球范围内购物，而且还能通过网络了解产品、服务以及相关企业的状况。同时，企业也可以更直接和全面得获得消费者的兴趣、偏好、产品满意度等相关信息。因此，企业可以根据消费者的体验为其量身定制适合的个性服务，那些在提供满足消费者需求的产品或服务上较为灵活的企业、可以提供大规模定制的企业将会得到回报。

3. 全球化

自 1996 年"未来研究"首次开展以来，全球化是唯一一个出现在历次研究结果中的因素，2005 年和 2008 年均居首位。但从 1996 年起直至今日，全球化的含义已发生了改变。全球化对企业来说意味着巨大的商机，企业可以利用的庞大的消费市场；2005 年，全球市场蕴含的商机被竞争压力和低劳动力成本所抵消；到 2008 年，无论其所带来的是机遇还是威胁，全球化都已成为不可逆转的事实。与之前相比，全球消费者和供应链在组织战略中占据了更大的份额。全球范围内的供应链和消费者给制造质量的管理提出了更高的要求。

4. 变化速度加快

技术进步以及客户需求的提升导致产品更新换代速度不断加快。例如，随着电子信息技术的日新月异，电子产品的更新换代速度越来越快。著名的摩尔定律每个芯片上晶体管的数目每 12 个月将会增加一倍。2016 年 3 月，全球最知名的学术刊物《自然》杂志上出版了最新的国际半导体技术路线图。与此相似，其他新的产业将随之孕育出现，并在人们的生活中发挥重要作用，然后便迅速消失。对市场最先做出反应的企业将最终获利，对企业来说，甚至没有获得第二的时间或空间。所有这些都要求组织能够更准确地预测未来，并准备好随时回应顾客的反馈。

5. 未来的劳动力

信息的快速传播、技术飞速变化所带来的影响，将会使组织在如何保持员工步调一致上面临压力。它将挑战传统关于人才、工作、工作场所以及学习的理念。人口学家预测，各组织将会互相竞争人才，而且是全球化范围的竞争。探求人才以及技术优势将改变执行工作的方式和地点，而且组织在界定工作活动时也会更加灵活。信息的快速增长以及加速的技术变化，将给组织保持稳定的劳动力带来压力。各组织需要提供给员工更多的学习时间，进行更多的投入来保留员工。未来劳动力教育的真正挑战在于保留过去的经验知识，并基于此获得新的见解，而不能因为有最新、最时尚的概念而将旧的知识和概念随便抛弃。传统的教育机构（学校和大学）需要培训学生如何去开展学习，培训重点将从学什么转到怎样学。技能的资质认证更倾向于能力方面，企业也更重视员工能力的培养。

6. 人口老龄化

老龄化市场也蕴含着机遇。世界从未面临过如此数量的老龄人口，而对这一群体的消费需求及生活方式也知之甚少。正在进入快速老龄化的中国拥有世界上最大的老龄产业市场，《中国老龄产业发展报告（2014）》预测2014～2050年间，中国老年人口的消费潜力将从4万亿元左右增长到106万亿元左右，占GDP的比例将从8%增长到33%。当住房、抚育子女等不再成为问题时，这部分增长的人群将拥有一种全新的生活方式。这给制造业提供了巨大的市场。

7. 21世纪质量

朱兰曾预言"21世纪是质量的世纪"。如果说20世纪质量的定义是控制和改进，那么很显然，它已不适用于21世纪了。变化和转型是新的质量工具。很多人预计，近乎完美的产品或服务质量将成为未来具有竞争力的最低要求。优秀企业正在跨越产品质量的范畴，对顾客体验进行管理。一些全球最佳实践企业（各国获得质量奖的组织）通过自身体验，展现了将质量应用于整体组织改进所带来的效果。质量无论应用到哪里，都会产生可持续的竞争优势。而且，现代的质量实践仍没有人们所希望的那样普遍。质量成为未来的变革力存在着巨大可能。如今，质量已跳出单个组织的范畴，延伸到通过全球供应链及企业网络而发生关系的组织与组织之间。

8. 创新

由于当今变化速度之快，组织如果没有为客户创新的能力，则无法开展未来的工作。如何创建一种创新的文化对今天的领导者来说是个挑战。全世界都在鼓励创新，创新似乎正在取代制造业而成为财富创造的源泉。如果创新意味着企业对顾客需求的预测，并且能够提供让顾客惊喜的产品和服务，那么在当下这个多变的世界，它无疑是推动质量发展的重要手段之一。

三、发达国家的质量经验

德国

1. "德国制造"确保德国出口全球第一

在工业化初期和二战后重建两个重要发展阶段，质量对德国贡献巨大。

1876 年，德国统一不久，百废待兴，工业化进程刚刚开启，假冒伪劣盛行，当年举办的费城世界博览会上德国产品被所有参会代表视为劣质产品。1887 年 8 月 23 日，英国议会通过了羞辱性的商标法条款，规定所有从德国进口的产品都必须注明"Made in Germany"，以此将劣质的德国货区分开来。

此举激发了德国各界对提高质量的重视。从政府到企业，从法律到认证，从教育到文化，逐渐建立起覆盖全社会的质量管理体系以改善"德国制造"的声誉。不到 10 年，德国实现了跨越式赶超。1896 年英国罗斯伯里伯爵表示，"德国让我们感到恐惧，德国人把所有的一切……做成绝对的完美……我们落后了[17]。"

二战后的德国满目疮痍，但随后的 20 世纪五六十年代德国快速重建缔造的"经济奇迹"使德国重回世界强国之列，令世界震惊。2014 年，欧盟统计局统计，2014 年德国货物贸易进出口 27 231.3 亿美元，其出口贸易涉及全球 230 多个国家和地区，出口产品或技术涵盖汽车、机械产品、电气、运输设备、化学品和钢铁等诸多类型。实现"德国奇迹"的动力是什么？答案是以标准和品牌为基础的质量竞争力。

根据德国标准化研究院（DIN）分析，德国国民经济增长的三分之一是由标准贡献的（图 3）。2011 年，德国承担的 ISO/IEC 秘书处数量达 165 个，居世界第一，占领了国际标准制定的战略制高点[18]。

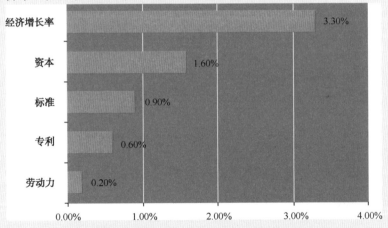

图 3　各要素对德国国民经济增长的贡献率

---

[17]　"德国制造"，125 年的传奇. 环球时报，http://www.guancha.cn/HuanQiuShiBao/2012_09_03_123999.shtml.

[18] 唐晓芬. 不断提高产品市场竞争力. 经济日报，2011 年 9 月 19 日.

　　同时，德国的品牌战略也大大加快了"德国制造"在战后迅速重新崛起的速度，在全球确立了"德国品牌，质量一流"的国家形象。据麦肯锡公司调查，在 20 世纪 90 年代，德国知名品牌产品的销售额占据了德国产品总销售额的 42%（图 4），为发达国家中最高水平。同样的产品贴上"德国制造"的标签，其售价就比盖上其他印记的产品高得多。如果第三方持有"德国制造"品牌的话，获得这一品牌则需支付大约 45 820 亿美元，大约相当于德国 2008 年国内生产总值的 124%[19]。

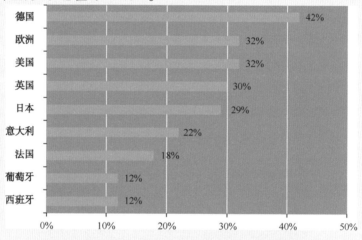

图 4　发达国家品牌产品销售额占总销售额的百分比

　　如今，德国制造已经成为高质量和高使用价值的代名词，是全球溢价最高的国家品牌。德国经济实力位居欧洲首位，成为名副其实的"众厂之厂"。强大的制造能力和领先的质量水平使得德国安然度过 2010 年开始的欧洲债务危机。

2. 德国质量道路的主要经验

　　从德国制造业的崛起和经久不衰，有许多值得研究的经验。

　　一是注重树立国家品牌。德国注重"德国制造"品牌声誉的维护。从政府到企业，从法律到认证，覆盖全社会的质量管理体系以维持"德国制造"

[19] 抓质量: 多措并举 齐抓共管. 中国质量报, 2016 年 01 月 11 日。

的声誉。维护"德国制造"声誉成为了国内大大小小企业自发的行动，对产品质量的追求几乎成了德国企业的共同"潜意识"。德国的品牌战略大大加快了"德国制造"在战后迅速重新崛起的速度，在全球确立了"德国品牌，质量一流"的良好国家形象。

二是发扬精益求精的文化精神。"德国制造"的质量和可靠性，可以溯源到其更深的文化背景。比如德语"职业"一词，就有"天职"的意思。反映在企业经营上，企业运作不仅是为经济利益，遵守企业道德、精致制造产品更是企业与生俱来的天性。"德国制造"的高质量，也很大程度归结于德国人追求完美、精益求精的民族文化。一百多年前，普鲁士王朝就注重对整个民族的敬业、精确等素质的培养，这种民族文化精神延续至今，孕育了长盛不衰的"德国制造"。

三是始终重视技术标准工作。实现德国经济稳步提高，制造业地位逐步提升的重要因素是对技术标准的重视和专注。德国建立了一整套的独特的"法律—行业标准—质量认证"管理体系。在完善的法律法规的基础上，细化为数万条的行业标准，然后由质量认证机构对企业生产流程、产品规格、成品质量等进行逐一审核。另外严格的质量认证制度在创造"德国制造"声誉的过程中也功不可没，保证了繁杂的法律法规的有效实施。企业通过获得认证来证明自身产品的安全性，比如德国著名的 GS 认证，获得了消费者与制造商的共同青睐。

四是高度重视产业工人的职业化。德国拥有全球最高的劳动生产率，同时也拥有一支世界领先的高素质产业大军。这与德国传统上重视国民基础教育，拥有完善的基础和职业教育体系密不可分。德国还实行了独特的"双轨制"教育模式，百分之七十的德国青年人在接受常规学校教育的同时，都要在企业中接受职业培训。不管将来从事何种职业，一定要经过几年的严格职业培训并通过考试。早在 20 世纪 90 年代，德国设立了质量工程类硕士、博士学位，培养职业化高级质量人才。

五是促进精英型中小企业发展。中小企业是称霸全球的德国制造业"隐形冠军"。支撑德国经济和国际贸易的真正基石不是那些声名显赫的大企业，而是这些在各自所在的细分市场上默默耕耘并且成为全球行业领袖的中小企业。促进精英型中小企业发展为德国基本国策。德国深知中小企业对经济、就业以及德国在海外竞争力的重要性，在屡次经济振兴计划中通过减税为中小企业减负，并为它们提供国家贷款，甚至推出"限大促小"的措施，把发展中小企业放在优先于支持大企业的位置。这一系列举措，为德国孕育出一批质量、技术世界领先的中小企业。例如：德国克拉斯农机公司(CLAAS)是世界著名的农牧业机械和农用车辆制造商，该公司生产的联合收割机由卫星和激光提供精确导航，实时的感应器可以测算每一平方米的产量。而德国伍尔特集团（Würth）处于全球装配和紧固件业务市场的领导地位，其产品的应用上至太空卫星下到儿童玩具。

日本

1. 日本的经济振兴是一次成功的质量革命

1920 年，日本的第二产业的产值超过了第一产业，进入工业化国家之列。但其后很长时间，日本产品质量水平相比其他工业化国家较低，在国外市场，"东洋货"被视为劣质产品。

战后，为了振兴经济、改变国家形象，日本掀起了"质量救国"的热潮，设立国家层面的质量奖——戴明奖，开展了大规模的全员质量培训，实施了全公司质量管理，首创了 QC 团队质量改进方法、5S 现场管理、质量功能展开（QFD）和丰田生产方式（TPS）等一系列质量管理方法。到 20 世纪 70 年代末期，日本国内已建立了 70 万个 QC 小组，有 500 万名员工参与，有效提高和保证了产品质量，使"日本制造"成为全球产品质量的标杆[20]。

---

[20] 国家质量监督检验检疫总局. 不断提高产品市场竞争力. 质量月宣传专栏，2011. http://www.aqsiq.gov.cn/ztlm/2011/zly/dfdt/201109/t20110921_198853.htm.

伴随质量水平的快速提升，日本的汽车、家电、电子、机械、化工产品凭借品质优势大举进入欧美和全球市场，出口总额从 1960 年的不到 36 亿美元，猛增到 1970 年的 202.5 亿美元，年均增长 16.8%，远超同期 GDP 的年均增长。"质量救国"运动保证了日本 1960—1970 年"国民收入倍增计划"的实现。自 1960 年开始，日本人均 GDP 相对世界平均水平的倍率一路快速攀升，至 90 年代最高达到 3.65 倍的峰值（图 5），超过美国雄踞世界竞争力排名第一，并以唯一亚洲国家身份跻身西方七国集团（G7）之列。正如世界著名质量管理专家朱兰博士所评价的："日本的经济振兴是一次成功的质量革命。"

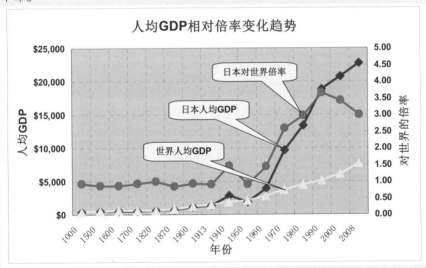

图 5　日本人均 GDP 相对世界平均水平的倍率变化趋势

2. 日本的质量兴国历史

日本产品在20世纪40年代时质量低劣，战败后的日本，经济一片狼藉。弹丸小国，面积比美国的加利福尼亚州还小，但是人口却有美国的一半，并且几乎没有自然资源，日本人面临着生存挑战。企业家也在试图做艰辛的尝试，把产品输入海外市场，但产品上的"Made in Japan(日本制造)"标记成了国际上的大笑话，因为它是劣质产品的代名词。甚至有些日本公司想方设法都要在一个名为"Usa"的日本小村庄开厂，因为这样他们的产品就可以打上"Made in USA(美国制造)"标记[21]。

但20世纪50年代后，日本确立了质量兴国和教育立国的战略方针。美国人麦克阿瑟成了日本的救星，他被联合国任命为盟军总司令，率部进驻日本。其任务不仅仅是解散日本的军政，建立实政体制，而且包括协助日本重新恢复经济。为了恢复日本的经济，麦克阿瑟首先批准日本成立日本科工联合会(JUSE)，接着将休哈特撰写的《产品生产的质量经济控制》一书作为质量管理的教材提供给日本，同时将美国军方在1940年制定的战时生产标准纲领手册Z1.1、Z1.2、Z1.3引入日本。JUSE开始研究休哈特的理论，希望能从中抓到拯救日本经济的"救命稻草"。

休哈特的理论看起来简单，实际上会用到很多数理学及统计学的知识，要将休哈特提出的质量管理方法真正运用到实际工作中去并不是一件简单的事情。为了学通学懂此方法，日本人想到了曾与休哈特一起工作过，并在1947年应召参加了战后日本全国普查准备工作的美国人戴明。

爱德华兹·戴明在质量管理理论界是泰山北斗式的人物，他提出的"为了质量而管理"以及"戴明十四法"在世界工业发展史有举足轻重的影响。在丰田汽车设在东京的总部大楼的大厅里最显眼的地方挂着三幅肖像画，其中一幅是公司的创始人，第二幅是公司现任总裁，第三幅就是戴明。事实上，戴明的影响远远不止于丰田，他是一个用质量拯救了日本，在垂暮之年又用"震荡疗法"唤醒了美国的传奇人物。

戴明与日本结缘是在1947年，当时，他接受盟军最高指挥部指派，到日本协助筹备1951年将要进行的日本全国普查工作。日本战后的惨况让他唏嘘不已，因此决心尽全力来帮助日本恢复经济。他渊博的知识和亲切的态度给日本人留下了深刻的印象。1950年3月，JUSE常务理事小柳贤一写信给戴明，邀请他来为日本的研究人员、工厂经理以及质量管理工程师上一课。戴明答

---

[21] 刘永中，金才兵. 管理的故事. 南方日报出版社. 2005。

应了。戴明在去日本进行演讲前，内心忐忑不安，这源于他在美国推行统计质量管理时留下的阴影。当时，休哈特制定的战时生产标准纲领手册成了质量控制的圣经，但戴明意识到，要想从根本上解决产品质量不好的问题，光是依靠标准或是运用统计方法来进行控制是不行的，必须建立质量管理机制。因此，在第二次世界大战期间，他就曾建议军方应对技术人员及检验人员进行系统的质量管理培训。但并未受到重视。之后，他自己开办了一家顾问公司，将质量管理方法向全国推广，虽然有三万一千多人接受了他的培训，但似乎曲高和寡，培训效果甚微。这一切都让他感到担心。他事后曾经做过分析，认为问题的关键在于没有找到有实权的人来听课。如果没有实权在握的企业界人士接受赞同并推广他的理念。就不能从根本上建立起质量管理机制。

基于这样的认识，戴明迫切希望在讲课前能见到日本企业界的实权阶层。JUSE理事主席石川馨是一个能量很大的人，他所做的甚至超过了戴明的期望：1950年6月24日，石川馨邀请了日本最有实力的21位企业家出席欢迎戴明的宴会(这21位企业家，控制了日本80%的资本)。在宴会上，戴明说："你们可以创造质量，这么做是有方法的。你们既然已经知道什么叫做质量，就必须开始研究消费者，弄清楚他们真正需要什么，要放眼未来，生产出能在未来具有市场价值，能占一席之地的产品。"当有人问"日本企业应该如何向美国企业学习管理"时，戴明直言相告："不要复制美国模式，只要运用统计分析，建立质量管理机制，5年之后，你们的产品质量将超过美国！"5年之后超过美国对于当时的日本人来说，这是一个遥远而又美好的梦。他们最大的愿望只不过是恢复到战争前的生产水平。战争毁坏了一切，他们的企业早已病入膏肓。既然戴明为他们开出了一剂药，那就毫不犹豫地把它喝下去吧！

8月初，戴明开始对日本企业进行培训。他不仅教他们如何用统计方法来控制质量，而且重点向企业灌输质量管理的理念。他用了大量的实例、试验和理论进行讲解，包括最著名的红珠试验、漏斗实验，他讲解著名的戴明14条以及PDCA戴明环。戴明的培训让日本人折服，JUSE采用多种方式，将戴明的质量管理理念加以推广。几年后，日本有几百万民众接受了戴明质量管理方法的培训。近两万名工程师通晓基本统计方法。一场戴明式的改革席卷了日本。

1951年夏天，《伦敦快讯》的头版刊登了一条消息："日本尼龙上市，质优价廉。"这条消息标志着日本的产品从此摆脱了"垃圾"的臭名。从这年起，日本可以用产品换取粮食了。

事实上，进入20世纪50年代以后，日本企业依靠质量获得了新生。大约在1955年，日本产品开始打入了美国市场。日本货以价格低廉、质量上乘赢得了美国人的青睐，对北美的工业品产生了很大的压力。

到了20世纪60年代，日本产品的优势已经非常明显，对美国构成了严重的威胁。1964年，《财富》杂志这样评论日本的索尼公司："收音机、电视机和其他民用电子设备的美国制造商已经一再被日本索尼公司灵活的竞争力弄得狼狈不堪。即使按照日本的标准，索尼公司也是一家小公司——该公司去年的销售额为7700万美元。索尼聪明地运用其有限的资金，集中精力特别设计一些在出口市场尤其是美国市场上大受欢迎的产品……从1963年起，索尼的创始人盛田昭夫已经把总部建在纽约，而不是东京。"

戴明质量管理理论给日本带来了新生，日本人称他为"质量管理之父"。对他无限感激。丰田汽车的创始人丰田喜一郎曾感激涕零地说："没有一天我不想到戴明博士对于丰田的意义。戴明是我们管理的核心。日本欠他很多!"为了表达对戴明的敬意，日本人设立了戴明奖：一个刻着戴明博士侧像的银牌。他们将这个奖项颁发给在统计理论方面成就卓越的个人，以及在统计应用上效果卓越的公司。

虽然戴明在战后日本的经济复苏中扮演了重要角色，获得了空前的成功，然而在美国本土，却一直寂寂无闻，直到垂垂老矣。20世纪60年代到70年代，日本经济迅速崛起，大量质优价廉的产品开始抢占美国市场。与此同时，美国经济却停滞不前，甚至有衰落的迹象。当美国企业家发现日本的丰田车开遍美国的大街小巷，索尼的电子产品大赚美国人的美元时，有点沉不住气了。从产业界到传媒，到处都在起劲地讨论日本经济崛起的秘密。美国国家广播公司(NBC)于是决定制作一档节目探讨美国企业日渐衰落的原因，曾在华盛顿《每日新闻》负责采访的NBC资深记者克莱尔·克劳福德·马森被指定为负责人之一。马森希望通过讲故事的方式来展开这个话题。可是，这样的故事并不好找。她采访了美国的经济学家，可采访结果令她失望。这些经济学家既不能深入剖析美国经济现状，又不能找到具体的解决方法。这让她十分苦恼。正在此时，有人建议她去拜访一位年老的纽约大学的学者。当那位80多岁高龄的学者拿出一叠发黄的日文剪报，向她说起自己在日本做出的成就时，马森目瞪口呆。她事后对朋友说："这里有个人掌握我们所需要的答案，并且距白宫仅五英里之遥，却不为人知。"这位老人正是戴明。遗憾的是，当美国人发现他时，他已经步入了老年。随后，NBC采访了戴明，并制作了《日本行，我们为什么不行?》的纪录片。戴明在片中就质量管理的基础知识给美国商业人士做了一次演讲，并且提醒美国人："如果不提高生产率，我们的孩子将成为第一代不能期望自己比父辈生活得更好的美国人!"戴明的一番话，惊醒了骄傲自大、迟钝的美国人，使他们醒悟到：正是他们对日本的漠视，对质量的漠视，才导致日本悄然占领了美国的市场。

《日本行，为什么美国不行》播出后的次日，戴明地下室里电话铃声不断。他们在华盛顿特区的一间潮湿发霉的地下室里找到了戴明。那里是他的办公室。现在，身陷绝境的美国企业愿意听他说话了。其中包括福特、通用、摩托罗拉、宝洁、贝尔电话公司等首席执行官们的紧急求救电话。戴明成了美国企业的救星，人们急切地向他请教有关质量管理的问题，寻找一切有关他的资料。戴明的秘书后来回忆说："电话多得接不完，许多来电的人，都显得十分焦急，好像如果不马上见到戴明博士，整个公司就会垮了似的。"

命中注定，在亲手将日本企业培育为美国企业的头号竞争对手之后，戴明必须为自己的国家效力了。受福特汽车总裁邀请，戴明来到底特律。那时的福特公司，正处于破产边缘——不只是市场上遭受日本汽车的打击，由于一场空前严重的质量事故曝光，上下人心慌乱，被人们称为"大面积内出血"。戴明帮助他们开始长期的质量和管理体制改革。摩托罗拉等公司也在戴明持续10年的帮助下发动"全面质量管理运动"。甚至美国宇航局、斯坦福研究院等官方或非官方服务机构、商业院校、医院也对戴明全新的管理理念与方法，产生了浓厚兴趣。他成为美国人竞相追逐的圣贤。他没有辜负美国人给予他的迟到的荣誉，将余生全部献给关于质量管理的宣讲上。无论何处，只要有人听——甚至在人们不愿意听的地方，他也在尽量宣传。1983年，他入选美国工程院。1986年，他入选美国科技荣誉厅。1987年，里根总统亲自向他颁发国家技术奖。1988年，美国国家科学院向他颁发杰出科学家奖。自1980年后，14个大学向他颁发荣誉博士学位。"他对日本和美国都产生了难以估量的影响。虽然在祖国屡遭拒绝，但他是一个特别爱国的美国人"，著名管理大师彼得·德鲁克赞美他。摩托罗拉宣称：通过戴明指导的质量运动，公司在最近5年至少节省了7亿美元。从1980年起，经过15年的努力，到1995年，美国的主要民用产品，如钢铁、汽车等的质量已经赶上日本，消除了美日间的差距。10年后，即20世纪90年代初期，不但濒临破产边缘的美国三大汽车公司开始稳稳排名世界企业前10位，传统经济重新焕发生机，并且以信息技术为突破口的美国新经济也开始蓄势待发。据1994年上半年统计，美国劳动生产率的增长已上升到5.4%，为当时世界最高水平，而德国只相当于美国的80%，日本只相当于美国的60%。

戴明的代表成就之一是"戴明质量管理14条"，是他将自己原有的理论同指导日本企业时获得的经验进行创造性加工后取得的成果，这14条戒条，不但是质量运动的戒条，也是戴明管理哲学的体现。戴明通过"14条"，把质量控制"从工厂的地板上移到每位高层管理者的办公桌上"。美国企业纷纷将戴明理论视为迟到的"质量福音书"，截至1984年，美国约有3000家公司引入了质量管理体系，整个西方世界引入质量管理体系的公司更是数不胜数。从"质量是检验出来的"，到"质量是控制出来的"。再到"质量是管理出来的"，戴明引导人们跨越了三个阶段，并从观念上改变了人们对质量的传统看法。戴明所掀起的实际上是一场轰轰烈烈的全面质量管理运动，即TQM（Total Quality Management），虽然他自己并不认同TQM的提法。后来，朱兰、费根堡姆等人踩着他的肩膀，在全面质量管理的道路上继续前行。

3．日本质量道路的主要经验

与其他国家相比，日本的质量发展特点可以从四个方面分析。

一是提高质量成为全民行动。由于缺少资源的实际地理条件，日本确立了贸易立国的国家战略。这要求日本必须以国际高标准的质量参与全球竞争。为此，日本树立了注重质量发展的国家战略，形成了通过质量提升实现战后工业经济重建的全民意识。在政府层面，日本政府在不断地强化监管的同时完善对中小企业的扶持制度；在社会组织层面，日本科工联合会（JUSE）大力推动质量管理方法的引进，日本标准化协会积极推进日本标准与国际标准的结合；在企业层面，日本企业重视质量管理方法的学习与运用以及对员工的培训，并形成了独具一格的日式质量管理模式。

二是全员参与培训和改进活动。全员参与的质量管理培训和改进活动是日式质量管理的主要特征。日本将质量发展贯彻到每个人和每个环节，全员范围推广质量管理的理论和方法并提高质量意识。自20世纪50年代初期开始，日本质量管理的教育和培训就一直针对企业全体员工。而在企业生产过程中，注重培养生产线上全体员工质量意识，及时发现并解决问题，成立QC小组改进产品质量、降低消耗。全员参与的质量活动实现了企业产品质量的持续改善。而实现这种全员式的质量活动的基本保障，是日本企业中明确的层级结构、职责划分制度，以及日本文化影响下的企业终生雇佣制。明确的责任划分、良好的员工保障，增强了全员参与质量管理的动力。

三是注重供应链管理和整体效率。日本企业间大都保持着长期的合作关系。许多日本企业与其供应商之间保持了几十年甚至更长的合作关系。这种长期合作的模式有益于整体供应链上质量改进与效率提升，更形成了日本特征的高质、高效、低成本的JIT生产方式。以汽车业为例，通过供应链上下的合作，在20世纪末，在每辆车的生产成本上，日本车企比美国同行要低500～700美元，而缺陷率仅为美国同行的三分之一。

四是引进与创新相结合，活用质量技术方法。从"质量革命"开始，日本将质量管理当作一门科学来对待，并广泛采用统计技术和计算机技术进行推广和应用。期间不断从美国引进先进质量方法、技术和人才。从1950年7

月始到 1990 年止，JUSE 先后邀请美国专家戴明博士和朱兰博士多次到日本进行企业中高层的质量控制与质量管理方面的培训。鉴于文化背景与西方国家不同，日本在学习国外经验的同时，注重建立符合国情的质量管理模式，创造新的质量方法。半个多世纪以来，日本为丰富质量管理体系知识系统贡献巨大。涌现出石川馨、田口玄一、大野耐一、今井正明、狩野纪昭等一大批质量管理大师。在实践中总结出 QCC（品管圈）、QFD（质量功能展开）、卡诺模型、田口方法、新老 7 种工具、5S/6S、TPM（全员生产维护）、TPS（丰田生产方式）等经典的质量管理方法。

美国

1."质量振兴法案"助推美国重返世界第一

美国的工业化起步于 19 世纪 30 年代，到 1894 年其工业生产总值超过英国，跃居世界首位。20 世纪初，基本完成了以电气化为主要标志的第二次技术革命，成为推动美国经济发展的巨大动力。1913 年，福特制出现后，美国大力发展流水线及大规模生产方式，生产呈现规模化，大工业和大企业不断兴起。期间以机器零部件标准化为主的管理新模式成为推动美国"规模生产制"的保障。而美国政府则通过完善相关法规以促使企业重视产品质量。

20 世纪 80 年代初，日本产品大举进入美国市场，导致美国产品在本土的市场占有率大幅下降。在电视机领域，美国原有 30 多家公司生产彩电，但到 80 年代末只剩下了 1 家公司。在汽车行业中，通用、福特和克莱斯勒三大汽车公司也都惨败于日本汽车公司，克莱斯勒甚至不得不申请破产保护，这在被称为汽车王国并以汽车产业引以为豪的美国，引起了强烈的震动。1987 年日本人均国民生产总值（GNP）超过美国，把美国从世界头把交椅拉下马，居主要发达国家之首。美国各主要媒体发起了以"日本行，为什么美国不行"为主题的质量大讨论，指出了"日本将和平占领美国"的危险。

美国政府意识到："若想在世界上处于领导地位，获得质量领域的领导地位是至关重要的，经济上的成功取决于质量"。对此，1982 年 10 月，里根总统签署文件，呼吁在全国开展强化质量意识运动；1983 年 10 月，里根总统向国会提出了"国家生产力与技术革命法案"，出台一系列旨在提升企业质量竞争力的政策措施；1987 年 8 月 20 日，里根总统签署"质量振兴法案"，批准设立了马尔科姆·鲍德里奇国家质量奖，并制定了评奖标准，激励美国企业为荣誉和成就而战，提高美国的产品质量、劳动生产率和市场竞争力。

在一系列提升质量水平、加强质量创新措施作用下，自 20 世纪 90 年代起至 2000 年，美国 GDP 年均增长率达到 4%，在 1993 年的国家竞争力排名中重新回到世界第一的位置。2000 年人均国民生产总值为 34 260 美元，超过了日本的 34 210 美元，重返世界霸主地位。美国总统克林顿评价："《质量振兴法案》在使美国经济恢复活力以及在提升美国国家竞争力和生活质量等方面起到了主要作用。"

2. 美国质量道路的主要经验

从美国制造业的质量发展看，经历了后来居上，再到由强转弱，随后再快速复苏的过程，其中不乏许多独到之处。

一是建设以保护消费者权益为核心的法治环境。美国始终强调对消费者权益的保护。1899 年成立了世界上第一个全国性的消费者组织，1914 年设立美国第一个保护消费者权益的政府机构。1962 年，肯尼迪总统发表《关于保护消费者利益》的特别国情咨文，首次提出消费者享有的基本权利。进入 21 世纪，政府又制定了《美国消费品安全 2011—2016 战略规划》。

美国在质量领域的立法还特别注重专业性和及时性，较早制定了诸如《易燃性纺织品法》、《联邦有毒物品法》、《毒品控制包装法》及《冷冻器安全法》等专业性法规。还在 2011 年，根据食品安全的新风险，及时颁布了《美国的食品安全现代化法案》。

在执法方面，通过建立惩罚性赔偿和严格的责任制度，以司法判决强化执法力度，实现对处于相对弱势低位的消费者群体的倾斜性保护。美国的产品责任赔偿除了直接经济损失和精神补偿外，惩罚性赔偿金额通常是前两者赔偿的三倍以上。而且，政府对产品安全的监管非常严格，联邦层面仅食品安全监管机构就超过 7 家。

二是通过政策法规和激励机制，发挥政府引导作用。政府通过制定鼓励和规范公平市场竞争行为的一系列法规，如《联邦贸易促进法》、《食品、药物和化妆品法》、《联邦反对价格歧视法》、《禁止对外贿赂法》等，来防止企业采用不正当竞争手段，取得市场垄断地位，从而扼杀企业通过持续改进和创新取得持续成长的活力，引导企业通过激烈市场竞争，不断提高产品质量，满足持续提升的顾客需求。自 2009 年以来，奥巴马政府为推动"制造业复兴"，先后颁布了《重整美国制造业框架》、《先进制造业国家战略计划》等国家战略和政策法规文件，其中，提出了提高劳动力技能、加强制造领域研发和基础建设投入，扩大制造流程创新，使美国公司削减生产成本，提高产品质量，加快产品开发等促进先进制造业质量发展的方向。

美国国家标准与技术研究院战略规划与经济分析小组项目办公室 2000 年发布的报告明确指出：该项目的社会净收益的保守估计为 246 亿 5 千万美元，而社会成本仅为 1 亿 9 千万美元，收益与成本之比高达 207：1。

三是注重质量理论与技术的创新与应用。美国制造业发展始终离不开质量技术和管理方法的持续创新。从 1875 年泰勒制下产品检验功能的独立，1925 年统计过程控制的提出，20 世纪 60 年代前后"朱兰三部曲"、"戴明 14 项原则"、"全面质量管理"、"克劳斯比零缺陷"等经典质量管理方法的提出与运用，再到 20 世纪 80 年代提出卓越绩效模式和六西格玛管理。纵观历史，伴随着制造业发展的脚步，美国在质量管理理论、方法和技术领域的创新和应用从未间断，由此帮助成就了西屋、通用电气、福特、IBM、波音等一大批实力强大、质量信誉卓著的大型企业，有效支撑了美国工业强国的地位。

四是重视质量人才的培育与发展。美国是最早普及质量管理技术的国家。早在第二次世界大战期间，美国就以控制图工具为基础，在军工企业开展统计质量控制培训。战后，一些院校、咨询机构以及美国管理协会（AMA）、美国质量控制协会（ASQC）等组织继续教授这些课程。与此同时，美国高校建立了质量相关课程和专业。据统计，1994年美国206所大专院校中拥有与质量相关的学士、硕士、博士学位的院校已占到23%、34%和13%。如今，美国有40多所大学在制造专业下授予各种质量工程学位，20多所大学授予质量管理专业的学位。1966年，美国最先在世界上实行质量工程师的考试注册制度，建立了"注册质量工程师"制度。之后，又陆续建立了质量技术员、质量检验员、质量经理等七类质量职业的考核注册制度。2011年美国质量协会的薪酬调查揭示，在包括了如首席质量官、质量工程师、六西格玛管理在内的23个质量职位的平均收入高于企业管理和技术职位一般水平。

新兴经济体

1. 韩国质量经营国家战略

1987年到1997年10年间，韩国人均GDP从3000美元上升到10 000美元，1998年遭遇东南亚金融危机，使其落入中等收入国家陷阱的危险很大。韩国社会各界进行了深刻反思，认为要应对以价格为优势的中国和以技术为优势的日本，以及越来越复杂的国际竞争环境，只有质量创新才是发展的唯一出路。在研究了各国的质量发展道路后，韩国政府提出了国家质量经营战略框架，将质量经营概念延伸到整个社会，希望通过全社会的质量提升，实现国际竞争力的持续提高和国民收入的持续增加。其基本思路包括四个方面：①建立一个完善的质量经营实施系统，加大对质量经营的实施力度；②扩充构建信息网、培养人才、完善制度等质量经营的基础结构；③提高国民对质量的意识，激活质量经营；④建立有韩国特点的质量经营开展模式，将质量经营的开展工作落到实处（图6）。通过质量创新，韩国比较成功地走出中等收入陷阱，经济持续增长，到2007年，人均GDP已超过15 000美元。

目前，我国经济社会发展也已呈现出"中等收入国家陷阱"的若干特征，韩国以质量发展战略突破"中等收入国家陷阱"的经验值得我们借鉴。

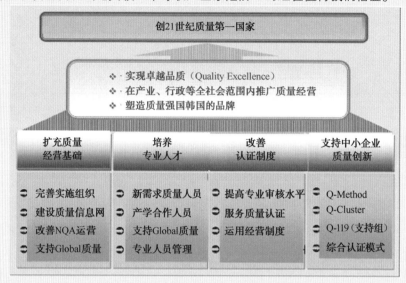

图6 韩国"质量经营"战略的基本框架

2. 俄罗斯国家产品与服务质量政策构想方案

2003 年 5 月，普京总统正式提出经济追赶型增长的具体任务"10 年内我们应当至少将国内生产总值翻一番"，并推出了《国家产品与服务质量政策构想方案》。该方案分析了质量在经济、社会、军事、国际、信息、生态等领域实现国家利益中的作用，认为提高产品与服务质量是保证俄罗斯经济独立和社会发展的基础性措施。该方案还提出了国家质量提升的一揽子计划，重点包括：制定并严格执行保护消费者的质量相关法律，推广各类先进的质量管理方法，培养质量管理人才，大力建设质量文化，在联邦和地方政府采购中优先考虑通过质量体系认证的企业，积极鼓励本国认证机构和组织加入国际和区域联合组织，以确保俄罗斯能够参与对其经济最有利的国际标准制定工作等。

3. 巴西质量和生产力计划

巴西，自然资源得天独厚，农牧业发达，工业体系较为完整，享有"咖啡王国"、"世界绿色能源典范"之称。在 1990 年代，为提高国际竞争力，巴西制定实施了"巴西质量和生产力计划"，其目标是提高商品生产和劳务的效益，改善巴西人民的生活水平。为实现这一目标，该计划强调提高生产力，强调产品的技术、质量、价格的竞争性，强调高、精、尖技术的开发，将信息、邮电通信、新材料、电子、电器作为开发的优先目标，强调产品质量以国际水平为标准，强调科技水平的提高，通过新技术的推广，在生产和消费结构上实现现代化。

各国质量发展的经验总结

通过对各国制造业质量发展经验进行总结，可以归纳出一些共性经验。

一是完善法律体系和执法环境建设。良好的制造业质量发展环境，需要完善的法律体系和严格的执法机制来保障。美、德、日三国虽然各有侧重，但均重视相关国家质量法律法规的制定与执行，为制造业的质量发展保驾护航。完善的法律法规和强有力的执行是产品质量安全的基础。公平有序的市场环境是实现制造业有质量发展的根本保障。而政策扶持是产业振兴早期必不可少的推动因素。

二是政府通过制定激励政策推进质量提升。美、德、日都经历过"质量低谷期"，而期间各国政府都十分注重通过国家层面的质量政策和战略性推进活动，建立政府质量奖项，提高质量安全保障水平，不断提高标准，淘汰落后者。引导企业质量改进，质量创新，有效提高了产品质量水平和企业竞争力，树立了本国制造的品牌形象和国际声誉，进入制造质量发展的成熟阶段。

三是培育和弘扬现代工业文明。现代工业文明是制造业发展的精神内核，是从道德、文化等上层建筑实现工业化的必要条件，质量文化是其重要组成部分。质量文化是全社会关于质量的共有的价值观与精神内涵，其核心是"以人为本"，其实质包括"诚实守信、持续改进、创新发展、追求卓越"。各国在现代工业化过程中，都结合本国民族固有文化因子，创造了各具特色的质量文化。如"德国制造"耐用、可靠、安全、精密反映了德国"价值理性"质量文化特征即"责任感、刻苦、服从、可靠和诚实"，这使得"德国制造"在设计和材料使用上，实实在在地考虑用户利益，注重内在质量，成就"德国制造"国家品牌。另外，高水平的产品质量，高水平的质量文化还有助于培养职业自豪感与爱国心怀。

四是发挥优势企业的质量引领作用。优势企业包括国际知名品牌大企业，也包括在细分市场、专业领域的一大批"小巨人"企业（隐形冠军）。世界级的企业和世界级的质量是共生并存的。大企业发挥质量引领作用，促进供应链整体质量水平提升；创新、推广先进质量管理理论与方法。同时，产业链发展也需要培育为数众多的具有质量竞争力的小企业。如日本的中小企业多达 460 万家，日本的产业乃至整个经济实际上是靠中小企业在支撑，在这些中小企业中，"百年企业"占了相当大的比例。

五是培育高素质产业工人。产品质量取决于人的质量，三个国家都重视培育高素质的产业工人。其主要通过国民质量意识的加强、国民素质的提高、教育体系与职业培训体系的完善、技术工人队伍的建设、社会保障体系和福利政策的健全等手段来保证产业工人的高素质。

六是重视质量技术基础的建设。制造业发展需要坚实的质量技术基础。美、德、日三国在制造强国的发展过程中，都注重发挥标准化组织、认证机构、检验检测机构等社会组织在质量发展过程中的重要作用，在全球竞争中保持标准的先进性，提高计量的精确性，促进认证认可的有效性，确保检验检测的公正性，强化质量管理技术基础。

我国质量发展的启示

　　中国是世界文明古国之一，早在夏、商时代的手工业中就有了控制产品质量的活动。在我国的各种古代典籍中记载有大量的有关产品质量的规定、要求等。严格的质量控制最初首先是在那些用于祭祀和战争的产品上开始应用的。根据历史文献记载，我国早在 2400 多年以前，就开始了以商品的成品检验为主的质量管理方法，有了青铜制刀枪武器的质量检验制度。先秦时期的《礼记》中"月令"篇，有"物勒工名，以考其诚，工有不当，必行其罪，以究其情"的记载，其内容是在生产的产品上刻上工匠或工场名字，并设置了政府中负责质量的官职"大工尹"，目的是为了考查质量，如质量不好就要处罚和治罪。当时的手工业产品主要是兵器、车辆、钟、鼓等。由于兵器的质量是决定当时战争胜负的关键，是生死攸关的大事，因此质量管理就更详尽严格。如对弓箭，就分为"兵矢"、"田矢"和"旋矢"三类；对"弓"的原料选择规定"柏最好，其次是桔、木瓜、桑等，竹为下"，对弓体本身的弹射力、射出距离、速度、对箭上的羽毛及其位置等也有具体规定。这些规定都是根据实践经验总结出来的，目的是要生产出高质量的弓和箭。到公元 1073 年北宋时期，为了加强对兵器的质量管理，专设了军器监，当时军器监总管沈括著写的《梦溪笔谈》中就谈到了当时兵器生产的质量管理情况。据古书记载，当时兵器生产批量剧增，质量标准也更具体。

　　这些质量标准基本上还是实践经验的总结，产品质量主要依靠工匠的实际操作技术，靠手摸、眼看等感官估量和监督的度量衡器测量而定，靠师傅传授技术经验来达到标准。但是，质量管理却是严厉的，历代封建王朝，对产品都规定了一些成品验收制度和质量不好后的处罚措施。官府监造的产品一般都由生产者自检后，再由官方派员验收，而且秦、汉、唐、宋、明、清各朝都以法律形式颁布对产品质量不好的处罚措施，如笞（杖打 30、40、50次）、没收、罚款和对官吏撤职、降职等处罚规定。

　　从传统质量管理阶段到统计质理管理阶段，我国在工业产品质量检验管理中,一直沿用了苏联 20 世纪 40～60 年代使用的百分比抽样方法。1978 年,我国开始从日本和其他西方国家学习全面质量管理的理论和实践。到 20 世纪 80 年代初,我国计数抽样检查标准制定贯彻后,才逐步跨入第三个质量管理阶段——统计质量管理阶段。

1981 年 11 月,我国成立了全国统计方法应用标准化技术委员会(与 ISO/TC 69 对应),初步形成一个数理统计方法标准体系。该标准体系主要有 6 个方面的标准:数理统计方法术语与数据标准;数据的统计处理和解释;控制国标准;以数据统计方法为基础的抽样检查方法标准;测量方法和结果的精度分析标准;可靠性统计方法标准,等等。6 个方面的数理统计方法标准在质量管理过程中的实施,大大改进了产品质量,使"事后检验"转变为"事前预防",从而有效地控制了产品或工程质量。但是,由于我国还处于社会主义初级发展阶段,由于企业管理水平及职工文化素质较低等方面的原因,有相当一部分企业对此"望而生畏",从而影响了数理统计方法的推广应用。1988 年,我国等效采用了 ISO 9000 系列国标标准,1994 年、2000 年又等同采用了该标准的修订版,定名为国家标准 GB/T 19000 系列国家标准。

1992 年,国家技术监督局召开第一次全国质量认证工作会议。次年,发布了《采用国际标准和国外先进标准管理办法》,实行采标产品标志制度,同时对 6400 多个强制性国家标准进行了复审,最后确定其中 1666 项为强制性国家标准。1993 年全国人大通过了《中华人民共和国产品质量法》,标志着我国质量工作进一步走上了法制化的道路。20 世纪 80 年代以后,产品可靠性已成为产品质量的重要指标。1993 年 9 月 1 日,《中华人民共和国产品质量法》经第七届全国人大常委会第三十次会议通过并颁布,标志着我国产品质量法制建设迈入了新的历史阶段。为从根本上提高我国主要产业的整体素质奠定了基础,使我国产品质量、工程质量、服务质量跃上一个新台阶,1996 年 12 月 24 日,国务院发布了《质量振兴纲要(1996—2010 年)》,《纲要》提出经过 5～15 年的努力,实现上述目标。

2000 年,第九届全国人大常委会第十六次会议通过的《关于修改＜中华人民共和国产品质量法＞的决定》实施。新的《产品质量法》明确了各级人民政府在产品质量工作中的责任；规定生产者、销售者必须建立健全内部产品质量管理制度，对产品质量监督部门依法组织进行的产品质量监督检查，生产者、销售者不得拒绝；补充、完善了产品质量监督管理的行政执法手段和必要的行政强制措施；建立了产品质量社会监督机制。2001 年国家质量技术监督局与国家出入境检验检疫局合并，组建中华人民共和国国家质量监督检验检疫总局。2001 年我国启动了全国质量专业技术人员职业资格考试，截止 2013 年底，全国累计有 70.2 万人参加考试，12.3 万人获得人力资源和社会保障部和国家质量监督检验检疫总局颁发的质量专业职业资格证书[22]。2001 年启动了"全国质量管理奖"。2006 年起，"全国质量管理奖"更名为"全国质量奖"。截至 2014 年年底，120 余家国内优秀企业获得了该奖。2002 年全国六西格玛管理推进工作委员会成立，我国开始在全国范围内推行六西格玛。我国企业在加强质量管理的过程中，形成了一批理念先进、方法科学、措施易行、效果明显的典型做法[23]、[24]、[25]。2004 年 9 月 2 日，国家质检总局向社会发布《卓越绩效评价准则》国家标准和《卓越绩效评价准则实施指南》国家标准化指导性技术文件。该标准的发布标志着我国在推行全面质量管理 25 年后，质量管理发展进入了新的阶段。

纵观新中国成立以来我国质量管理的发展历程，大致可以将之划分为两个阶段。20 世纪 80 年代中期以前，中国质量管理基本上是在政府主导下推行的，企业则基本上处于一种被动和从属的地位。自 20 世纪 80 年代中、后期以来，随着改革开放的深入，质量管理真正成为了企业不可或缺的竞争手段。一大批先进企业通过质量管理使得产品质量赶上了或超过了发达国家产品的水准，树立了我国的民族品牌，确立和巩固了企业的竞争地位。随着我

---

[22] http://www.aqsiq.gov.cn/ztlm/2014/2014_zljsks/cjwt/201403/t20140306_405578.htm.

[23] 中国质量协会，卓越国际质量科学研究院. 中国企业质量管理创新实践（第一辑）. 中国经济出版社，2012 年 1 月。

[24] 中国质量协会，卓越国际质量科学研究院. 中国企业质量管理创新实践（第二辑）. 六西格玛管理在中国的实践创新. 中国经济出版社，2013 年 5 月。

[25] 中国企业质量管理创新实战（第三辑）. 汽车制造业企业的质量管理. 中国经济出版社，2014 年 3 月。

国经济的发展与经济全球化进程的加快，有效的质量管理必将成为我国企业求生存、图发展和在竞争中取胜的强大武器。

为深入贯彻落实科学发展观，促进经济发展方式转变，提高我国质量总体水平，实现经济社会又好又快发展，2012 年 2 月 6 日,国务院颁布《质量发展纲要（2011—2020 年）》[26]，目标到 2020 年，建设质量强国取得明显成效，质量基础进一步夯实，质量总体水平显著提升，质量发展成果惠及全体人民。形成一批拥有国际知名品牌和核心竞争力的优势企业，形成一批品牌形象突出、服务平台完善、质量水平一流的现代企业和产业集群，基本建成食品质量安全和重点产品质量检测体系，为全面建设小康社会和本世纪中叶基本实现社会主义现代化奠定坚实的质量基础。除去纲要，每年还出台了相应的年度行动计划。

世界上已有 88 个国家和地区设立了国家质量奖[27]。在发达国家中，日本于 1951 年设立"戴明奖"（Deming Prize）[28]，是世界上最早设立质量奖的国家。美国十 1987 年设立"波多里奇国家质量奖"（Malcolm Baldrige National Quality Award）[29],[30]，每年由总统为获奖者颁奖。欧盟委员会和欧洲质量组织设立了欧洲质量管理基金会（European Foundations of Quality Mangement）[31]，并于 1992 年首次颁发了"欧洲质量奖"。在发展中国家中，巴西、俄罗斯、印度等国于 20 世纪 90 年代设立了国家质量奖。实践证明，设立国家质量奖，不仅能极大地增强企业的质量责任感和勇于竞争的信心，而且还能起到巨大的带动和示范作用，激励更多的企业在质量上追求卓越，促进国家质量水平的整体提高。中国质量奖于 2012 年由质检总局申请、国

---

[26]国务院关于印发质量发展纲要（2011—2020 年）的通知，http://www.gov.cn/gongbao/content/2012/content_2068277.htm.

[27] 国际质量奖励制度的情况是怎样的？ http://www.cqn.com.cn/news/xcj/zhsx/1134870.html.

[28] http://www.juse.or.jp/deming_en/.

[29] http://www.nist.gov/baldrige/.

[30] 王为人，曲扬. 走向绩效卓越—美国波多里奇国家质量奖启示录. 中国质检出版社，2008 年 4 月。

[31] http://www.efqm.org/.

务院批准设立，是我国质量领域的最高荣誉，旨在表彰在质量管理模式、管理方法和管理制度领域取得重大创新成就的组织和为推进质量管理理论、方法和措施创新做出突出贡献的个人。2013 年，经中国质量奖评选委员会评审、评审表彰委员会审定并报国务院批准，决定对中国航天科技集团公司基于质量问题"双归零"的系统管理方法、海尔集团公司"人单合一双赢"为核心的质量管理模式和在我国推广、普及全面质量管理模式做出突出贡献的中国工程院院士刘源张授予首届中国质量奖。

第二届中国质量奖颁奖大会于 2016 年 3 月 27 日在北京人民大会堂举行。华为投资控股有限公司、株洲中车时代电气股份有限公司、上海振华重工（集团）股份有限公司、中国北京同仁堂（集团）有限责任公司等 9 个组织和首都航天机械公司高级技师高凤林获得中国质量奖；珠海格力电器股份有限公司等 80 个组织、青岛四方机车车辆股份有限公司高级技师宁允展等 10 名个人，被授予第二届中国质量奖提名奖。

李克强总理做出重要批示：质量发展是强国之基、立业之本和转型之要。各地区、各部门要大力实施质量强国战略，坚持改革创新，加强政策引导，把提升质量作为推动供给结构、需求结构升级的重要抓手，为加快发展新经济、培育壮大新动能、改造提升传统动能提供有力支撑；同时，要强化监督管理，健全质量标准，严厉打击各类质量违法行为，维护群众健康安全和合法权益。各行各业要向获奖组织和个人学习，弘扬工匠精神，勇攀质量高峰，打造更多消费者满意的知名品牌，让追求卓越、崇尚质量成为全社会、全民族的价值导向和时代精神，为促进经济"双中高"、全面建成小康社会做出更大贡献！

3

国家质量基础建设

国家质检总局

刘 辉 刘 军 赵海翔 王金玉 张 纲

本章简介：制造强国需要强大的产业质量技术基础的支撑。产业质量技术基础是国家质量基础在产业领域的具体应用，主要包括计量、标准、认证认可、检验检测等要素。通过计量的基准性、标准的规范性、认证认可的公允性、检验检测的符合性的功能，提升产业的核心竞争力。

一、国家质量基础

国家质量基础的概念

国家质量基础（NQI：National Quality Infrastructure）是指一个国家建立和执行计量、标准、认证认可、检验检测等所需的质量技术体制框架，以保障市场上产品、服务满足制造商、监管者的技术要求和顾客的实际需求。

国家质量基础的产生

质量管理的发展催生了国家质量基础的产生。质量管理发展的不同阶段，相关主体对质量提出了不同需求。

分析质量管理的发展路径，可将其划分为三个阶段：以质量检验、统计技术为基础的符合性质量管理阶段；以全面质量管理为基础的适用性质量管理阶段；以可持续发展理念为基础的卓越性质量管理阶段。

1. 符合性质量管理阶段

符合性质量管理阶段，是针对产品层面的质量管理模式，是以事后检测和统计分析为基础的管理模式，其目标是保障产品质量。在这一阶段，对于计量、标准、认证认可、检验检测的需求是围绕产品质量展开的，其应用范围主要集中于产品的生产过程，更强调在材料可靠性、工艺稳定性、功能符合性等方面发挥计量、标准、认证认可、检验检测的作用。

2. 适用性质量管理阶段

适用性质量管理阶段，是针对组织层面的质量管理模式，是以全面的质量管理体系为基础的管理模式，其目标是提升组织质量保障能力。在这一过程中，对于组织在管理职责、资源配置、产品实现、测量分析改进提出了具体要求。在产品实现过程中，对于产品所要求的验证、确认、监视、测量、检验和实验活动，以及产品的接收准则进行了规定，对于采购过程中供方的选择进行了规范。在这一阶段，对于计量、标准、认证认可、检验检测的需求是围绕产品质量和组织质量管理能力展开的，尤其是随着标准的应用范围进一步扩大，更强调在组织管理上组织运行的系统性、规范性和可靠性。

3. 可持续性质量管理阶段

可持续性的质量管理阶段，是针对国家层面的质量管理模式，是以系统的国家宏观质量管理体系为基础的管理模式，其目标是国家经济社会发展的可持续性。在这一过程中，不仅对于产品本身，而且对于产品广义质量相关的资源节约、环境保护、安全保障，以及经济全球化背景下的一系列问题，进行系统的研究和规范。在这一阶段，对于计量、标准、认证认可、检验检测的需求是围绕国家质量发展展开的，要求全面建立计量、标准、认证认可、检验检测在内的国家质量基础，从质量技术引领和支撑的角度促进国家战略的实施。

国家质量基础的运作机理

1. 国家质量基础的主要特性

伴随着人类生产和生活的发展，计量、标准、认证认可、检验检测不断发展。从一定意义上来说，国家质量基础（NQI）是人类经济社会发展技术传承的重要载体。现阶段，我国又处于创新时代与质量时代历史性交汇的时间节点。纵观 NQI 的形成与演变过程，可以看出 NQI 具有的基础性、整体性、公益性、国际性等特性。

1）基础性

国家质量基础对经济社会发展的基础性作用不言而喻。计量关系着国家安全，象征着国家权力和社会公正，因而，国家政权的建立与稳固，必须有统一和权威的计量作保证。从国家宏观层面来看，标准为经济社会的发展提供技术规则。中共十八届二中全会提出加强技术标准体系建设，是中国政府首次把标准定位到国家基础性制度层面。认证认可作为一种市场经济环境下建立信任和传递信任的工具，是各国政府构建质量管理和市场监督体系的关键要素和基础支柱。检验检测通过对产品/服务的技术评定，为社会提供准确的质量信号，是提升产品/服务质量的重要技术基础。从国家质量基础自身发展来看，国家质量基础通过计量解决量值的准确性问题、通过标准解决规则的一致性问题、通过认证认可解决活动主体保障能力的公允性问题、通过检验检测解决产品/服务质量安全的符合性问题，进而全面保障产品质量安全，提升产业核心竞争力，保障和改善民生，促进经济社会可持续发展。

2）整体性

整体性是国家质量基础的另一个重要特性。从国家质量基础对提升质量水平的作用来看，国家质量基础是一个不可分割的整体。计量是提供质量的量值基准，标准反映质量的依据并引领质量提升，认证认可、检验检测控制质量并建立质量信任，四者形成完整的技术链条，相互作用、相互支撑、相辅相成，共同促进质量的发展。计量是标准、认证认可和检验检测的基准，标准是计量、认证认可和检验检测的依据，认证认可和检验检测是推动标准实施和计量溯源水平提升的重要手段。因此，计量、标准、认证认可和检验检测这"四大基础"不可替代、不可分割，只能加强、不能削弱。此外，2007年国际标准化组织（ISO）发布的《可持续发展的三大支柱——计量、标准化和认证认可》，也明确提出计量、标准化和认证认可三者互相依存，密不可分。

3）公益性

国家质量基础中的计量、标准具有公共产品的特征，认证认可、检验检测具有准公共产品的特征。从构成内容来看，计量、标准的公共产品特性，体现在其具体技术内容、装备、技术手段在被一个企业使用过程中，不会影响其他企业对计量、标准的使用；认证认可、检验检测的准公共产品特性，体现在虽然在提供此类服务过程中可能存在商业行为，但该类服务的提供和使用不会影响到其他企业的认证认可和检验检测行为。从整体来看，计量、标准、认证认可、检验检测的基础理论和应用方法，都具有公益性科研的特征，各个国家都在这些领域投入大量的财政资金，用于支撑国家在质量基础方面的公益性产出。

4）国际性

国家质量基础不仅是服务国内经济社会发展的基础保障，更是参与国际合作竞争、维护国家核心利益的有力抓手。在经济全球化的背景下，以计量、标准、认证认可、检验检测为核心要素的国家质量基础已经成为国际通用的"技术语言"，是国际贸易游戏规则的重要组成部分。在WTO/TBT协议中，明确提出将标准、技术法规、合格评定作为维护国家或区域安全、保护人类健康和安全、保护动植物的生命和健康、保护环境、保证产品质量、防止欺诈行为而采取的技术性贸易措施。以标准为例，作为国际三大权威标准化机构，国际标准化组织（ISO）、国际电工委员会（IEC）和国际电信联盟（ITU）

制定的标准对国际贸易产生了重大影响。因此，争夺国际标准制定的主导权和话语权，成为各国特别是发达国家标准化的核心战略重点。

2. 国家质量基础的结构功能分析

1）计量——解决量值的准确性

从计量的技术属性来看，计量是实现单位统一、保证量值准确可靠的活动，使所有应用领域测量结果具有可信度。计量是标准的基础，标准中的数据，其形成要以大量的、准确的测量数据为依据，没有计量的准确性，标准中的数据参量的设计就缺少了前提；计量是支撑认证认可活动顺利开展的前提和基础，计量的互认为认证认可的科学快速发展搭建了平台，有力地支撑了国际实验室认可合作组织的互认体系；计量是保障检验检测的准确性的重要条件，计量检定、校准和检测的共同点是参数测量，其核心是通过参数测量实现预期目的，用计量保证测量的准确可靠，从大计量的观点来看，检验检测是计量的外在应用体现。在解决量的准确性过程中，从国家角度来看，应该强化计量科研能力的自主权，提高国家计量科学研究的整体能力，为国际经济往来提供强大的计量技术支撑。

2）标准——解决规则的一致性

从标准的技术属性来看，标准化是实现计量工作协作传递的必要条件，计量本身需要制定计量术语标准、计量测试器具的质量、检定方面的标准，测试方法和量值传递方面的标准，以规范计量工作；标准为产品和过程的认证认可提供基本的依据，保证了认证工作的互认性和可比性；标准为检验检测提供必要的检测数据标准和检测方法标准，为检验检测活动依据的一致性和流程的一致性提供的基础支撑。在解决量的统一性过程中，从国家角度来看，应该强化在国际标准中的话语权，从而使得标准解决规则的一致性问题能够与国际接轨并得到认可，充分提高在国际交往中的融合性。

3）认证认可——解决活动主体保障能力的公允性

从认证认可的技术属性来看，认证认可是推动标准实施最重要、最有效的手段，认证认可实践对标准具有反馈完善作用，在标准研制、实施和更新等各个环节，认证认可机构和人员，通过各种形式，提供专业知识和实践经验，有效促进标准的发展；认证认可是推动计量应用发展的重要手段和工具，实验室认可是提高校准实验室技术能力，并实现国际溯源的有效手段，测量管理体系认证有效提升企业计量管理能力，督促和指导企业按照国际先进的计量测试管理模式建立测量管理体系；认证认可是证实检验检测公正性与能力的国际通行手段，是促进检验检测机构持续改进的重要途径，是避免重复检验检测的有效措施。在解决主体保障能力的公允性过程中，从国家角度来看，应该强化认证认可的国家主权，提高认证认可国际互认能力和对产品生产主体的甄别筛选能力，在推动中国企业走出去的同时，保证从国外进入我国市场产品的健康、安全和环保质量水平。

4）检验检测——解决质量的符合性

从检验检测的技术属性来看，检验检测围绕品质优良程度评定、技术性能指标测试、风险控制的核心，以化学、物理学、生物学、统计学和信息学技术为基础，研制专用检测设备、建立检测方法、制定相关标准，通过不断扩大检测范围、提高检测精度、拓展检测领域、完善方法标准体系，保障国家各类产品研发、产业发展、商业贸易、市场消费和社会运行，维护人民健康、农林和生态环境安全、工业生产安全和社会公共安全。在解决质量符合性过程中，从国家角度来看，应该强化检验检测的自主权，通过提高检验检测设备的开发、设计和生产能力，提高我国在检验检测方面的自主研发和创新能力。

3. 国家质量基础的内部运行机理分析

国家质量基础由计量、标准、认证认可和检验检测构成，通过这四部分的相互作用，对国家价值链提供有力支撑，并通过与国际组织的互动，形成与国际市场接轨的国际质量基础，提升国际贸易和合作的竞争力。具体如图1所示。

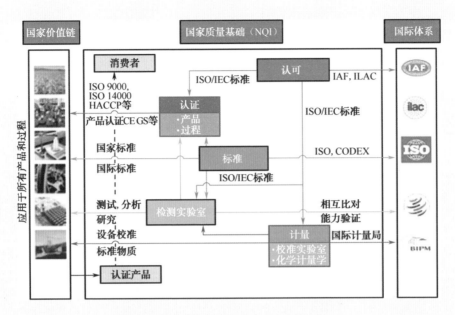

图1 国家质量基础各要素的综合作用机理

1) 计量对国家质量基础的作用机理

从纵向来看，通过设备校准和标准物质，在国家价值链中的产品和过程中发挥确保计量的准确性作用，并和国际计量局开展交流合作，确保量值传递的基准性和统一性。从横向来看，计量为检验检测实验室提供计量基准保障，确保检验检测结果的准确性。

① **保障国家价值链中设备工具校准的准确性。** 通过设备校准，依据校准方法和校准程序，即可以对所有的参数进行校准，也可以对检测结果有重要影响设备的关键参数或关键值进行校准，确保检测设备、工具的准确性；通过标准物质，贮存和传递特性量值信息，在规定的不确定度量范围内，标准物质的特性量值可以用作实验室间比对的标准值或用于量值传递目的，实现量值在时间和空间上的传递。

② **推动与国际计量组织的交流合作。** 随着全球经济的发展，对各种类型测量的准确性、一致性和有效性的呼声和要求日益高涨，为此 BIPM（国际计量局）、ILAC（国际实验室认可合作组织）等相关国际组织联合制定并

由 ISO 发布了一系列旨在实现上述目的的国际标准和指南，描绘了 SI 单位、有证标准物质和协议标准三条测量溯源路径，BIPM 和 ILAC 还分别创建了计量国际互认制度和校准与检测能力的认可制度。通过与 BIPM 的合作，积极参与国际计量组织的活动，提高我国在国际计量界的影响和地位。

③**为检验检测实验室提供计量基准保障**。通过计量检测，确保测量仪器的测量和校准具有国际公认的溯源性。我国企业分别开展了完善计量检测体系和计量保证体系等不同水平的企业计量检测能力建设，其中获得完善计量检测体系证书的企业有 700 多个。据统计，我国一年检定各种工作计量器具 3893 万台（件），各级计量标准器具 94 万台（件）。监督抽查的计量器具 192 万台（件），抽查定量包装商品 145 万批次。

2）标准对国家质量基础的作用机理

从纵向来看，通过国家标准和国际标准，在国家价值链中的产品和过程中发挥统一协调的作用，并和国际标准组织开展交流合作，确保标准在国际范围内的统一和协调。从横向来看，标准为计量、认证认可和检验检测提供基本依据，是计量的重要价值体现，保障了认证认可和检验检测工作的顺利进行。

① **标准是计量的基础和依据**。标准化有利于促进计量测试设备品种的通用和合理发展，保证计量器具的质量。计量工作需要制定计量术语标准、计量测试器具的质量、检定方面的标准，测试方法和量值传递方面的标准，以规范计量活动。计量工作，特别是通用、专用的计量测试器具、基准的设计、研制和管理都要贯彻有关标准，以满足国民经济市场发展的需要以及新型计量装备研制和新技术发展的需要。

② **保障认证认可工作的有序开展**。通过 ISO/IEC 17025《检测和校准实验室能力的通用要求》、ISO/IEC Guide 65《实施产品认证制度的机构的基本要求》，加强对认可工作的规范和管理；通过 ISO 9000、ISO 14000、HACCP 等管理体系标准，加强对组织认证工作的管理和规范。通过标准规范认证认可的技术内容和操作流程，提高认证认可工作的规范性和可比性。

③ **保障检验检测工作的顺利进行。**通过 ISO/IEC 17025《检测和校准实验室能力的通用要求》，对于检测实验室的管理要求和技术要求提出明确规定，规范实验室基础能力建设；通过制定产品质量安全限量标准，对于产品生产过程中关系人身健康安全的重要指标做出具体规定；通过制定产品检测方法标准，对于检测过程中的样品制备、设备与环境、操作流程等做出具体规定。通过标准规范检测实验室管理和检测过程的规范统一，保证检测结果的可信性和可比性。

3）认证认可对国家质量基础的作用机理

从纵向来看，通过认证认可，在国家价值链中的产品和过程中，发挥确保组织保障能力公允性的作用，并和国际认可论坛（IAF）、国际实验室认可合作组织（ILAC）开展交流合作，确保认证认可工作的国际互认。从横向来看，认证认可对于计量校准具有能力验证和保持的作用。

① **保障国家价值链中组织管理能力的公允性。**认证认可通过 ISO 9000 质量管理体系认证，保障组织在质量管理方面符合国际标准要求；通过 ISO 14000 环境管理体系认证，保障组织在环境管理方面符合国际标准要求；通过危害分析和关键控制点（HACCP）食品安全控制体系，保障组织在食品安全控制方面符合国际标准要求。通过上述一系列管理体系认证，使组织在生产过程中具备必要的管理控制能力，保障产品的质量和活动的有效性，提高产品的附加值，并通过国际互认，使得组织产品在国际市场中具有通行证。

② **推动与国际认可论坛等的交流合作。**通过加入国际认可论坛（IAF）、国际实验室认可合作组织（ILAC）、亚太实验室认可合作组织（APLAC）、太平洋认可合作组织（PAC）等组织，为中国认证、检测和检查结果取得国际承认搭建了能力信任的平台。通过加强与国际组织的合作，我国认可的检测报告和认证证书成为很多国家进口相关产品的有效凭证，可直接通关，免于再次检测、认证，为产品顺利出口提供了检测方面的保障，同时有效地降低了交易费用。

③ **保证检验检测和计量校准实验机构的基本能力符合要求。**通过 ISO/IEC 17025《检测和校准实验室能力的通用要求》，对检验检测实验室和

计量校准实验室的检测能力进行确认和验证；通过 ISO 10012《 测量管理体系测量过程和测量设备的要求》，对检验检测实验室和计量校准实验室的测量管理体系进行认证。通过上述认证认可活动，保障检验检测和国家计量体系的准确性、可靠性。

4）检验检测对国家质量基础的作用机理

从纵向来看，通过检验检测，在国家价值链中的产品和过程中，采用研究、测试、分析等手段，发挥保障产品/服务质量安全指标符合性的作用，并在国际上开展相互比对和能力验证，确保检验检测能力符合国际要求。从横向来看，检验检测为产品和过程的认证提供基础技术支撑。

① **保障国家价值链中产品质量安全指标的符合性。**采用研究、测试、分析等技术手段，采用政府公共检测和第三方检测来保障产品质量安全指标符合要求。政府公共检测服务涵盖获得法定资质的检验、测试、检定、校准等技术评价内容，是政府提供公共服务的重要内容之一。第三方以市场化运作为主要特点，主要在公共性较弱（竞争性或排他性较强）的检测服务领域开展活动，同时还可以受理政府委托业务。通过检验检测，满足政府的质量监管和产品正常生产流通的需要。

② **与国际开展相互比对和能力验证。**积极与亚太实验室认可合作组织（APLAC）、欧洲认可合作组织（EA）开展合作，按照规定的条件参加国际实验室间比对，对实验室的校准或检验工作进行判定，保证检测能力与国际上的一致性和准确性。

③ **对产品和过程的认证提供技术支撑。**产品和过程的认证，需要检验检测作为技术支撑，通过检测对产品符合要求的水平进行判断并出具认证证明。如 CE 认证就是以欧盟安全指令为依据，对产品进行检测并出具认证证书。这些认证工作都是以检验检测技术为基础，获得认证的产品能够获得政府、社会和消费者认可，对于保障产品质量安全非常重要。

二、国家质量基础的战略地位

国家质量基础作为建立经济社会活动最佳秩序的重要工具，是推动经济社会转型升级、实现内涵式集约型发展的基础保障。

国家治理体系的重要组成部分

国家治理体系是规范社会权力运行和维护公共秩序的一系列制度和程序，包括经济、政治、文化、社会、生态文明等各领域体制机制和法律法规安排，是一套紧密联系、相互协调的国家制度体系。国家质量基础从技术角度为国家质量体系建设和治理能力现代化提供不可取代的支撑，因为国家质量基础的本质是规范。它调整和约束人类生产、生活、贸易行为，反映技术与管理创新的最新成果，不断优化国家治理体系的科学性、先进性、规范性。从这个意义上讲，作为国家基础性制度，国家质量基础是国家质量体系的内涵与支撑。

鉴于国家质量基础的特殊作用，既是国家质量管理体系的技术支撑，也是实施国际贸易政策的重要手段，世界发达国家对国家质量基础建设均制定专门政策，加大投入力度，纳入国家治理规划一并推进。因此，我国应从战略高度加强顶层设计，制定实施中长期规划，通过改革创新、增加投入、优化政策环境、完善公共服务体系等，推动国家质量基础建设，强化国家质量治理基础，实现对制造强国乃至经济社会发展的重要支撑。

经济社会发展的技术支撑

国家质量基础作为一个完整的技术链条，在保证国家产业发展质量方面发挥着重要的技术支撑作用。计量和实物标准提供了准确测量的基础，而其公认的性能指标可以写入国家标准和国际标准，国家标准和国际标准又作为合格评定的基础。2013年，世界银行发布《国家质量基础——提高竞争效率、促进贸易、保障社会福利的工具》，提出标准、计量、合格评定共同构成国家质量基础，在提高产品质量和兼容性、保障健康安全、保护环境等方面发挥着重要作用。我国根据具体国情，将合格评定细化为认证认可和检验检测，提出了由计量、标准、认证认可、检验检测共同构成的国家质量基础的技术链条。

无论是传统产业升级还是战略性新兴产业及生产性服务业发展，对国家质量基础都有基础性需求。传统产业方面，以钢铁制造业标准需求为例，当前我国的标准与国际差距大，急需修订老化标准、制定新材料高端钢材标准。战略性新兴产业方面，以航天制造业计量需求为例，需要地面科研生产试验计量保障、空间测量活动计量保障以及专用校准装置和校准方法、现场在线计量校准。生产性服务业方面，在电子商务发展中，主要是以生产性服务业中的 B2B 和 B2C 全程电子商务交易为主线，围绕交易前、交易中和交易后等环节以及交易过程中的安全性开展研究；在物流发展中，主要是面向生产、仓储、运输、配送等重要物流环节，针对现代物流中业务流程、信息系统、运营服务的共性技术问题开展研究；在高技术服务业发展中，针对其刚刚起步的特点，需要开展业务分类、服务质量评价等研究。

■国家综合竞争力的重要载体

随着经济全球化深入发展和科技进步日新月异,全球需求结构出现明显变化,围绕技术、品牌、质量、服务等的竞争日趋激烈,经济增长的资源环境约束强化,品种结构、产业结构、经济结构优化升级将进一步加快。决定竞争力的,最终是创造、知识产权和品牌,是经济发展的质量和效益。国家的竞争,其内核是技术,外显是品牌,支撑是质量。

创新技术成果最终要通过产品的功能和质量予以实现,当功能的领先性和质量的可靠性得到有效保证时,产品的品牌效应才能得到国际市场的认可。从推动技术创新的角度来看,国家质量基础作为整体在推动产品质量提升过程中会对技术提出新的需求,通过倒逼机制拉动技术创新发展;从推动品牌培育的角度出发,国家质量基础作为整体对于提高产品质量的可靠性非常重要,通过质量提升来树立"中国品牌"的良好形象。国家质量基础作为质量的基本支撑,在推动技术创新、树立国家品牌方面发挥非常重要的作用,是支撑国家竞争力提升的综合载体。

三、国家质量基础促进产业质量升级:案例分析

NQI 是国民经济和社会发展的基础性活动,是保持产品竞争力的先决条件,为产业共性技术发展提供技术基础,对产业价值链质量提升提供重要的支撑作用。在中国,大到复杂浩大的工程建设,小到具体产品的生产加工,无不体现其对质量提升的重要性。本部分,我们以国家坚强智能电网工程与格力电器空调生产为案例,具体分析 NQI 在促进产业质量升级中的重要作用。

案例 1 国家质量基础支撑国家坚强智能电网建设

21 世纪以来，基于化石能源的工业文明逐步陷入困境。通过发展智能电网，友好接纳新能源，提升能源利用效率，进而实现能源结构优化调整，已成为经济社会可持续发展的必然选择。

国家电网公司经营区域覆盖我国国土面积的 88%以上，供电人口超过 11 亿人，其所运营的电网无疑是世界上规模最大、条件最为复杂的电网。为推动能源变革，实现全球智能电网创新引领，国家电网公司于 2009 年提出了建设以特高压电网为骨干网架、各级电网协调发展的坚强智能电网发展战略。与传统电网相比，建设坚强智能电网面临诸多挑战：一是坚强智能电网突破了传统电网概念，需要实现新能源、信息、电力电子等多种先进技术的交叉融合，技术集成难度较大；二是诸多技术研究尚处于起步阶段，关键技术装备缺乏，标准体系不完善，没有成熟经验可以借鉴；三是需要在全公司范围内同步开展工程建设，覆盖发电、输电、变电、配电、用电各环节并达到同样的质量标准，难以协调、统一。

为应对挑战，在坚强智能电网建设之初，国家电网公司就引入 NQI 理念，建立了以标准体系为基础、以检测认证促进各项标准要求有效落地的质量管理体系，通过严把各环节质量关，进而实现坚强智能电网的系统最优、质量最佳。与坚强智能电网建设同步，研究制定了世界上首套特高压技术标准体系，发布了国际上首套由企业制定的智能电网技术标准体系；制定相关标准1000 余项，编制通用设计、标准化作业指导书等标准实施载体，有效统一了质量要求；加强量值传递体系建设，建设完善 11 个国家级实验室，72 个企业级实验室，形成世界上最完善的智能电网实验室集群，极大地提升了试验检测能力，为质量控制提供有力保障；积极联合社会各界力量，搭建智能电网认证认可体系，并在新能源等重点领域实现国际互认，不断加深质量信任。国家电网 NQI 体系建设，不断推动公司发展进入可持续质量管理阶段。

本案例从特高压输电、智能电网调度、新能源并网、用电信息采集四个方面，具体阐述 NQI 在坚强智能电网建设中所发挥的作用。

1. 国家质量基础助推特高压输电工程实现历史性跨越

特高压交流 1000kV 和直流 ±800kV 是目前世界上最高的输电电压等级。特高压输电工程是国家重大基础设施建设项目，投资规模大、产业链条长、经济带动力强，具有巨大的社会效益和经济效益。在国内首条特高压工程建设之初，既没有适用标准可直接引用，也没有成熟的工程经验可以借鉴，更没有商业化的特高压设备可供选择，难度之大可想而知。国家电网公司坚持以特高压标准体系为基础，以自主创新技术为支撑，以完善的试验检测体系为手段，全面推动特高压设备质量提升，促进特高压设备国产化进程，实现了特高压电网的安全稳定运行。

在国内首条特高压工程建设之初，电磁环境分析、过电压与绝缘配合等一系列技术难题亟待解决。国家电网公司通过优化资源配置，分别在湖北武汉、北京昌平、河北霸州、西藏羊八井建成了特高压交流试验基地、特高压直流试验基地、特高压杆塔试验基地和 4300m 高海拔试验基地，形成了目前世界上技术水平最高、功能最完整、试验能力最强的特高压科研与试验检测体系。开展 100 多项科技攻关，突破一系列核心技术，通过科技成果在工程建设各环节的实施、应用和经验总结，构建完成国际上首套特高压技术标准体系，全面涵盖系统开发、工程设计、设备制造、施工安装、试验调试和运行维护等环节，制定国家标准、行业标准、企业标准 200 余项。目前，特高压标准相关的多项技术成果已被国际电工委员会（IEC）、国际大电网会议组织（CIGRE）和电气电子工程师学会（IEEE）等世界权威技术组织采纳，特高压交流电压成为国际标准电压。由国家电网公司发起的高压直流输电技术委员会（TC115，秘书处设在国家电网公司）和特高压交流系统技术委员会 (TC122，主席为国家电网公司专家) 获 IEC 批准成立，已完成主导制定国际标准 15 项。

特高压工程建设，需要标准体系的规范和引导，也需要完善的检验检测体系作为保障；而检验检测体系的正常运转，也离不开相关检验标准、计量标准的有效支撑。依托四个特高压试验基地，国家电网公司拥有了目前亚洲最大的百万伏级人工污秽试验室、世界先进水平的高电压试验大厅和电力电缆试验室、我国电力行业第一个规模最大、功能最全的电力系统电磁兼容试验室等，获得了国家计量认证（CMA）和国家实验室认可（CNAS）资质，具备了成套特高压设备的检验检测能力。严格的检验检测考验，推动特高压设备快速国产化，确保了设备入网的安全可靠。以 1000kV 晋东南—南阳—荆门特高压交流试验示范工程为例，其工程所用设备全部由国内企业供货，设备综合国产化率 90%以上。目前，国内骨干制造企业都已掌握了特高压设备的核心制造技术，企业自主创新能力持续增强，国产设备的工艺质量水平和安全可靠性显著提升。

依托国家质量基础建设，特高压电网技术有力保障了能源基地电力外送和新能源的大规模消纳，送受电省份获得巨大效益，仅 2015 年，特高压电网跨区跨省输送电量就达到 1534 亿千瓦时。国内电工装备制造业实现了经济结构的战略性调整和跨越式发展，我国在国际电工领域的话语权获得显著提高。沈阳特变电工获得印度国家电网设备采购订单已超过 1 亿美元。2014年，国家电网公司成功中标巴西美丽山水电特高压直流送出工程，真正意义上实现了"推广中国标准、唱响中国装备"。

2. 国家质量基础支撑智能电网调度控制系统全面应用

随着我国特高压输电通道建设和大规模互联电网的形成，电网的运行特性日益复杂。同时，大规模新能源并网带来的不确定性因素增加，频发的自然灾害和网络安全事件也严重威胁着电网安全。这些都给电网的运行调度带来了巨大挑战。各级电网调度中心原有的能量管理、电能量计量、调度计划、广域相量测量等十余套业务系统，由于无统一标准，且互不兼容，使得互联大电网协同调度步履维艰。为满足多级电网调度一体化运作的需求，国家电网公司组织研发了新一代智能电网调度控制系统（以下简称 D5000 系统），通过在 D5000 工程建设过程中建立健全 D5000 系统技术标准体系和相关设备的检测体系，并促进两大体系的有机融合，有力支撑了科研成果向工程应用快速转化，有效保障了 D5000 工程建设质量。目前，D5000 系统已在国家电网公司省级以上调度中心得到全面应用。

先进的标准体系是 D5000 系统推广应用的保障。D5000 系统研制完成并成功试运之后，按照"工程建设，标准先行"、"标准建设，体系先行"的原则，国家电网公司组织完成"智能电网调度控制系统"标准体系建设。所明确的系统架构、总体设计等基础性要求对国家电网公司国家电力调度控制中心、国家电网华中电力调控中心、国网江苏省电力调度控制中心、国网北京市电力公司电力调度控制中心、国网河北省电力公司衡水供电分公司电力调度控制中心等多层级共 10 个单位开展试点。通过试点工程对标准体系进行全面检验，针对标准实施过程中发现的问题，对标准体系进行优化完善，最终形成国际上首套由 24 个部分组成的智能电网调度控制系统成套标准体系，为 D5000 系统的全面建设提供了可直接实施的技术准则，保证了建设质量。在此基础上形成的电网通用模型描述规范等 2 项标准在 IEC 成功立项，实现了我国在电网调度控制标准领域的国际性突破。

D5000 系统进入推广建设阶段后，国家电网公司每年需要完成将近 30 套系统的建设任务。为保障建设质量，国家电网公司组织电力系统自动化设备质量检验测试中心等科研力量，基于"智能电网调度控制系统"标准体系，结合设备应用情况，研究制定了电网调度主站系统、通用计算机硬件设备、调度数据网设备、厂站自动化系统及电力系统专用设备的系列检测标准，逐步建成 D5000 系统的检测标准体系并严格执行，为采用高品质设备、建设高质量工程提供了坚强技术保障。截至 2014 年底，D5000 系统已在国家电网公司国家电力调度控制中心、国家电网华中电力等 6 个调控分中心、国网 27 个省级电力调度控制中心、国网 56 个地级供电分公司电力调度控制中心成功投入运行，全面支撑了"调控一体化"、"调度一体化"运行和管理。

在 D5000 系统全面应用阶段，标准体系和检测体系对系统安全稳定运行与功能提升的作用更为显著。与 D5000 系统运行质量密切相关的数据采集、数据传输、安全防护、同步时钟等装置不仅在入网时需要获得检测认可，还要接受定期检测，降低因设备质量问题而导致的运行风险，同时还针对某些需要统一功能配置、接口标准、设计要求等特性的设备进行检测，使标准化设计规范落到实处。依托先进的试验检测能力，国家电网公司建立了智能电网调度控制系统实验和验证平台、变电站仿真平台等综合实验和验证平台，形成了全面的电力系统仿真试验能力，全面支撑 D5000 系统的技术研究、开发调试、集成试验、软件评测和标准研制，有力支持 D5000 系统的高效运行。

D5000 系统大大提升了国家电网调度技术装备水平，提高了驾驭大电网能力，为保证电网安全稳定运行和可靠供电发挥了重要作用。同时促进了新能源消纳和电力行业节能减排，以及国产软硬件在电力行业的规模化应用。截至 2015 年底，国家电网公司已投运各级智能电网调度控制系统 97 套，备用系统 139 套，使用安全操作系统 15 134 套，关键数据库 317 套。应用国产服务器 12 887 台，图形工作站 12 337 台，磁盘阵列 430 套，有力推进了我国 IT 产业国产化进程，取得了显著的经济效益和社会效益。

3. 国家质量基础促进新能源大规模发展和高效消纳

我国风电、太阳能光伏发电等新能源发电发展迅速，目前已成为全球新能源发展最快、并网规模最大的国家。与火电、水电等常规电源相比，风电、太阳能光伏发电具有显著的间歇性、随机波动性和难以控制的特点，如果大规模无序接入，将对电能质量、供电可靠性甚至大电网的安全稳定带来严重影响。因此，为促进新能源大规模开发和利用，国家电网公司立足自主创新，攻克新能源并网关键技术，通过建立新能源并网技术标准体系、建设新能源发电试验检测能力、开展新能源发电并网认证，构建了完整的新能源发电质量基础体系。在保障我国新能源大规模并网和消纳的同时，也促进了我国新能源产业发展和产品升级。截至 2015 年底，国家电网公司调度范围内的风电、太阳能光伏发电装机容量已达到 1.56 亿千瓦；国产风电机组装机占比从 2005 年的不足 30% 上升到 2015 年超过 95%，光伏组件和逆变器等全面走向了世界。

并网标准体系建设，是支撑大规模新能源友好接入电网、实现新能源与电网"互联互通"、保障新能源输送和消纳的基础。结合我国新能源开发模式和电网发展实际，国家电网公司早在 2005 年就适时启动了适应我国电力系统特点的新能源并网技术标准体系研究工作。通过科研成果固化、标准验证和工程校核，构建完成涵盖新能源接入系统设计到调度运行各环节的新能源并网技术标准体系，包含各类标准 70 余项，为新能源发电的装备研发、系统调试和调度运行提供了统一的标准依据，全面指导了我国大规模新能源的可靠并网和稳定运行。在标准研制过程中，充分发挥国家能源大型风电并网系统研发（实验）中心和国家能源太阳能发电研发（实验）中心作用，经过长时间理论研究和真型试验，攻克大量共性关键技术难题，以海量试验数据为基础形成相关标准，确保了标准参数和指标的科学有效和可操作性。

国家能源大型风电并网系统研发（实验）中心和国家能源太阳能发电研发（实验）中心，不仅是我国新能源并网技术的主要试验研究平台，同时也是目前国际上功能最全、试验容量最大、电压等级最高的新能源发电检验检测机构，承担着我国新能源发电装置和发电站的并网标准符合性测试任务，是实现新能源并网标准有效落地的重要载体。在中心建设的同时，已同步建成贯穿检测系统开发、装置研制、试验操作、指标评价等各环节的标准体系，不仅为新能源并网检验检测提供必要的数据标准和方法标准，也保证了检验检测流程的规范和统一。目前，两个中心均已通过中国合格评定国家认可委员会（CNAS）认可及中国计量认证（CMA）评审，中心依托单位中国电力科学研究院还被接纳为国际风电测试组织（MEASNET）正式会员，成为MEASNET 认可的第一个除欧美国家以外的风电检测机构。截至 2015 年底，已完成 235 个型号风电机组的低电压穿越现场检测，450 个型号风电机组的低电压穿越能力一致性评估，235 个型号光伏逆变器并网性能检测；完成出口澳大利亚风电机组的零电压穿越测试；支持 40 多个风电/光伏制造厂商进行产品功能调试和性能改进，为行业发展提供了公共研发与实证平台，极大提高了我国新能源发电装备的研发与制造水平。

同时，针对我国在新能源大规模发展之初未同步开展并网认证，对大量已投入运行的新能源电站并网特性无法进行准确评价的问题，中国电力科学研究院（中电普赛认证中心）主动申请并获得国家认证认可监督管理委员正式批准，成为国内第一家实施新能源发电并网认证的第三方认证机构，形成检测与认证互相促进的全方位、立体式新能源并网管理体系。在风电机组和光伏逆变器等单体设备满足质量要求的前提下，通过建模仿真和检验检测等手段，对新能源电站并网性能进行相关标准的符合性评价，为新能源优先调度提供可靠的决策依据。

新能源发电领域质量基础建设，支撑了我国新能源的大规模开发和高效利用，是将超万亿元新能源固定投资有效转化为经济效益和社会效益的有力保障；同时推动了我国新能源并网技术的国际化进程。2015 年 10 月，以完善的试验检测能力和大量测试数据为依托，由国家电网公司专家作为召集人的 IEC TS62910《并网型光伏逆变器低电压穿越测试规程》正式发布，成为我国首个新能源并网 IEC 标准，成功实现了中国新能源发电技术和标准的国际推广。

4. 国家质量基础推进智能电能表全面覆盖

智能电能表是电能贸易结算的计量器具，是智能电网与广大电力客户连接的重要途径，是保障计量公平、公正、准确的关键，具有显著的保障民生特性。国家电网公司 2009 年提出"全覆盖、全采集、全费控"的用电信息采集系统建设目标，通过国家质量基础的建设和完善，我国成为世界上建设规模最大、覆盖面最广、数量最多的智能电能表应用的国家，截止 2015 年底，智能电能表已安装 3.17 亿只。

国家电网公司遵循标准先行、标准引领的思路，组织编制并发布了统一的"智能电能表系列技术规范"和"用电信息采集系统系列技术规范"，形成完善的技术标准体系，规范了智能电能表、用电信息采集系统的功能、形式、技术指标、通信协议、安全认证等技术要求，有力支撑了国家阶梯电价政策执行、节能减排政策实施和电力客户互动化服务。标准解决了智能电能表计量芯片算法、安全芯片设计等核心技术，打破了国外进口芯片的垄断局面，推动了智能电能表、用电信息采集系统产业升级，确立了在该领域的国际话语权和核心竞争力。电能表外观形式由 1491 种统一为 4 种，节约社会资源、降低企业生产制造成本；国产计量芯片的应用比例由原来的不足 10% 提升到 90%；国产微处理器、安全芯片市场应用比例分别达 60% 和 100%；100 多个优秀电能表制造企业走向国际舞台。

依据国家计量法律法规和公司相关管理要求，国家电网公司研究建立了"国家电能计量基准—国家电网公司最高电能计量标准—省公司最高电能计量标准—智能电能表检测装置—智能电能表"量传溯源体系，有效保障了智能电能表的量值准确、统一。全面实施计量资产全寿命周期管理，通过开展信息化层面的系统性、全局性的整体设计，建成总部、省公司两级计量生产调度平台，实现总部、省公司两级计量数据纵向贯通、横向集成，实现计量检定资源高效调度和计量资产管理优化配置，实现智能电能表采购到货、设备验收、检定检测、仓储配送、设备安装、设备运行、设备拆除、资产报废的全寿命周期管理 8 大环节全过程、全方位的实时化、可视化监控，确保智能电能表计量准确、可靠，产品质量可控、能控、在控。

此外，国家电网公司还在各级计量中心建立了完整的智能电能表检验检测体系，具备从系统级、产品级和元器件级三个层面开展全性能试验检测能力，可从功能、计量性能、通信性能、安全性能、环境影响、电磁兼容、软件等方面开展 56 个项目测试；统一建成了省级计量中心和智能电能表自动化检定流水线系统，实施智能电能表集中自动化检定，极大提高了计量检定效率，确保了检定标准统一、质量可靠，智能电能表安装前首检率 100%、合格率 100%。截止 2015 年底，23 个省级计量中心已实现电能表自动化检定，自动化年检定能力占比超过 90%；有效消除了因地域因素、管理水平、技术能力差异带来的计量检定工作质量差异，提高检定资源的效能。通过开展新装首检、运行抽签、现场周期检验等方式，实现对运行智能电能表的全过程质量监督和评价，并利用计量生产调度平台和大数据分析，开展智能电能表的状态分析和品级评价，有效管控智能电能表的产品质量和运行健康水平。国网计量中心获得了国家质量监督检验检疫总局的电能表形式评价授权和跨区电网关口电能表检定专项授权，全部 27 家省级计量中心均获得了省技术监督局的电能表检定授权。

5. 国家电网公司国家质量技术基础未来建设展望

国家电网公司建立了一整套涵盖标准、计量、检验检测、合格评定的坚强智能电网发展全过程质量管理体系，通过应用实践诠释了国家质量基础（NQI）建设的核心作用。在完善的质量基础体系支撑下，国家电网公司不断突破坚强智能电网核心技术，有效破解新能源发电上网难题，推动了我国新能源快速发展。调度自动化、控制与保护、柔性直流换流阀等智能电网关键技术达到国际先进水平，相关设备已出口到 30 多个国家和地区。

在实施坚强智能电网战略的过程中，国家电网公司将继续完善设备购置、设备运行、设备维护等环节的检验检测、认证认可机制，促进检测标准、计量标准等相关标准的有效实施；建设相关试验能力为标准研制提供良好的试验环境和支撑平台；加强智能电网标准体系设计，促进计量、检验检测、认证认可的实施水平提升；加强 NQI 管理体制建设，推进国际互认，为标准研制、检验检测、认证认可提供扎实的技术基准。

在不断完善的 NQI 建设支撑下，坚强智能电网相关的设备制造、软件制造、工程设计、工程管理、合格评定服务等将力争保持国际领先水平或逐步发展至国际领先水平，推动"中国制造"和"中国设计"的电力产品和电力工程在世界范围内推广应用。这将有利于世界各国了解和接受利用特高压技术推动能源资源优化配置，构建全球能源互联网，实现全球电网互联互通，积极消纳新能源发电、保障安全可靠供电、应对全球能源问题的伟大构想，更好地服务和支撑国家"一带一路"战略实施。

案例 2：NQI 助力格力卓越质量建设

珠海格力电器股份有限公司（以下简称格力）成立于 1991 年，是一家大型国有控股上市公司，主要为消费者提供节能环保、舒适智能的家用空调、商用空调及生活电器类产品。格力始终坚持"追求完美质量，创立国际品牌，打造百年企业"的质量方针，业务遍及全球 214 个国家和地区。格力现有科研人员近 8000 名，截至 2015 年底，累计申请专利 20 116 件，其中申请发明专利近 7043 件。

1. 国家质量基础支撑格力打造高科技产品

1）高标准是格力高科技空调产品的坚实基础

目前，格力在用的国际标准、国家标准、企业标准达 13 400 多项，主导和参与制定的国家标准和行业标准累计达 200 多项，标准类型包括设计标准、产品标准、零部件标准、质量标准等。格力认为，只有制定苛刻的标准指标，并严格地贯彻执行，才能保证产品质量的高可靠性。其中"严厉的标准"要求技术标准坚持以市场需求为导向，制定了远比国际标准、国家标准、行业标准更为严格的企业标准，为保证质量可靠性提供了控制手段。目前企业先进产品标准占企业产品标准总数的 90% 以上。企业开发的室内空调、单元式空调、多联式空调等 28 类产品已采用国外先进标准，重要产品实现了 100% 的采用国际先进标准，甚至严于国际先进标准，使主要产品达到国际先进水平。为了使各项标准能够严格按要求实施，不仅在标准内容的信息化、集成化上不懈努力，还专门建立了多达千人的筛选分厂。同时，积极参与国内外标准的制定和修订，积极加入国际标准组织，不断增强国际标准制定的话语权。自 2007 年起，格力连续 8 年被授予国家 AAAA 级"标准化良好行为企业"，连续 4 年获得 "中国标准创新贡献奖"和"省标准创新贡献奖"。

制定高标准，更要严格执行。正是在执行要求更高的企业标准前提下，格力打造出一个又一个的高科技产品，得到了消费者的认同。格力以技术和质量为基础，坚定实施"走出去"战略，在东南亚、中东、欧洲及美洲站稳了脚跟，让世界上更多人爱上"中国造"。

2）计量为格力检验检测实验室提供基准保障

格力分别于 2008 年、2009 年和 2015 年获建国家企业技术中心、国家工程技术研究中心和国家重点实验室。依托此平台建成的格力检测中心，具备了分析制冷行业的所有原材料、零部件以及整机的各类常规实验、形式试验、可靠性试验、舒适性试验、环境模拟实验以及各类失效分析试验的能力，并相继获得多种国家或国际组织认可，并获得全球首张"R32 和 R290 环保冷媒空调"VDE 认证证书。格力建立了完善的计量管理和计量台账管控信息系统平台。通过该平台可对公司 7 万多件计量器具实施系统管控，从计量器具的选取和采购、周期性计量管控到计量器具的报废，实现了对计量设备全寿命周期的系统集控。同时，广泛开展测量系统分析与改善提升活动，确保企业计量检测能力与产品质量发展相适应。

3）基于国家质量基础的质量管理创新——T9 质量管控体系

格力在 NQI 的基础上进行自主创新，建立了 T9 质量管控体系（图 2），创造了质量技术创新循环 D-CTFP。通过质量"目标管理"管理机制，整合"组织系统"、"信息系统"、"技术系统"、"标准系统"，成为五大"横向"板块支撑。将质量技术创新成果集成应用于公司供应链管理、研究开发、制造过程、销售服务四大"纵向"核心价值创造过程。形成了"四纵五横"的系统集成管控体系模型，开发了一大批具有自主知识产权的高效检测技术、控制及预防技术。

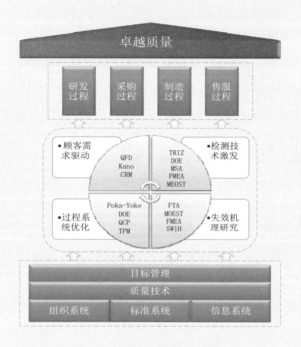

图2　T9质量管控体系模型

NQI 中的标准与检验检测，在 T9 体系中发挥着动力及成果输出的作用。在图 2 的质量技术新循环中，赋予检测技术"激发创新"功能。创新的结果以标准来体现，以标准领先来实现质量优先。检测技术将顾客的需求，转化为公司内部的质量检验把关要求，那些不能满足顾客需求的产品将判定为故障，不能出厂销售。在此基础上进行深层次的故障失效机理分析，将分析成果转化为企业内部的设计、工艺、管理标准新要求，在 T9 中的四个纵向价值创造过程中发挥作用，为产品质量改进和提升提供源源不断的"原动力"。

NQI 中的计量是标准的基础，解决了量值的准确性问题。而认证认可，解决了活动主体保障能力的公允性问题。T9 体系自主研发了 1541 项检测技术和 427 类检测设备，得到了广泛应用，对保障产品质量起到了有效的检验把关与技术支持作用。T9 体系在质量检测与控制技术领域，获得授权发明专利 128 件，授权实用新型专利 287 件，并将技术、方法和系统创新成果，固化形成了大量企业内部标准。

2．国家质量基础助力空调创新升级

1）国家质量基础助力光伏直驱变频离心机系统成功研制

光伏直驱变频离心机系统是格力自主研制基于建筑节能的新型空调系统，对促进我国光伏发电产业发展、光伏产品升级方面发挥了积极作用。光伏直驱变频离心机系统是一套具备光伏发电功能的大型中央空调系统。结合国家光伏发电的标准要求，以及光伏直驱变频离心机系统特有性能，格力自2013年起启动了适应国家要求和系统实际的标准体系研究构建工作，目前已制定了《光伏直驱变频离心机系统》《混合供电的光伏式太阳能空调器》《光伏离心机机组变频器冷却设备》三项企业标准。作为全球首套光伏直驱变频离心机系统，相关标准的制定为光伏空调系统的产品研发、系统设计、检测调试及运行维护提供了依据，引领了光伏空调系统的技术进步。

在规范光伏直驱变频离心机系统的同时，格力开展了检验检测体系建设。参照国家标准《光伏发电并网逆变器技术规范》，结合光伏直驱变频离心机系统实际，制定了《光伏直驱变频离心机机组实验要求和方法》企业标准。依托于格力检测中心，对光伏直驱变频离心机系统进行产品功能测试和性能改进，促进光伏空调系统技术水平的不断提升，保证了光伏空调设备的质量。

光伏直驱变频离心机系统是一套交直流双能源设备，且不仅涉及交直流的混合利用，还存在着交流的并网发电，准确的交直流电能计量至关重要，其准确性对发电、用电及供电部门的贸易结算起着关键的参考作用。格力立足自主创新，研制了交流、直流计量以及光伏、空调运行状态监测控制的一体化管理系统，计量监测能力可根据现场实际需求灵活配置，确保数据的真实、可靠。

2）国家质量基础助推1Hz变频空调成功问世

1Hz变频空调技术的研发成功，使得中国在变频空调关键核心技术上突破了国外技术的垄断。这项技术是在大量试验基础上，研究提出了一套自动转矩控制数学模型及实施方法，解决了电机转矩的辨识及参数自整定控制等技术难题，在变频空调高效可靠运行方面取得的重大突破。这项突破以自主

创新的技术为支撑，以完善的试验检测体系为保障，以行业标准研制为基础，并通过标准在变频空调工程中得到实施应用，充分发挥了标准的规范、引领和支撑作用。

标准体系的建立和有效实施，还带动我国家用空调制造业更好更快地发展，有助于设备制造水平的全面提升。1Hz 变频空调项目完成了从质量体系认证、产品认证、实验室认可，获得国内外各大认证机构的认可。变频空调技术的成功研发，实现了从追赶到超越的历史性转变，促进了中国由家电大国向家电强国的转变，支撑了"中国制造"向"中国创造"的转变。

3）国家质量基础支撑磁悬浮变频离心式制冷压缩机及冷水机组成功研发

磁悬浮技术作为离心机领域的顶尖技术，因其具有无油、无机械摩擦、能效高等的特点，近年来一直是行业研究的热点。但该项技术长期被国外少数企业所垄断。为了打破国外技术垄断，格力于 2010 年 3 月确定了"磁悬浮变频离心式制冷压缩机及冷水机组"自主研发项目。在项目研发过程中，以质量技术基础建设为依托，组织关键技术攻关，在 2014 年 3 月研制出了世界首台单机冷量达 1000 冷吨的磁悬浮离心式制冷压缩机及冷水机组。该机组经国家压缩机制冷设备质量监督中心测试，按 GB/TI18430.1—2007 标准，机组满负荷性能系数 COP 达 7.19，按 AHRI550/590—2011 标准，机组的综合部分负荷能效系数 IPLV 达 12.06，均处于行业领先水平。

磁悬浮变频离心式冷水机组的成功研制，将使我国建筑空调节能的水平得到较大的提高。根据测算，目前大型公共建筑中空调主机能耗占空调系统的总能耗的25%～40%，如果将现有15%建筑的空调主机改造为磁悬浮变频离心式冷水机组，并达到44%的节能效果，每年可以节约 14 亿度电。

4）国家质量基础保障 R290 环保空调成功研制

多年来，我国家用空调行业普遍使用的制冷剂是氟利昂 R22，R22 不仅对臭氧层有明显的破坏作用，而且其温室效应还助长了全球气候的变暖。目前，国际上广泛应用 R140A 来替代 R22，但是 R410A 具有显著的温室效应和破坏环境的缺点。而 R290（丙烷）是一种天然物质，是具有完全环保性能的制冷剂。2011 年，全球首条 R290 房间空调生产线在格力正式建成。

在 R290 环保冷媒空调研制过程中，最重要的工作是标准建设。研发人员通过参考大量的国内外安全标准，如 IEC 安全标准、ATEX 安全指令等国际标准以及危险化学品从业单位安全标准、化工企业安全规范、危险场所电气安全规范等，进行了大量的实验验证，制定了《使用可燃制冷剂的热泵、空调器和除湿机的产品设计要求》等 10 项企业标准，为技术研发打下了坚实基础。格力还制定了专业严谨的 R290 专用设备计量管理办法。同时，建立健全了可靠有效的检测方法和检测体系，新建和改造了一批 R290 空调专用检测实验室，如性能检测实验室、噪声检测实验室、燃烧爆炸研究实验室、泄漏研究实验室、长期寿命实验室等，并制定了严格的检验检测规范和制度。认证是国际市场的"准入证"，依托完善的实验设施与严格的检验体系，R290 空调产品的安全性和可靠性得到了国际社会的高度认可，分别获得了全球首张 R290 产品 VDE 安全认证证书和全球首张 R290 空调生产线 TUV 安全认证证书，从而打通了产品"走出去"的渠道。

3. 国家质量基础支持下的企业未来发展展望

格力 20 多年来的质量强企发展道路，是依托 NQI 造就的中国创新技术和品质培育的历程。在今后发展中，将以全球视野和国际化战略，进一步明确发展目标和定位，打造一座集产城融合、职住平衡、绿色低碳、集约高效为一体的高新科技"格力智能制造产业园"。智能制造将利用物联网、大数据、云计算等新一代信息技术与先进自动化技术、传感技术、控制技术、数字制造技术相结合，实现工厂和企业内部、企业之间和产品全生命周期的实时管理，规划与建设机器与人相互协调合作，具有可采集、分析、判断与规划的人机交互智能工厂。

上述目标的实现，需要在更高水平上建设与之相适应的 NQI 新体系，不仅限于在计量、标准、检测和认证方面上的提升，更是要同步实现与信息化、自动化、智能化技术结合集成后的综合性、系统性的提升。企业独创的 T9 质量管控系统也将进一步发挥系统集成、创新突破的作用，为"中国制造 2025"战略目标的实现做出新的贡献。

▪▪案例分析小结

1. 国家质量基础支撑国民生活和社会经济活动

由于计量、标准等活动具有典型的公共产品特征，在政府没有提供这些公共服务的情况下，市场秩序就会紊乱，对国民日常生活也会产生影响。同时，由于规模经济的存在，企业自行制定标准、开展计量等活动将会耗费大量的时间和成本，导致企业效率低下和营利机会的丧失，同时也会降低公众对企业的信任。可见，国家质量基础对于保障国民生活和社会经济活动的正常开展非常重要。

国家质量基础建设事关国计民生与国家核心利益，国家质量基础落后于人，产业发展甚至国家安全就有受制于人的危险。一方面，国家质量基础的建立和强化可以更好地支撑国民生活、经济社会活动。如长度、质量等计量标准，可以确保国民生活的安全，增强消费者对企业的信任；医药卫生等领域的标准开发和检测认证，可以直接增进国民的身体健康等。另一方面，国家质量基础也是国家战略实施的重要内容与手段。包括《国家中长期科技发展规划纲要》、《中国制造 2025》，以及"一带一路"、"京津冀协同发展"、"长江经济带"三大战略在内的国家重大战略均明确了国家质量基础的战略重要性，并将国家质量基础作为国家战略实施的重要保障。

2. 国家质量基础是保持产品竞争力的先决条件

对于高成本制造商而言，提高质量是保持自身竞争力的先决条件。从长远来看，通过提高价格或降低利润率来生产质量相同的产品并不可行。研究证明，许多欧洲国家的工资水平高于美国和日本。事实上，如果把欧盟新成员和这个全球化世界中的很多新竞争对手相比，这种成本优势会更加明显。我们可以通过提高生产率来应对更高的工资带来的压力，但是，由于技术和管理技巧也会随着跨国公司的投资不断扩散，这项战略未必总是可行。提供产品质量是提高生产率的选项和补充。然而，在那些买方通过质量类型实现差异化的行业中，这项战略更为简单。同时，在其他市场中，价格竞争是最重要的竞争形式。我们将竞争环境界定为"质量竞争"，其中，相对于低价竞争而言，提升质量和增强购买愿望至关重要。

3. 国家质量基础为产业共性技术发展提供支撑

共性技术是链接基础技术和应用技术之间的桥梁，主要体现在工艺等通用的技术，相关共性技术平台建设正是链接整合企业乃至产业资源的关键点，对提升产业质量起到基础技术支持的作用。产业质量作为产业发展的一个关键要素，涉及质量方面的共性技术能够在提升产业质量领域得以广泛应用，将对产业的技术层次和竞争力产生重要影响。质量对共性技术的依赖度很高。从技术推动质量的发展过程来看，形成共性技术，促进更好质量的产品替代原来旧有的产品，进而推动产业升级。从质量要求对产业技术需求的层面看，对质量的要求从单一化到多样化转变，需要跨部门、跨技术领域的多主体综合协调，促进了共性技术创新活动的开展。从对产业发展的整合角度来看，通过聚集经济和规模经济效应的发挥，实现了集群内众多企业特别是广大中小企业的资源要素整合。

四、国家质量基础国际发展状况及趋势

■ 国家质量基础国际发展现状及特征

1. 具有明确的战略定位

发达国家通过将 NQI 的技术基础纳入国家战略体系,以及由国家主要领导人担任相关组织负责人等方式,明确了 NQI 在国家发展中的战略定位。美国将计量和标准纳入全球战略、国家科技和竞争力计划以及质量促进法案。2006 年颁布的 "美国竞争力计划",将计量、标准作为重点投入领域之一,提高对美国国家标准与技术研究院(NIST)的投入。实施了 "科技创新项目"、"霍林斯(Hollings)制造业扩展伙伴计划"、"波多里奇(Baldrige)卓越绩效项目" 等一系列项目,支持美国的产业创新。根据美国总统科技顾问委员会2014 年发布的报告《加速美国先进制造业》,NIST 与国家科学基金会 NSF于 2015 年 10 月宣布成立制造展望联盟,开展对美国制造的需求、挑战、机遇,以及如何在更短的周期内实现按需制造的研究。英国政府 2008 年推出 "高价值制造" 战略,开始了新时期的 "再工业化" 道路。鼓励英国企业在本土应用先进的技术和专业知识生产出世界级的高附加值产品和相关服务,以保证高价值制造业在促进英国经济增长中的助推作用。英国的 "再工业化" 战略的发展有赖于包括计量、标准、认证认可在内的 NQI 的支持。英国的 NQI 支持英国产业战略的各个方面,包括支持创新、支持英国处于全球领导地位的领域最大限度地发挥出口潜力,提高英国先进制造供应链的全球竞争力,培训英国劳动力,为英国成为世界领导者的八大技术的发展打好基础等。德国实施 "以质量推动品牌建设、以品牌助推产品出口" 的国策。2006年,德国政府首次正式出台了《德国高技术战略》,确定了广泛而又明确的有关加强德国创新力量的政策路线,确立了三类 17 个高技术创新范围。2014

年将"工业 4.0"概念上升为国家战略，计量、标准将作为核心技术要素支撑高技术战略以及"工业 4.0"。日本为打造坚实的制造业基础，于 2012 年制定了"知的基盘"计划，并将其纳入国家政策体系，并由首相牵头制定标准化战略。

美国 NIST 院长由美国商务部副部长兼任，并由总统任命；德国的国家计量院院长也由总统任命。韩国突出标准在国家制造业质量中的作用，将其提升至国家战略层面，总理担任国家标准理事会理事长。

2．具有完善的法律法规体系

主要发达国家的 NQI 相关法律法规的建设相对成熟完善，为科学执政、依法行政和高效执政提供了技术支撑。这些法律法规除适用于其本国法制管理外，还对其全球贸易、国家利益、环境、能源以及经济的外部特性等进行综合设计。以求最大限度降低社会成本，提高社会效益，保持可持续发展和竞争力。

许多国家专门制定了计量法、标准化法等法律法规，并及时更新，以适应形势发展。以立法、战略规划等形式将 NQI 与产业发展上升到国家战略层面。美国、英国、德国等 20 多个国家把计量写入宪法，作为中央事权的基本要求。《美国法典国家标准技术研究院篇》（美国法典第 15 卷第 7 章）明确规定：美国经济的未来健康发展依靠强健的制造业基础，因此需要制造技术、质量控制和工艺的持续进步，以确保产品的可靠性和盈利；准确的测量、校准和标准促进美国产业和制造业在国际市场取得竞争力。德国 2015 年新计量法实施生效，在新的计量法中增加了认证认可内容，以求更好地适应欧盟和经济全球化的要求。

3．注重整体规划和建设

主要发达国家都高度重视 NQI 的整体规划和建设。越来越多的国家由一个政府部门或者机构组织来协调计量、标准、检验检测和认证认可工作，且取得了很好的效果。与此同时，发达国家还注重市场、政府和社会的共同作用，通过整体协作提高对产业质量技术基础的治理效率。

NIST 和德国国家计量院（PTB）都兼具计量、标准、认证认可的协调作用，并都提供涵盖计量、标准、认证、认可、检测的全面的技术解决方案服务。NIST 隶属商务部，其工作纳入商务部的规划中。NIST 通过对标准、计量、认证认可不断强化和拓展新功能，目前已成为集科技研发、计量与标准化、技术创新为一体的技术研发机构。特别值得一提的是，PTB 具有政府和技术双重身份。英国的 NQI 则由商业、创新与技能部（BIS）负责管理，每5 年发布国家测量体系的规划，下设英国标准院(NSB)、国家测量和监管办公室（NMRO）、国家物理研究院（NPL）、英国皇家认可委员会（UKAS），分别负责英国的标准化、计量和检测、认证和认可。

发达国家的标准一般由国家标准和社会团体标准构成。国家标准和社会团体标准之间具有良好的联系协调机制。社会团体均可受政府委托承担具体起草政府标准的工作，政府也可将社会团体标准转化为国家标准。如美国建立了多方参与的标准化工作体系。NIST 通过加入标准制订组织等多种方式，增大 NIST 计量研发活动的辐射和影响。以 NIST 介入智能电网为例，美国智能电网是一个全国性网络，通过信息技术，有效、可靠、安全地传输电力。根据《美国 2007 年能源独立和安全法案》的规定，NIST "主要负责协调框架的开发，该框架包括信息管理相关的协议和模型标准，用于实现智能电网设备和系统的互用性。" NIST 成立了智能电网互用性研究小组（SGIP），帮助 NIST 协调智能电网的标准开发。SGIP 采用公私合营模式，规定关键通信协议和其他常用规范的要求，并协调这些标准的开发，帮助 NIST 获得公私部门利益相关者针对开发智能电网标准框架的意见和合作。

美国、英国和德国等国家的认证认可工作，都形成了各自有影响力的认证认可体系，都由计量和标准提供强有力的技术支撑。英国是世界上实行认证最早的国家。早在 1903 年，英国工程标准委员会首创用于符合标准的标志，"BS"标志也称"风筝"标志。该标志按英国 1922 年的商标法注册，成为世界上第一个受法律保护的认证标志。英国皇家认可委员会（UKAS）是世界认证服务方面的领先创新者。UKAS 成立于 1995 年，是英国的国家认可机构。UKAS 认可保证认证和合格评定机构的能力、公平和公正，服务项目范围从生理诊断服务到新建核电站，能源管理和零售银行产品。在认证过程中，计量和标准提供强有力的支持。

比如， NIST 自 1929 年以来，就参加了开发测试实验室评价标准和提供联邦和州政府和私人机构的现场审查、能力验证、校准标准及标准物质研发活动。1969 年美国材料与试验协会（ASTM）要求 NIST 参与 ASTM 和其他组织建立的测试实验室检查服务。同年，全国建筑法规和标准协商会要求国家统计局制定机构测试能力的评价标准和考核方法。1977 年开始进行实验室认可活动。目前 NIST 有 22 个实验室认可了全球约 800 个实验室。

再如，德国的认证工作已基本形成了涵盖欧盟推行的认证制度、德国国家推行的认证制度和认证机构推行的认证制度等三个层级，强制性认证和自愿性认证兼顾的认证体系。德国于 2009 年组建了德国唯一的认可机构——DAKKS，统一承担对认证机构和实验室的认可工作。DAKKS 由德国经济部负责管理，其经济性质是股份有限公司。PTB 则为企业中产品认证提供参考软件。可靠的测量结果的一个先决条件是基于目前标准和指导方针的认证的评估算法。

4．注重扩大国际组织中的影响力

NQI 中的计量、标准和认证认可、检验检测都有相关的国际组织。美、英、德等发达国家在这些组织中高度活跃，具有重要的地位和作用。主要体现在在国际组织中担任重要职务，承担国际组织秘书处工作，具有较高的计量技术能力水平（比如主导计量比对、互认的校准测量能力等），以及国家标准在国际标准中的重要地位等方面。

在计量方面，有国际计量组织和区域计量组织，这些组织多是政府间组织。如国际米制公约组织（CIPM）、国际法制计量组织（OIML）、国际计量测试联合会组织（IMEKO）、国际标准物质信息数据库（COMAR）等国际计量组织，以及亚太计量规划组织（APMP）、亚太法制计量论坛（APLMF）等区域计量组织。目前，在国际层面的计量组织中，美、德、英等国一直处于领导地位，在其所在的区域也处于领导地位，承担着主席国和多个秘书处工作。在校准测量能力方面，美国无论从数量上，还是技术能力上都具有绝对领先地位。

在标准方面，主要有国际标准化组织（ISO）、国际电工委员会（IEC）和国际电信联盟（ITU）等国际标准化机构。美国在国际标准化组织机构中发挥着重要作用。美国积极参与国际标准化活动，尽最大努力将本国标准推向国际化。ISO 现有 187 个技术委员会和 552 个分技术委员会，其中美国负责 30 个技术委员会的秘书处工作。此外，美国还作为 119 个技术委员会的积极成员和 25 个技术委员会的观察员参加国际标准活动。在分技术委员会一级，美国承担其中 89 个秘书处的工作，仅在国际标准化组织信息技术标准化委员会（ISO/IEC JTC-1）所属的 17 个分技术委员会中，美国就负责 5 个秘书处的工作。在另外 288 个分技术委员会中作为积极成员（P 成员），30 个为观察员（O 成员）。美国还是合格评定委员会（CASCO）、消费者政策委员会（COPOLCO）、标准物质/样品委员会（REMCO）和发展中国家项目委员会（DEVCO）的积极成员。无论是在 ISO 还是 IEC，美国在技术委员会及分技术委员会秘书处所占的比例都居世界前列。对于 ISO 和 IEC 制定的标准所不能涉及的技术或应用领域，在某些情况下，美国制定的标准能填补空白，并符合行业和其他用户的需求。美国的国家标准在国际标准化中具有举足轻重的作用。美国许多标准制定机构制定的标准在国际上很有影响，如美国材料与试验协会（ASTM）、美国机械工程师协会（ASME）、美国分析化学家协会（AOAC）等协会制定的标准。德国在国际和欧洲标准化领域一直处于领先地位，是 ISO 常任理事国之一。德国标准化协会（DIN）不仅承担了大量 ISO/CEN 技术委员会秘书处工作，而且还在 ISO / CEN 管理层发挥着非常重要的作用。PTB 参与的国际标准化项目达 312 个，其中参与的 ISO 项目占 19%、IEC 项目占 22%、CEN（欧洲标准化委员会）项目占 10%、OIML（国际法制计量组织）项目占 9%、CENELEC（欧洲电工标准化委员会）项目占 3%、WELMEC(欧洲法制计量组织项目)占 2%、其他项目占 35%。英国标准协会（BSI）每年发布的新标准多达 2500 项，150 多个国家使用这些标准。著名的 ISO 9001 质量管理体系标准、、ISO 14001 环境管理体系标准都源于英国国家标准。英国国家测量和监管办公室（NMRO）在欧洲法制计量组织（WELMEC）中实力最强，在实施和制定未来欧盟立法方面发挥着举足轻重的作用。NMRO 也是国际法制计量组织 OIML 一个具有高度影响力的参与成员。英国 NPL 在世界性和欧洲的科学计量组织（如国际计量局 BIPM 和欧洲计量合作组织 EUROMET）工作中颇具影响力。在认证认可方面,共有20 个国际或区域合作组织，9 个国际检测认证多边互认体系。国际认可论坛（IAF）和国际实验室认可合作组织（ILAC）是全球两大认可国际组织，分别在认证机构认可、实验室认可领域建立多边互认协议（MRA），以此推动认证认可结果的国际互认。目前，IAF 和 ILAC 的多边互认协议签约成员经济体占到全球经济总量的 95%，在全球范围具有广泛影响。各发达国家积极主导 IAF 和 ILAC,如英国的 UKAS 人员在 ILAC 和 IAF 担任高层管理职位，主持认证认可国际组织的规则制修订工作。

5. 注重持续稳定增加经费投入

发达国家持续稳定地增加对 NQI 建设的经费投入。全球化进程中，NQI 是国家核心竞争力的重要组成部分，用于测量产品和服务的性能和质量，具有准公共物品属性，是政府大力投资建设的基础设施。发达国家十分重视对计量和标准的投入，通过国家法定投入等直接纳入政府预算，加强投入有效性和可操作性。NIST 的经费大部分来自政府，其经费列入美国联邦财政预算，每年稳中有升（表 1）。

表 1　2011－2015 年的 NIST 经费

单位：亿美元

年度	2011 年	2012 年	2013 年	2014 年	2015 年
研究和发展	5.07	5.67	5.798	6.51	6.80
工业技术服务	1.732	1.284	1.336	1.43	1.61
研究设施修建	0.699	0.554	0.56	0.56	0.59
总计	7.501	7.508	7.694	8.50	9.00

英国政府设立国家测量体系专门项目，自 2011 年到 2015 年对国家计量院每年拨款 6000 万英镑；德国政府拨付 PTB 的经费也是逐年上升，2010 年为 1.583 亿欧元，2011 年为 1.658 亿欧元，2012 年提高到 1.831 亿欧元，呈稳定增长趋势。由德国、英国等欧洲国家计量院主导的"欧洲大型计量合作研究计划" 2007 年发起，已实施至第二期，经费由第一期的 4 亿欧元增长为 6 亿欧元，研究重点是国际单位制重新定义、量子基准研究、能源、环境、纳米、健康等计量新领域。

6. 注重打造国际品牌

NQI 涉及计量、标准、认证认可、检验检测等。各国对 NQI 的管理和政策虽然不同，但都是政府、企业、社会各负其责、共同推动。发达国家注重打造自己的品牌，提升自己的影响力。发达国家在 NQI 建设过程中，开放其校准、检测、认证等市场。如 PTB 通过德国校准实验室认可机构（DKD）保证量值溯源和校准的可靠性，保持和提升校准实验室的校准能力，向工业和贸易提供准确可靠的测量与测试服务。PTB 开展的溯源性校准每年可达 3000 余项，而以此为基础，DKD 认可的校准实验室所签发校准证书近 30 万份，而随之进行的公司内部校准远远超过 1000 万次。NIST 也很注重自己品牌的建设，如 NIST 研发的标准参考物质（SRM）使用其自己的标识，以示与其他有证标准物质的区别。英国的 UKAS 则是享誉世界的第三方认可机构。再比如，瑞士通用公正行（SGS）建立了先进的质量技术基础体系，建立了世界上规模最大、资格最老的第三方从事产品质量控制和技术鉴定的跨国服务品牌，成为世界公认的质量和诚信标准。美国石油协会（API）制定了涵盖多个领域的先进、完整的技术标准，被国内部门、其他国家和多个国际组织所使用。

NQI 的国际发展趋势

1. 加强自身能力建设，强力支撑产业变革

面对新一轮科技革命和产业变革，工业发达国家将 NQI 建设作为国家战略予以推动，不断提升自己的技术和管理能力。

美、英等国通过 NQI 的建设，为产品和系统之间形成互通性提供基础。通过研制新材料、发展新一代测量技术，研究开发和解决用于产业、并融入商用设备的技术问题，强力支撑了先进制造业的发展。美、英近年来重新布局的"再工业化"战略，投入巨资启动了物联网（智慧地球）和云计算等高新技术研究，以求重振强大竞争力的新工业体系，继续保持世界创新领导者的地位。"再工业化战略"是建立在产业技术革命的基础上，其中，物联网产业将依赖于所有计量学科的技术发展，纳米新材料的研发核心正是纳米测量技术，而生物医药产业必须建立在先进的生物计量技术水平之上。

科技革命和产业变革广泛渗透到人类社会的各个方面，成为重塑世界格局、创造人类未来的主导力量。智能化成为继机械化、电气化、自动化之后的"新工业革命"，工业生产向更绿色、更轻便、更高效的方向发展。服务机器人、自动驾驶汽车、快递无人机、智能穿戴设备等的普及，将持续提升人类生活质量。

在计量领域，全球一致的国际测量体系正在形成之中，国际单位制发生重大变革。在计量意义上，长度"米"已不再是独立定义量，以时间单位"秒"来复现长度单位"米"的定义，对各领域精度提高产生极其深远的影响。计量量值传递溯源扁平化将全面采用量子计量基准，大幅提高测量精度和稳定性，带来诸如工程极值量校准技术、大型测试系统校准技术、现场校准技术、

在线校准技术、原位计量技术等许多新的计量需求。通过量子计量基准与信息技术的结合，使量值传递链条更短、速度更快、测量结果更准更稳，实现将先进的计量技术直接应用于生产实践。

NIST 通过测量推动创新，推进先进技术解决方案的采用。如 NIST 致力于开发一系列便携的高精度器件，有助于客户进行精确地就地测量，与不断发展的产品开发周期保持同步。将芯片级器件直接整合到设备和产品中，提供持续的质量控制和保证，帮助制造商和客户从复杂的测量溯源链和冗长的校准程序中解脱出来。NIST 不断整合经济领域中的新能力，包括制造工艺、运输系统、关键基础设施和医疗保健。采用测量和标准的专业知识以及产业支持的经验，推进基础研究到应用解决方案的过渡。提供试验台、测试与验证方法以及认证支持，促进关键领域（如智能电网、网络安全、云计算、大数据、信息物理系统以及智能制造等领域）的技术发展。

NIST 主导先进技术计划(ATP)、制造业扩张合作计划(MEP)、波多里奇（Baldrige）国家质量计划等，为美国的制造业和企业提供必要的技术支撑。

无论是"中国制造 2025"，还是德国"工业 4.0"、美国的"工业互联网"，都提出了诸如"信息物理系统"的概念，即新一代信息技术发展和无线传输、无线充电等技术实用化，为实现从人与人、人与物、物与物、人与服务互联，向"信息物理融合系统"发展，提供丰富高效的工具与平台。其实质是量子基准以及传感器技术、云计算技术和互联网技术的发展，使得基准级的计量工具（如纳米级的计量标准和测量技术）得以嵌入到仪器中，在产品的设计和生产过程中直接发挥作用，实现"实时测量"、"实时校准"、"直接溯源"以及"数据融合"，实现自我调节的自动化的智能生产。

未来产品制造将依赖采用的产品生命周期管理系统（PML 系统）、ICT 系统（信息通信技术，ICT 智能软件、传感器与通信系统整合成物理网络系统），整合并优化供应商、制造商、零售商业务流程，使商品以正确的数量、正确的品质，在正确的地点、以正确的时间、最佳的成本进行生产和销售，从而开启个性化定制的智能制造。

2. 深入推广 NQI 成果，促进全球 NQI 发展

一方面，经济全球化对资源配置日益产生重大影响。技术、产品、信息等要素全球流动，技术转移和产业重组不断加快。另一方面，发达国家主导全球标准制定，构筑技术壁垒，力图保持全球引领地位，新技术应用不均衡状态进一步加剧，发达国家与发展中国家的"技术鸿沟"不断扩大。发达国家利用优势地位，通过设立合作研究项目，持续增强对全球技术的影响力，保持在全球化竞争中的优势。如德国 PTB 设立专门的部门和人员，开展对第三世界国家的技术援助。PTB 帮助东非共同体五个成员国（布隆迪、肯尼亚、坦桑尼亚、乌干达和卢旺达）成立东非标准委员会，并创建了四个技术小组委员会（分别为标准技术标准委员会、质量保证技术标准委员会、计量技术标准委员会和测试技术标准委员会）。东非标准委员会主要开展促进东非共同体内区域质量基础建设的各项活动。

英国主导开展了对埃及、阿拉伯联合酋长国、孟加拉国、赞比亚、利比里亚、莱索托、刚果民主共和国、巴西、乌克兰、土耳其、黎巴嫩等国的 NQI 建设援助。通过一系列的培训项目和技术顾问及专家的考察访问，帮助这些国家组建 NQI 机构，提升技术能力，与国际组织签订正式的多边协议，获得国际认可，并与欧盟的最佳实践保持一致。

4

全球竞争环境下品牌的制胜效应

上海质量科学研究院

郭 政 邓 绩 李敏珩 崔继峰

本章简介：在经济全球化时代，品牌已经成为全球经济和科技竞争的制高点，是企业乃至国家核心竞争力的重要标志。本章将主要通过案例形式，深入剖析品牌背后的故事，介绍国内外知名企业先进的质保体系和品牌发展之路，论证全球经济环境下品牌的制胜效应，为中国制造相关领域和企业所借鉴。

一、品牌建设对国家和企业的重要意义

品牌是质量的象征，是信誉的凝结，是经济的名片，是竞争力的体现，从侧面反映出一个国家的实力和形象。而制造业的竞争，归根结底也是品牌的竞争。品牌是企业的重要资产之一。进入互联网时代，优势品牌对市场经济乃至全球经济的影响将更为凸显。

大卫·达勒桑德罗将企业与品牌的关系形容为 "美好的相互依赖"[1]。品牌能够帮助消费者从复杂生活中解脱出来，为企业赢得忠诚客户，并带来长久稳定的收益。

加强品牌建设有利于增强一国的综合国力

品牌是一个国家国际地位和核心竞争力的综合体现，也是全球经济一体化中的重要要素。一个国家或地区经济崛起的背后往往是一批品牌的强势崛起。综观全球产业经济发展，一个强盛发达的经济体都拥有一批国际知名品牌。他们通过品牌强大的国际影响力，处在产业链的高附加值环节，在全球

---

[1] 大卫·达勒桑德罗. 品牌战[M]，北京：企业管理出版社，2001。

产业分工中占据优势地位。

　　全球化经济时代，资本扩张的形式变成了主要依靠跨国公司及其拥有的著名品牌来推动新的国际分工，获得原料基地，选择加工场所，获取高额利润并销售更多资源和财富。品牌对于促进产业转型升级，持续健康发展有着重要的意义。德国的"工业 4.0"也罢，美国的"工业互联网"亦好，国家实力的竞争比拼的是其拥有强势品牌的数量和品牌自身的强度。

　　当前，国际市场已经从"商品消费"进入"品牌消费"阶段，市场竞争越来越体现为品牌之间的高端竞争。一个国家的品牌价值越高，它对全球经济的主导力就越强。面对世界经济深度调整的发展趋势，中国只有更加重视品牌建设，努力打造一大批竞争力强、附加值高的拳头品牌，才能推动经济持续繁荣地发展。

加强品牌建设是塑造国家形象的有力驱动

　　在全球化时代，一国之形象、声誉等"软实力"在国际竞争中的作用愈发举足轻重，对于崛起中的国家尤甚。国家形象已经成为国家利益的重要内容，是一国重要的无形资产，关系到一个国家在国际社会的"声誉资本"。

　　"中国制造"作为中国的国家品牌，是中国更新国际形象的关键一环。没有良好的产品品牌、企业品牌支撑的国家品牌形象就如无源之水，无本之木。一旦消费者形成对一个国家产品的总体印象，就会带着这个印象看待这个国家生产的其他产品，并依据这个印象做出取舍判断。即使消费者对一个国家的不良印象是从个别产品而来，也会推而广之地将其放大到所有产品上去。反之亦然。

　　国家形象和企业品牌建设是相辅相成的。随着经济全球化趋势的演进，中国要融入国际经济大家庭，不可避免地要面对国际市场上所有国家的产品和服务的竞争。如果一个国家的品牌形象好，那么这个国家的产品在国外消费者心目中的认知度和地位就会得到相应提高，也可以获得一定的竞争优势。贾非（Eugene D. Jaffe）和内本扎尔（Israel D. Nebenzahl）在他们合著的《国家形象与竞争优势》一书中指出："每一个国家都有一个形象，或有利或不利，或正面或负面。无论这些看法如何，它们都影响着投资者或消费者对一国之国家'品牌'的判断。而这些判断将部分决定该'品牌'的销路，或影响其出口，或左右外国投资者的选择。"

加强品牌建设是企业生存与发展的灵魂

对于一个企业而言，品牌是其市场竞争的核心要素。只有产品没有品牌，或者只有贴牌没有自主品牌的企业是没有生命力和持续发展动力的。

在全球竞争环境下，企业想生存下来，只有质量过硬的产品已经远远不够。随着人民生活水平的提高，对消费的要求也水涨船高。现代企业之间的竞争已经从生产和服务的价格竞争、质量竞争过渡到更高阶段的品牌竞争，而实际上，价格竞争、质量竞争和服务竞争都已包含在品牌竞争中。企业要赢得新的竞争优势，就必须通过打造一批具有核心知识产权的自主品牌，实现由规模扩张向质量效益转变，由价值链低端向价值链高端转变。同时，拥有国际知名品牌已经成为引领全球资源配置和开拓市场的重要手段。知名跨国公司利用品牌影响力在全球组织研发、采购和生产，实施并购重组，主导国际标准制定，赢得了更大的发展空间。

扎实的品牌塑造也是占领国际市场份额的最有利武器之一。随着新一轮科技创新和产业革命的加快演进，特别是以互联网为核心的信息技术的广泛应用，拥有差异化和高品质的品牌优势，日益成为企业赢得市场的关键。在品牌对市场的分割中，同样存在二八法则，即 20%的知名品牌占有 80%的市场份额。

品牌建设是企业持续获得可观利润的重要途径。品牌尤其是名牌的溢价能力更是有目共睹。好的品牌意味着高质量和高品位，是消费者的首选。好的品牌可以花很少的成本就让自己的产品或服务更具有竞争力。

加强品牌建设有利于培养客户忠诚度

对于消费者而言，有品牌的产品不仅在质量上能增强消费者的信任度，更重要的是其能满足消费者消费时的愉悦感。一个品牌代表着一定的产品和服务质量，强大的技术研发与创新能力，凝聚着企业形象和顾客、公众和社会对它的评价，从而吸引相对稳定、忠诚的客户群。客户忠诚也就意味着同一品牌下持久、稳定的利益。

伟大的品牌可以万古长青，品牌让消费者的生活更加轻松，消费者也热衷于为品牌付出真情。"杀手级"的品牌能获得消费者持久的信任、忠诚、热爱和几乎信徒式的推荐和拥护。对于粉丝、追随者和信赖者而言，这些品牌就是他们的宗教信仰[2]。

对于企业内部客户（员工）而言，国际上有影响的品牌，其良好的声誉和形象不仅有利于吸引国际上优秀管理人才和一流的员工，而且能激发高昂的士气和雇员的忠诚。另一方面，优秀的人才又能推动企业更好更快地发展，如此良性循环，将大大增加企业的国际竞争力。

---

[2] Michael Silverstein. 火箭：保证无限增长的八堂课[M]. McGraw-Hill Education, 2015。

二、中国制造业品牌发展的总体情况和主要问题

中国制造业品牌发展的总体情况

中国虽已发展成为制造产品数量的大国，但制造的产品价值含量并不高，距离制造强国还有很大一段差距。而且，中国依然是品牌弱国，缺少一批世界顶级品牌。

中国制造业品牌正快速崛起，但仍与发展规模不匹配。从总量上来看，得益于中国经济整体实力的发展和中国制造在全球范围内的巨大贸易额，从2005 年到 2014 年的 10 年间，中国入围由世界品牌实验室（World Brand Lab, WBL）发布的世界品牌 500 强榜单的企业数量从 4 家上升到 29 家，平均复合增长率达到了 24.6%（图 1）。相较而言，中国制造业企业的数量呈缓慢上升趋势，2014 年达到 6 家，从 2005 到 2014 年的平均复合增长率为 8.0%。从规模上看，世界品牌 500 强中制造业企业数量与美、日、法等品牌大国还有不小的差距（图 2），行业品牌结构仍存问题，品牌培育之路任重而道远。

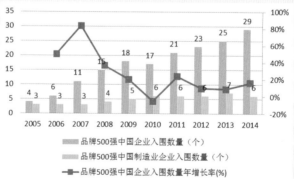

图 1　2005—2014 年中国入围世界品牌 500 强企业的增长趋势[3]

---

[3] 数据来源：世界品牌实验室（World Brand Lab, WBL）2005—2014 年历年"世界品牌 500 强"榜。

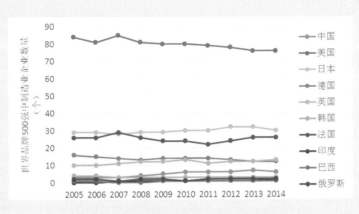

图2　一国制造业拥有的世界知名品牌数[3]

　　数量的增长仅仅反映了现实的一个方面，从单位数量来看，中国的品牌建设并不充分。以每万亿美元 GDP 的世界品牌 500 强数量来看，中国仅为 2.80，即 1 万亿美元产值对应 2.80 项世界 500 强名牌，而瑞士、法国、英国、美国等国分别为 30.64、15.55、14.28 和 13.03，远远高于中国的表现（详见表 1）。

表1　2014 年主要国家每万亿 GDP 的世界品牌 500 强个数[4]

国家	世界品牌 500 强数量(个)	GDP(万亿美元)	每万亿美元 GDP 品牌 500 强数量（个/万亿美元）
美国	227	17.419	13.03
法国	44	2.829192	15.55
英国	42	2.941886	14.28
日本	39	4.601461	8.48
中国	29	10.36011	2.80
德国	23	3.852556	5.97
瑞士	21	0.685434	30.64
意大利	18	2.144338	8.39
荷兰	8	0.869508	9.20

[4] 数据来源：世界品牌实验室（World Brand Lab, WBL），世界银行。

续表

国家	世界品牌500强数量(个)	GDP(万亿美元)	每万亿美元GDP品牌500强数量（个/万亿美元）
瑞典	7	0.570591	12.27
韩国	6	1.410383	4.25
俄罗斯	4	1.860598	2.15
巴西	3	2.346118	1.28
印度	2	2.066902	0.97

而如果单独核算制造业品牌的话，这种差距将更加明显（见表2）。以每万亿美元制造业增加值的世界品牌500强制造业企业数量来看，中国仅为1.87，即1万亿美元制造业增加值对应1.87项WBL500强中制造业品牌，而法国、英国、美国、日本等国分别为83.54、49.1、36.36和34.31。由此可见，中国当前的世界知名品牌数量尚难以有效推进品牌建设实现"量变到质变"的转换。

表2 2014年主要国家每万亿制造业增加值的世界品牌500强个数[4]

国家	世界品牌500强制造业企业数量(个)	制造业增加值(万亿美元)	每万亿美元制造业增加值的品牌500强制造业企业数量（个/万亿美元）
中国	6	3.212	1.87
美国	76	2.090	36.36
日本	30	0.874	34.31
德国	12	0.848	14.16
英国	13	0.265	49.10
韩国	3	0.423	7.09
法国	26	0.311	83.54
印度	2	0.351	5.69
巴西	1	0.258	3.87
俄罗斯	2	0.279	7.17

从发展速度上来看，受中国巨大经济体量的支持，中国上榜品牌的平均

年龄均低于世界同行（制造业部分见表 3）。作为一种无形资产，品牌是消费者基于过去的体验、联想和对未来的预期而形成的支持购买决策的印象。要使消费者留下良好印象，需要时间的积淀和持续的卓越。WBL 品牌 500强上榜企业的平均年龄是 98.79 年，接近百年老店。应该说，中国品牌在规模的基础上走向世界，创建世界品牌的潜力巨大。而从企业类型看，创新型的高技术企业正快速成为国际品牌的生力军。互联网的广泛使用使得品牌建设的平均周期在不断下降，品牌影响却大幅提升。

表 3　世界品牌 500 强制造业部分行业品牌年龄比较[3]

行业分类	世界知名品牌平均年龄	最短品牌年龄（国别，企业名称）	中国品牌平均年龄
数码与家电	75	29（中国，海尔）	42
计算机办公设备	68	29（中国，联想）	29
化工	92	13（瑞士，先正达）	63
食品与饮料	144	22（法国，依云）	110

制约中国制造业品牌发展的主要问题

导致中国品牌发展薄弱的原因主要有以下两个方面。

1. 中国制造业企业的规模效应尚未转化为品牌效应

在企业层面上，"中国制造"规模扩张远远高出国际化的品牌建设。2014年，中国有 32 家制造业企业进入"财富 500 强"（以销售收入计），但仅有 6家制造业企业进入品牌 500 强（以品牌价值与影响计）。而同期欧美许多国家的制造业企业品牌 500 强数量要反超财富 500 强的数量（见表 4）。明显地，中国企业更擅长于大批量生产与批发式销售的商业模式，依赖要素投入和成本控制获得成功，却不擅长（往往是忽视）对产品、服务或是自身形象的精微化的塑造。

表4　2014年主要国家制造业企业品牌500强数量对应财富500强情况[5]

国家	品牌500强中制造业企业数量(个)	财富500强中制造业企业数量（个）
美国	76	41
中国	6	32
英国	13	6
法国	26	11
德国	12	9
日本	30	27
韩国	3	11
印度	2	6
巴西	1	2
俄罗斯	2	3

2. 国内外消费者对中国制造品牌尚存感知壁垒

我们通过专家访谈和问卷调查等多种方式收集了国内外消费者对中国制造品牌的认知情况。其中，在国外消费者调查中，共收集美、英、日、韩4个国家的226份问卷。在国内消费者调查中，共收集2131份问卷。

统计结果发现，消费者对中国制造的品牌认知主要集中在7个特性上，分别为价格、大规模制造能力、安全性、质量、可靠性、设计能力和社会责任。

在国际市场上，目前"中国品牌"总体上呈现出正反两面的产品形象，并受到"中国制造"形象的深入影响。其中价格低、制造能力强呈现普遍的正面认知，而在安全性、质量、可靠性、设计能力上则呈一定程度的负面认

---

[5] 数据来源：世界品牌实验室"2014年世界品牌500强"榜单，《财富》杂志《2014年财富世界500强》榜单。

知，是中国制造品牌走向国际亟待提升的关键所在。此外，包括劳工权益在内的社会责任也是造成中国制造品牌负面认知所不容忽视的因素见图3。

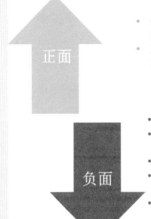

- 价格便宜。55%左右的英美消费者认同中国的商品给人的印象是"价格便宜"；
- 大规模制造能力。60%以上的英美消费者认为"中国制造"意味着"海量生产"。

- 质量。35%的受访者认为中国产品价格便宜，但质量较差。
- 安全性。46%的受访者认为中国产品的安全水平低，比较而言美国产品百分比仅为9%。
- 可靠性。57%的专家选择"可靠性"是中国品牌产品的劣势。
- 设计时尚。仅有12%的消费者认为中国品牌是时尚的；43%的专家指出中国产品缺乏创新和设计。
- 社会责任。新的发展趋势显示，包括劳工权益和环保问题在内的社会责任越来越成为造成消费者负面认知的因素。过半受访专家选择"环保"作为中国品牌产品的劣势。

图3　国外消费者对中国制造品牌的感知调查结果

在国内市场上，消费者已具有较强的自主品牌意识，但总体上仍倾向于国外品牌。

三、国内外制造业典型企业的品牌建设

品牌成功的关键因素

首先，从品牌的竞争力来看。迈克尔·波特在《国家竞争优势》一书中，提出了"钻石模型"理论，用于分析一个国家某种产业为何能在国际竞争中崭露头角。该模型体系以四大关键要素和两个辅助要素为支撑点，彼此相互作用，组成动态的竞争模式，包括生产要素，需求条件，相关产业和支持产业表现，企业战略、结构及竞争对手，以及两个辅助要素：机会和政府，其中机会是无法控制的，而政府政策的影响是不可忽视的[6]。这一理论同样适用于一个国家制造业品牌竞争力的获得。通过对国内外制造业企业知名品牌发展案例的研究，我们认为一个成功品牌的建设与维护离不开自身产品（或服务）的质量、生产技术、品牌资源支撑（包括人力、财力、物力）、品牌文化等的内因和外部环境如市场、消费者等影响的外因（图4）。

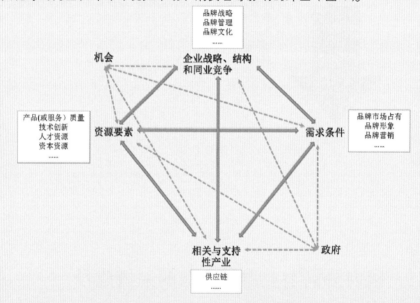

图4 基于迈克尔·波特钻石模型的品牌竞争力分析

其次，从品牌价值的构成来看。品牌作为一种无形资产之所以有价值，不仅在于品牌形成与发展过程中所蕴涵的沉淀成本，还在于能为企业带来更高的溢价和未来稳定的收益，并且能满足消费者一系列情感和功能的效益。所以，品牌价值是企业和消费者通过品牌的载体——产品（或服务）——相

---

[6] 迈克尔·波特. 国家竞争优势[M]. 北京：华夏出版社，2002。

互联系作用形成的系统概念，它体现在企业通过对品牌的专有和垄断获得的物质、文化等综合价值以及消费者通过对品牌的购买和使用获得的功能和情感价值（图5）。

最后，从终端消费者的角度来看。品牌从营销范畴看，是一个消费者概念。品牌的生命周期也是消费者对品牌认知、体验进而忠诚的过程。企业先是通过保证产品（或服务）的

图5 品牌与企业、消费者、产品的关系

质量和技术领先提供给消费者产品实体功能价值，继而通过赋予产品形象、情感、生活方式等附加信息，经过整合传递给消费者，创建企业强势品牌，传达企业品牌文化理念，维系与消费者的连接，培育消费者的忠诚（图6）。所以，在品牌发展的过程中，产品质量、技术、设计、品牌传播及文化的作用尤为重要，这与我们关于消费者对品牌感知的关键特征的调研结果也是相一致的。

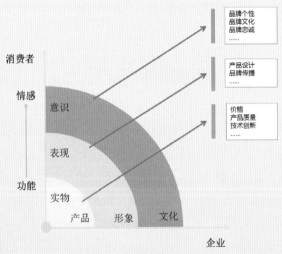

图6 品牌价值构成及发展

因此，在下一小节中，我们将通过国内外知名制造业企业品牌建设的案

例来论证以下四个影响品牌成功的主要关键因素。

1. 注重产品质量和服务始终是企业的立业之本

质量是品牌的基石，也是企业赖以生存的核心基础，所有强势品牌最显著的特征就是质量过硬。一旦出了质量事故，对企业造成的冲击力是巨大的，并且难以在短时间内恢复声誉。谷歌掌门人埃里克·施密特在《重新定义公司：谷歌是如何运营的》中写道："在互联网时代，用户的信赖与美元、欧元、英镑、日元或任何其他货币一样重要。要让企业获得持续的成功，除了依靠产品质量以外别无他法。"[7]在质量方面，企业应该永远走在市场需求的前面，走在消费者的前面。在充分竞争的市场环境下，培养和维系客户忠诚度的关键是让顾客满意，产品同质化加剧了市场竞争，服务质量日趋成为获取竞争优势的关键。

因此，为了提高产品与服务质量，企业应该建立一套完善的质量保证体系，来强化品牌形象，形成良好的品牌信誉。正是先进的质量管理体系使得卡特彼勒在安全、产品质量、生产效率及赢利性等各方面都得到了持续不断的提升，并极大地提高了卡特彼勒的整体素质和核心竞争力。

2. 必须坚持创新和技术的持续领先

纵观这些成功品牌，无不具有国际领先的技术和创新实力。技术创新是企业培育其核心竞争力的关键环节，也是树立企业品牌的原动力。而缺少对研发的投入和重视程度，一直以来，都是中国企业的短板。三星电子的成功就离不开其对研发的持续投入。2014年，其研发费用位居全球科技公司之首，仅在美国就注册了4676项新专利，专利申请总数连续8年在美国占据第二。它还在包括硅谷、班加罗尔以及北京等地建立了多个研发中心。至今，外界普遍认为，在迈向全球领先企业过程中进行的"创造性破坏"，是支撑今日

---

[7]埃里克·施密特. 重新定义公司:谷歌是如何运营的[M]. 北京：中信出版社. 2015.9。

三星竞争力、企业文化及价值观的主要基石。

3. 提升品牌文化内涵，满足消费者的情感需求

从国内外知名品牌的发展历程来看，文化或者说文化个性是一个品牌的灵魂和内在支撑，品牌是文化或文化个性的载体和外在表现形式。回顾那些具有世界影响的知名品牌，无论是公司、产品还是服务、管理，无不凝结着个性文化，人们体验最深刻的也是他们各自展现出的文化个性，有的甚至是无可替代、不可复制的。除了品质的保证，还有文化个性的支撑才使得一些品牌能延续数百年而不衰。

消费者的需求和欲望也决定了品牌的发展，有学者提出了马斯洛品牌发育理论，即品牌的核心是消费者消费意识与需求在市场上的一种集中，它的发展遵循如下五个由低到高的基本层次：从功能型品牌、规模型品牌、技术型品牌到情感型品牌、精神型品牌[8]。当消费者对品牌的需求不再局限于产品功能本身的时候，围绕品牌而产生的附属价值成了消费者购买品牌的主要理由。在产品同质化现象越来越严重，产品功能差异越来越小，维系产品竞争优势的创新成本越来越高昂时，企业除了将自己定位成产品或服务的提供者，还需要重视品牌所具有的社交价值及其所扮演的社会角色，为消费者提供品牌的社会归属感，满足人们对爱、归属感、尊重和审美等情感的需求。比如，喝可口可乐代表火一样的活力；奔驰象征着财富，宝马展示的则是成功和年轻。可以说，目前市场上的大部分知名品牌都处于情感性品牌阶段。

4. 植根于社区，切实履行社会责任

哈奇和舒尔茨在《首创品牌》（*Taking Brand Initiative*）中写道，集团品牌管理的关键在于使公司的一切所作所为与利益相关者的看法相一致。

在"创新、协调、绿色、开放、共享"的发展理念指导下，企业要植根

---

[8] 梅江. 马斯洛需求层次理论与品牌发育[J]. 品牌，2006(6)。

于社区，切实承担社会责任，为大众谋福祉。通过结合企业品牌的定位内涵和主营业务，将社会责任的口号与实际行动（包括技术创新、业务流程、节能环保、社会和谐等）相融合，并通过社会责任的履行，更好地诠释品牌定位和意义，进一步丰富品牌内涵，以品牌建设彰显社会责任，以社会责任的履行为品牌建设增色。时至今日，责任和环保是企业形象发展的现实要求和必然趋势。

按照现代企业制度开展企业运行和管理在中国只有 30 多年历史，关注品牌发展的时间更短、投入更少。相比发达国家企业品牌百年老店经营，中国企业的品牌快速建设之路主要通过两种途径：苦练内功和借力造势。前者充分利用本土人力资源和自然资源等的优势，通过技术模仿、消化吸收再到自主创新，依靠逐步完善的质量管理和战略运营体系研发和生产具有高质量、高技术的产品和服务。此外，还需要强大的产品营销和市场推广手段和渠道。因此，选择这种方式的企业，品牌建设的成本高、周期长。后者一是通过赞助、联合生产等方式借势，如赞助高端体育赛事和文化活动等打响品牌知名度。二是通过并购方式走品牌形象提升的捷径，整合外部优质资源。这种方式对于中国企业来说，最大的问题可能是如何处理好低端品牌与中、高端品牌融合、管理的问题，需要长远的战略规划。

总之，对于处在不同发展阶段和具有不同产业特征的中国制造业企业，需要根据自身特点（如资金实力、技术水平和管理能力等）以及环境的变化（如科技变革、市场需求、政策导向等），因地制宜地采取适合自己的策略来建设和升级品牌，但核心始终应该是聚焦"以用户为中心"的产品和服务，这样市场和利润才会水到渠成。

国内外案例

创造品牌，并最终走向全球成为国际知名品牌，是远比制造产品更加复杂和具有挑战性的工作。在这一节中，我们撷取 9 个国内外制造业代表企业品牌建设的案例，分别从影响品牌成功的几个关键因素去展开。虽然还达不到窥一斑而知全豹的效果，但希望通过这些企业走过的品牌发展之路对今日的企业仍具有借鉴作用。

1. 卡特彼勒：高质量和高可靠性产品铸就百年辉煌

卡特彼勒是世界上最大的工程机械、矿用设备生产商，也是全世界柴油机、燃气发动机和工业用燃气轮机等的主要供应商。以坚实的产品质量服务客户，赋予产品"长久"的生命周期，这是卡特彼勒可持续经营之道的基础，也是它成功走过 90 多年历程的公开秘密。

一切成功都源于最初的梦想和追求，卡特彼勒的高产品质量来源于其最初的准则。公司自成立后就一直坚持高产品标准和道德标准。1974 年出版的《全球行为准则》是对卡特彼勒员工价值及行为的规范和指导，被认为是卡特彼勒最重要文件之一，它倡导四大准则：正直、卓越、团队和承诺。其中对卓越是这样解释的："卓越就是质量的力量，我们只提供最高质量的产品和服务"。2012 年，卡特彼勒又将质量作为三项可持续性方针和实践战略之一加以推广，即"防止浪费、提高质量、开发更好的系统"。

卡特彼勒通过包括 6 Sigma 管理、供应商的管理以及代理商的信息反馈等手段从零部件采购、产品研发实验到生产、服务的全生命周期来保障产品和服务的高质量（图 7）。

图 7　卡特彼勒贯穿全生命周期的质量管理

卡特彼勒生产体系（Caterpillar Production System , CPS）。卡特彼勒在全球的每一个制造工厂都坚持贯彻其独特的卡特彼勒生产体系来规范和保证产品的高质量。正是这样一套全球统一的设计、加工、装配以及检测、出厂的标准化流程体系，以"零缺陷"为严苛目标，保证了卡特彼勒在世界各地的工厂都能给客户提供全球统一标准的"卡特彼勒制造"的产品。该体系包含持续改进所必需的三个子系统（图8）。其中最重要的组成部分6 Sigma法由8大浪费和15项指导原则组成，通过辨别和消除流程中的浪费来加快流程的速度，从而达到提高工作效率和客户满意度的目的。卡特彼勒不仅在公司内部推行6 Sigma，还在代理商和供应商中推行6 Sigma，以保证卡特彼勒能得到最佳质量的零部件供应，客户可以得到最优质高效的服务。

图8　卡特彼勒生产体系及其三大子系统

同时，卡特彼勒生产体系还包含着卡特彼勒对于社会责任的重视，诸如对工厂所在地的环境保护，对于生产环节再生资源的利用，以及工厂本身的绿色环保要求。对人、产品、环境的严苛要求、有机整合，对每个环节都追求卓越，是卡特彼勒生产体系的精髓所在。

以卡特彼勒苏州工厂为例，通过严格的质量控制以及管理流程，苏州工厂确保每一台交付至客户的产品都代表卡特彼勒制造的高质量。苏州工厂的主要结构件由厂内制造，并遵循卡特彼勒全球制造流程，以世界级的焊机和设备来确保产品质量的完美。一方面对于大型焊接件，采用先进的机器人焊接，将焊接环节产生质量问题的可能性最大化的降低，另一方面通过精确的三坐标检测确保所有部件满足图纸标准，并采用世界级先进的机加工中心精确控制加工位置、尺寸及关键部位的表面精度。同时，焊接工人在正式上岗之前需接受严格、专业的焊接培训，从工艺、设备以及人员技术等多重方面确保其提供与卡特彼勒全球工厂一致的同等高质量产品。在流程方面，苏州工厂持续进行流程改进，保证员工时刻关注产品质量，不仅针对机器制造过程中的每一道生产工序要设立标准的质量检验流程，而且所有机器都要经过全面的电气、液压、热试、泄漏测试以及彻底的表面检查和路跑测试。

此外，在产品可靠性检测能力方面，卡特彼勒拥有一套完整的产品试验系统，在欧洲、北美、亚太地区建有 14 家研发、设计中心，针对各所在国家和地区的要求，为卡特彼勒产品提供研发和测试支持。产品在技术中心模拟施工现场进行产品仿真试验，模拟生产现场各种条件，只有证明确实没有问题然后再投入生产，在第一时间内解决产品可靠性问题。

供应商的管理。卡特比勒的生产是全球化的生产，在上游有众多供应商为卡特生产零部件，其严格的供应商管理从源头上保证了产品的质量。包括通过卡特彼勒专门的 CXL-SSB 质量认证以及推出供应商质量体系等级认证（SQEP）举措等手段。

代理商的合作。对市场的快速响应也是保证卡特彼勒持续提供高质量产品和服务的动力。来自代理商的反馈是其产品持续改进的一个重要信息来源。代理商会定期将从用户和市场搜集来的信息资料提供给卡特彼勒的产品研发部门，技术中心再将建议进行分类汇总，并根据用户需求持续不断地更新和改进。因此，卡特彼勒产品更新换代速度非常快，两年左右的时间就能推出一个新产品。

2. 三星：有意义的创新引领三星精神的实践

三星创立于 1936 年，在 20 世纪 50 年代后半叶成为韩国经济界的执牛耳者，之后便向世界一流企业的目标进军，现已成为领军半导体、计算机、消费电子、基因工程等尖端产业的知名企业，赢得了世界瞩目。三星一直保持国际领先的数码产品工业设计，开发新市场和新技术战略引领三星成为品牌引导的技术创新者，专注顾客需求并迅速紧跟消费者偏好递送创新性的解决方案。三星的开放创新内涵见图9。

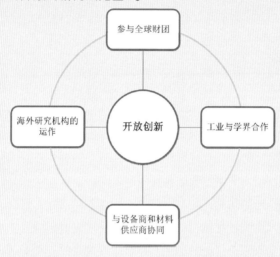

图9　三星的开放创新[9]

"创新精神、道德精神、第一主义、完全主义、共存共荣"五大基本点构成了三星精神的实践理念，其中"创新精神"持续引领三星的发展决策和企业经营。1993年，三星推出新经营战略，确立公司新远景："创新即一切"，提出"改革，从我开始"等口号。"你不能预测未来并等待，你必须创造未来"、"没有变化我们不能生存，在这个世界上能存活的不是那些最强壮的，而是那些最能适应的"等都是三星人对创新的认识。同时，三星聚焦品牌发展战略，通过创新把三星打造成为家喻户晓的强势核心品牌，为品牌注入"e公司"、"数字技术的领先者"等元素，使三星品牌成为创新、高质量、时尚的代名词。

持续创新需要长期、持续的资源投入为保障。2014年三星电子投入研发

---

[9] Samsung Electronics, Open Innovation is a Samsung initiative to identify and grow the technologies and infrastructure of the future. [EB/OL]. http://www.samsung.com/semiconductor/about-us/open-innovation/.

的资金就达近 140 亿美元[10]，占年度营业额的 7.4%，是全球投入研发最多的科技企业。在其全球 32 万员工中有 7 万多人是研发人员，全球共建立了 36 个研发中心和 6 个设计中心[11]。

产品是联系品牌与消费者感情的真正纽带，只有不断创新，制造出一流的产品，来迎合消费者的口味，才能最终赢得消费者的口碑。技术创新的投入与成效帮助三星持续提供时尚创新的、出人意料地愉悦消费者的产品。消费者的体验是三星所有创新的原点和目标。比如由其开创的大屏幕手机，就是三星在对 9 个国家 12 000 名用户做了详细的调研和分析，才最终大胆设计推出的。目前市场流行的曲面屏手机 Galaxy S6 edge，为了寻找最完美的曲面角度，经过大量的用户调研后，将 60° 角的初始设计方案调整为了 70° 角，这一创新的改变不仅方便用户拿握，同时让用户不用倾斜设备就能轻松看到屏幕边缘。

三星的创新还体现在持续开发关键技术。对研发的高效投资，使三星在强手如林的市场上持续领先。2006—2013 年，三星在国际权威设计竞赛中荣获 200 多个奖项。以 2009 年为例，三星在 IDEA 美国工业设计奖评选中，获得 8 个奖项，成为当年获得最多殊荣的企业品牌。根据中国知识产权报 2015 年 2 月 4 日报道，在 2014 年全球科技公司在美国获得授权的专利数量排行榜中，三星以 4952 件排名第二位，仅次于 IBM，是美国苹果公司的 2 倍多。

随着物联网的异军突起，行业之间以及企业专业领域之间的传统界线正变得越来越模糊，为了保持竞争力，创新的活动也不再局限于传统的专业领域，而是向其他领域渗透，同时将自身特有的专业优势带入新领域。三星是其中的佼佼者，在汤森路透发布的《开放的未来：2015 全球创新报告》中研究分析的 12 个技术领域的 9 个行业中，三星均位列创新 25 强名单，并且在所有 12 个行业中都有创新表现。这意味着作为一个电子消费品和电信巨头，今天的三星拥有世界上最大的专利组合，涉及航空航天、汽车、生物技术、

---

[10] Samsung Electronics. 2014 Samsung Electronics Annual Report [R]. Samsung Electronics, 2015.

[11] Samsung Electronics. Sustainability Report 2015：Global Harmony with People, Society & Environment [R]. Samsung Electronics, 2015.

家用电器、医疗器械、制药和半导体。在时下流行的智能可穿戴设备领域，三星的研发创新涉及能识别条形码或读取手势的智能手表、可戴在手腕上的可折叠手机、可穿戴医疗保健平台等。美国研究机构勒克斯(Lux Research)发布报告称，三星目前已经成为该领域申请专利数量最多的公司。从 2010年到 2015 年 5 月，在 41 301 项可穿戴电子设备专利中，三星占到了 4%，居于首位。

　　三星鼓励开放创新，不仅能缩短创新周期，还能聚集更多核心技术人才。鉴于全球创新节奏之快，单个组织依靠自身力量独自开展创新已不再现实，几乎所有行业的企业都在与研究机构、科学家以及其他各方（某些情况下甚至还有竞争对手）合作，以尽快将其想法推向市场。通过利用之前的积累，通过与优势互补的其他组织合作，企业可以加快市场化步伐，满足顾客对缩短创新周期的需求。在三星所提出的每万件专利申请中有 130 件是与研究机构合作完成的。2013 年，三星在硅谷设立开放创新中心，借此打造更大的人才平台。这一创新中心的工作主要为创业加速器和投资。三星不但掌握了未来五年的产业主流价值，而且还在这个开放创新的主流价值浪潮中，扮演了天使投资机构与收购者的双重角色。

　　21 世纪以来，以信息、知识为中心的全球化进程加速，企业间技术、品牌、信誉的竞争更为广泛和激烈。为了可持续发展，谋求革新的创新经营，三星在确保核心业务领先优势的同时，致力于自主核心技术研发，加快拓展未来"新树种"产业，正如李健熙在 2012 年指出的："我们的未来取决于新事业、新产品、新技术"。

3. 德国制造：持续专注为细分领域的客户需求服务

　　不同于美国的大批量生产，二战后西德政府制定的"德国制造"战略强调质量和"后工业时代量身定做"，重在重塑品牌。在德国，大多数企业都有自己的品牌规划，以提升产品的附加值。德国提出的工业 4.0 概念也是立足于整合客户端，为客户创造更多的价值。

　　"德国制造"的品牌效益不仅归功于大众、西门子等国际领先的大型企

业，也归功于众多中小企业。德国联邦经济部的数据显示，规模不到 1 000
人、每年营业额在 8 亿欧元以下的中小企业共有 4 万多家，占德国企业总数
的 99%。它们雇用了德国 70% 的就业人口，贡献 40% 的 GDP。而这其中的
1300 多家，在各自的领域里都是全世界的"老大"，有些全球市场占有率高
达 90%，是小池塘里的超级大鱼[12]。

以客户需求为导向的质量创新是德国企业一直以来所秉承的理念。这些
"隐形冠军"都高度专注于自己产品的专业能力和细分市场，并借助全球化
营销突破增长极限。德国著名企业管理学者赫尔曼·西蒙说："以客户为中心
比以竞争为中心更重要。和客户保持常年的合作关系是德国企业的长处，这
甚至比强大的技术竞争力更有价值。"

位于德国鲁尔区哈根小镇的卡尔倍可（Carl Bechem）是一家超过 180
年历史的润滑油制造企业。在竞争激烈的行业内，卡尔倍可一直保持着每年
15%～20% 的稳定增长。它的 CEO 汉斯 – 奥托·弗朗兹(Hans – Otto Franz)说，
在各家产品性能都不错的成熟的润滑油领域，卡尔倍可能够胜出在于服务。
卡尔倍可拥有一支专门为客户服务的工程师队伍。一旦客户遇到问题，一个
电话、一封邮件，工程师就会马上飞到现场帮助解决。这种为客户提供的"一
对一"服务是 BP、Shell 等国际大型企业做不到的。"它们太大了。"弗朗兹
说，"今天这个负责跟进，明天又换另一个，流动率很高。我们的客服人员
都是 20 多年的老员工，和客户是熟人，当他们提出建议或者新的需要时，
沟通理解会容易很多。"每三年，卡尔倍可还会组织一次大型研讨会，邀请
所有的客户与合作伙伴一起联谊和交流。

此外，卡尔倍可的兴趣并非 BP、Shell 等大型石油公司引领的原油市场，
而始终专注于细分市场。寻找特殊的润滑油解决方案是卡尔倍可的专长，而
要做到这些就必须了解客户的需求，与客户建立长久的合作关系。为满足客
户的不同需要，卡尔倍可已经研发出约 800 种高质量产品，而每一种产品的
小小变化就可以有一百多种应用。为了生产出能满足特殊要求的润滑油，卡

---

[12] 青木. 从网络谣言看"德国制造"神话[N]. 环球时报, 2014-11-19。

尔倍可的每一条生产线都是自己研发，自己制造的。

像卡尔倍可一样与客户紧密合作的企业在德国绝对不是少数。工业与服务之间的重叠正在不断增长。罗兰贝格监事委员会主席施万克教授认为德国不仅有超强的制造能力，还有能力把制造和服务结合起来寻求新的解决方案。他认为，高价值的服务只存在于工业中心，而非世界的任何一个角落。

4．苹果：通过产品设计引发消费者情感共鸣

美国品牌专家凯文·莱恩·凯勒在其著作《战略品牌管理》指出，一个品牌的强势程度取决于顾客对该品牌的理解和认识程度。通过品牌的情感互动，可以增加消费者对品牌的认同和依赖，获得较高的品牌忠诚度[13]。消费者购买产品最终是要满足归属感和愉悦感，购买高端产品不仅因为其质量保证，更关键的因素是一种身份符号，这种心理根深蒂固。例如同样的一辆摩托车，哈雷摩托可以卖到和汽车一样贵，原因就是它抓住了一个消费族群对于一种符号的追求。一项对哈雷摩托消费者的研究发现，很多消费者买哈雷摩托是彰显自己的英雄魅力。很多品牌都因为制造了流行而受到消费者的欢迎，做品牌就是要引领一种生活方式。

自苹果创立至今，历经从 PC 到互联网再到移动互联网的三次技术浪潮，在其往日对手奄奄一息，甚至转手易主的时候仍能傲视群雄离不开它的创造者始终领先一步的洞察力和致力于引领消费者生活方式的设计理念，凸显其品牌 "Designed by Apple in California" 的不凡价值。

从最早的 Apple II 开始，乔布斯让电脑从科研设备变成了人们日常使用的家电。再以后，Macintosh 的图形交互界面让电脑变得更加直观易用，许多配套软件又改变了办公方式。而之后推出的 iMac 和 MacBook 让电脑变得更具有艺术性和审美意识。MacBook 的出现大大提高了电脑的随身属性。iPod 则革了随身听领域的命，同时颠覆了传统唱片业，改变了普罗大众的生活方式。更不要说 iPhone 真正将手机变成了人们生活的一部分，其整合的各种功

---

[13] 凯文·莱恩·凯勒. 战略品牌管理[M]. 北京：中国人民大学出版社, 2014.

能满足了人们日常的各种需求，这一全能终端改变了人们的生活社交方式。

苹果之所以能打造成信徒式的精神型品牌，引发粉丝们宗教般的崇拜，在于其技术中蕴涵着丰富的人性化情感与美感。艺术地运用科技，所产生的人性化技术也符合高科技时代的顾客要求。苹果"至繁归于至简"的极简主义设计风格，满足甚至引领了消费者的审美需求，并通过"技术和艺术的统一"为消费者提供了富有人性化的用户体验，传递出时尚、个性、高科技的品牌个性。拥有一件苹果产品成为消费者强烈的愿望、炫耀的资本，抑或是身份的象征。苹果品牌赋予其产品以独特的符号意义，消费者从中获得了归属感及自我认同价值。

而这些被激发起强烈情感共鸣的信徒式消费者，给企业带来的价值，以及这些消费者的口碑推荐所产生的价值是巨大的。波士顿咨询在其新书《火箭：保证无限增长的八堂课》中提到了"2-20-80-150法则"。即有2%的消费者是所谓的"信徒"，他们自身就能带来 20%的整体销量。而他们的支持会影响朋友和熟人，并最终占据公司80%的整体销量。通过朋友和自己的购买，这些消费者能给公司带来150%的利润。

5. 塔塔集团：以为大众谋福祉的责任承担提升品牌价值

印度塔塔集团至今已有近150年的历史，它的成功离不开"真诚、理解、卓越、团结、责任"的核心价值观，这些价值观是其日常运营活动的基础，是深入集团骨髓血液的DNA，也是塔塔人在经济利益上取得巨大成功的同时能完成造福社会使命的根本原因。理解塔塔品牌的定位和塔塔集团的价值观有以下四个关键点[14]。

第一，从诞生之日起，塔塔集团及其成员公司就有着统一而清晰的使命定位：为社会大众谋福祉。

许多大企业虽然也为大众谋福祉，但根本着眼点仍然在创造经济效益，只有在利润达到一定水准后，才开始考虑回报社会。但企业需要意识到，将

---

[14] 摩根威策尔. 塔塔：一个百年企业的品牌进化[M]. 北京：电子工业出版社. 2012。

社会效益作为自身的使命远比成立于解决某类社会问题的慈善组织要深刻的多。

塔塔的特别之处就在于对社会的服务是它整体使命的核心，无论在何处运营，其集团内的组织都关心当地的发展，立足当地社会的诉求，积极探索自己满足这些需求所能采取的措施。它不仅给整个社会带来价值和希望，也为股东、员工和商业伙伴创造出很好的经济效益。长期担任杜拉布•塔塔爵士基金会的董事长曾写道，"我们所作所为带来效果的终极检验是……人们的生活发生了什么改变——塔塔纪念医院的病人得以康复，村庄里的居民为终于有了洁净的饮用水而展颜欢笑，无线电天文学家因为发现了一颗心的脉冲星而兴奋无比，抑或是焦急的母亲终于派来了她孩子手术后醒来并认出她时的无声感谢……"对于普通印度人，很难说出塔塔集团和塔塔慈善基金会具体做了什么，在情感上对这两者也不加区分，当谈论医院、学校、消除贫困、保护人权项目时，都会说："这是塔塔做的。"

第二，那些受到追捧的西方商界的慈善偶像经常不能找到能够将他们慈善事业继续发扬光大的继承人。然而在塔塔集团，社会服务的基因已深入公司，得到很好的传承，使得塔塔集团能持续地保持社会效益与经济效益的"双赢"。

第三，世界经济和社会格局的变化轨迹越来越多地显示东方及欠发达地区群体的崛起。塔塔集团以经济成功为基础的社会奉献将成为未来的主流模式。

在印度南部泰米尔纳德邦偏远的霍苏尔城的一个例子可以很好地反映集团对当地社区的承诺。1987年，塔塔集团和泰米尔纳德邦邦政府共同出资在霍苏尔成立了泰坦工业的第一家制表厂。尽管以农业为主要产业的霍苏尔地区十分贫穷，也没有任何技术工人，但泰坦依然没有选择从班加罗尔聘用专业工程师，因为这与塔塔服务于当地社区的理念不符。得益于当地相对健全的基础教育系统，泰坦从附近村庄学校招募了最优秀的四百名毕业生，为他们提供住宿，并且分配了生活指导，教育他们在城市生活所需的技能。泰坦还提供了运动和文化休息设施，帮助工人继续学习、获得学位，甚至选修研究生的课程。班加罗尔和其他地区来的工程师和培训师则教导这些年轻的学徒如何制造精密仪器。

现在的泰坦非常成功，为当地制造了大量的就业机会，还带动了表带、表盘等其他零配件制造业的发展。2001年，泰坦被票选为印度最受人尊敬的品牌，这足以证明该公司是在真正意义上回馈社会。

第四，塔塔集团通过其在市场和财务上的优异表现证明了秉承公益性的使命并不会降低竞争力，相反会增加其竞争力。塔塔不仅在所在市场取得了成功，与包括股东在内的各利益相关者建立并保持着长期良好的关系。此外，它还为印度乃至世界上的其他公司输送了一批社会责任感强、能力出众的经理人和商业领袖。

塔塔重视承诺和为国奉献的声誉是建立在长期以来始终如一的行动中的。它比重视利润更为重视人类福祉和环境保护的正面评价进一步影响了消费者、员工和其他的利益相关方，使得消费者更倾向于支持塔塔品牌的产品，员工更了解塔塔品牌的价值后也更愿意为这样一个"善良"的组织工作。在如图10所示的良性循环中四个部分——服务于社区；道德美誉；信任和承诺；创新和成长的共同作用下创造了塔塔的品牌价值，并且相互促进。可以说，塔塔投身社区建设的声誉越强，它的品牌价值就越大，发展得也越快越好，也就能向更多需要帮助之人伸出援助之手，扩大善行的范围。

图10 塔塔品牌的价值链[14]

6. 华为：聚焦客户价值，构建全连接服务

华为从 18 年前的 6 名员工、2 万元资金发展到今天，成为全球最大的通信设备供应商，也是目前仅次于三星和苹果的世界第三大智能手机制造商，其成功令人震撼。"聚焦客户价值，推进技术、服务创新"是奠定华为持续发展的基石。

以顾客为中心的价值理念始终是华为技术研发战略的引导方向。华为强调所有的新技术开发、应用都要以顾客为导向，注重满足顾客需求的终端功能和利益，不为技术而技术。华为在从"模仿到创新"的"追随式"发展过程中，始终围绕顾客的根本需求和极致体验，推进脚踏实地的自主开发，并采取合作开发（包括先后和摩托罗拉、阿尔卡特等多家国外企业联合成立研发机构）、外部购买（全球金融危机爆发后，华为抓住机会用较低代价向受到严重冲击的国外企业购买技术）等方式加强持续满足顾客需求的技术能力，以较低的成本、极致的体验建立华为的国内外品牌形象。海思麒麟芯片的成功开发及市场的积极反响就是最好的例证。在硬件趋同趋势愈加明显，抢夺上游器件资源、掌握关键器件成为企业的重心。当其他厂商不得不采用芯片巨头高通更加昂贵的芯片时，海思芯片作为华为旗下的芯片制造商，其对华为内部产品的配套，不仅能帮助华为带来价格竞争力，还有助于提高其产品的上市时间，抢占市场先机。

华为聚焦 ICT（Information and Communication Technology）管道战略，在面向未来的基础研究、基础工程能力、关键技术、架构、标准等方向持续投入，为用户创造更好的体验。自 1992 年开始，华为坚持每年将 10%以上的销售收入投入研究与开发。2014 年，从事研究与开发的人员占公司总人数45%，研发费用支出占公司总收入的 14.2%。截至 2014 年 12 月 31 日，华为累计共获得专利授权 38 825 件，90%以上为发明专利[15]。华为在 2014 年入

---

[15] 华为投资控股有限公司. 共建全连接世界:华为投资控股有限公司 2014 年年度报告 [R]. 深圳:华为投资控股有限公司. 2015。

选全球百强创新榜[16]。按照华为的定义，"以客户需求驱动研发流程，围绕提升客户价值进行技术、产品、解决方案及业务管理的持续创新。公司在研发领域广泛推行集成产品开发流程，在充分理解客户需求的情况下，大大缩短了产品的上市时间，帮助市场客户成功。"[17]华为还积极融入、支持主流国际标准的制定与推行，2014 年提交 ICT 相关标准提案超过 4800 件，与合作伙伴携手构建共赢的产业链与生态圈。

华为利用领先技术提升顾客体验，并将技术优势持续转换为客户的竞争优势和商业成功。华为在无线领域、固定网络领域、企业与核心网领域、云计算、大数据、存储及数据中心等领域通过领先技术把握市场机遇。近年来，华为通过全球 16 个研发中心、28 个联合创新中心，在全球范围内开展创新合作。2014 年发布了业务驱动的分布式云数据中心解决方案 SD-DC2、业界首创的 OceanStor 融合存储、面向物联网的敏捷网关 AR511、敏捷数据中心网络和敏捷分支等解决方案，帮助客户构筑云时代业务创新的技术基石；与全球 20 家领先运营商开展 NFV/SDN 集成服务的联合创新；与 SAP、埃森哲等战略合作伙伴联手拓展云计算、大数据等领域，华为在全球已为客户建设了 480 多个数据中心，包括 160 多个云数据中心。

为适应 ICT 技术加速融合的趋势，华为围绕客户需求和技术领先深入创新，与业界伙伴开放合作，致力于构建协调发展的全连接世界，持续为客户和全社会创造价值，推动全球化价值链上每一节点所产生的价值都能够被全球客户所共享（图 11 ）。

---

[16] 该榜单由汤森路透的知识产权与科技事业部发布，评选主要基于四个指标：专利总量、专利授权成功率、专利组合的全球性以及基于引用的专利影响力。

[17] 冀勇庆. 跟随如何能到领先——以华为的技术创新为例[J]. 清华管理评论, 2011(3)。

图 11　华为推进共建基于客户需求和技术领先的全连接世界[15]

7. 振华重工：依靠本土品牌资源优势，接轨国际标准

上海振华港口机械（集团）股份有限公司成立于 1992 年，ZPMC 取自于公司英文名称的首字母缩写，1997 年，ZPMC 正式注册为产品商标，并陆续在全世界几十个国家申请了商标注册。振华商标是新中国为数不多的先在海外享誉之后荣归故里的品牌之一，率先成功践行国家"走出去"战略，形成良好的示范效应。早在成立当年，振华重工就顺利拿下加拿大温哥华港口的岸边集装箱起重机项目，并于 1994 年首次打入美国，成为中国大型集装箱机械进驻美国市场的第一家。公司成立的第三年年销量已跃升世界第三，时至今日，ZPMC 品牌已经遍布全球 88 个国家与地区，市场占有率全世界第一。

水边重型制造基地是振华重工国际化发展的重要基础。振华重工在建立之初依托于上海港机，最初的基地也选择了具有岸线优势的长兴岛（图 12）。此外，依托于江苏地区良好的配套优势，振华重工又在长江沿线大量建设了具备制造、运输优势的各类基地。这种具有大量基地、配套工厂、物流便利的地区优势形成了振华重工在国际市场中低价位"开路"的核心优势。

图 12　长兴分公司是振华重工最大生产基地之一

高起点接轨国际标准。大型集装箱装卸机械属于高技术与劳动力紧密结合的产品，日、德、韩、英等国著名重型机械制造商在此领域的竞争十分激烈。1992 年振华港机诞生之时，国内港机产业发展已经陷入低谷，洋货充斥国内市场。振华别无选择，只有"与狼共舞"，高起点接轨国际标准，花大力气学习并采用先进的国际标准作为进入国际市场的通行证。

在国际上，仅集装箱起重机的设计和制造，就有 20 多种国际标准，涉及钢材、焊接、结构、油漆、安全、环保等领域。尽管这些标准的英文文本码起来高达二三米，但公司管理层与工程技术人员以"蚂蚁啃骨头"的精神，通过"请进来，走出去"等方式，硬是吃透了这些标准，并落实到每一位员工、每一道工序、每一个部件上。

在制订设计方案和工艺流程时，振华不惜重金，聘请业内专家上课讲解。在制造过程中，振华主动要求客户派出监理，甚至自己花钱聘请外国监理"找碴子"、挑毛病，不断整改，直到客户满意为止。10 多年来，10 多家权威港机咨询监造机构的上百位专家先后来振华工作，他们在"吹毛求疵"的同时，带来了世界最新的技术和工艺标准。目前，在材料、设计、电气、液压等领域，上海振华重工无一例外地采用了国际标准，并且先后获得了包括美国 AISC、UL，欧洲 CE 在内的多种国际认证，成为 ZMPC 品牌走向世界市场、与强争锋的重要保障。

大型港机需要高质量的机电配件。为了保证质量，振华重工有意识地培育国内机电专业配套件企业，并要求其所有供应商也一律采用国际标准。但凡碰到国内机电企业生产的不过关的机电配套件，振华一律不采用，并进口世界名牌产品。同时，要求国内配套件供应商学习、消化国外同行的技术，迅速赶上国际水平。

自主创新打造国际知名品牌。纵观振华重工的国际化发展历程，实质上是一个技术创新、不断推出新产品的过程。在振华重工的创建初始，通过"技术模仿"利用低成本优势开启了国际市场大门。进而通过与世界巨头的技术合作，从全盘引进到消化吸收再到二次开发，逐渐敲开了美国市场，是开拓国际市场的一个重要转折。最后通过自主创新开发具有完全知识产权的新产品，引领世界港机技术，实现了在全球市场的布局。

截止 2014 年底，振华重工专业技术和研发人员共计占所有自有员工人数的 55%，超过了半壁江山[18]。一直以来，振华重工科技、工艺及设计研发队伍不断通过科技创新、工艺改造以及设计调整降低产品成本。截止 2014 年 2 月底，振华已拥有授权有效专利 299 件，其中国际有效授权专利 17 件，国内有效授权专利 282 件（其中发明 66 件、实用新型 208 件、外观设计 8 件）。

近年来，振华重工还不断向国内的高校、科研院所和同行敞开大门，积极引进国内一流专家担任公司的"外脑"，共同攻克技术创新的难关。目前，振华重工不仅建立了企业自己的技术中心，还与上海交通大学、同济大学、上海海事大学、武汉理工大学、上海材料所和上海建科所等建立了长期合作关系，并在宁波、丰城建立了试验基地。通过整合社会的科技创新资源，其技术创新能力得到了显著提升。

与国际行业巨头展开多方位的技术合作也是学习国外厂家技术，提高自身能力的途径。振华重工在研发自由电控系统的同时，也一直和国外厂家保

---

[18] 上海振华重工(集团)股份有限公司. 上海振华重工(集团)股份有限公司 2014 年年度报告[R]. 上海: 上海振华重工(集团)股份有限公司. 2015。

持合作，与德国西门子、瑞典 ABB、美国通用电气等电控自动化系统公司联手开拓国际总承包市场。

8. 联想：通过次级品牌联想的杠杆作用创建品牌资产

在自身产品不具有高品牌溢价效应的情况下，借助外部其他实体的品牌资产进行次级品牌联想也是打造自身品牌资产的有效途径之一。联想电脑能成为全球最大的 PC 生产厂商，销售量升居世界第一，离不开其通过兼并扩张整合外部品牌资源打通国际化品牌升级之路，以及利用赞助体育赛事等手段打响国际知名度的影响。

通过资本运作整合外部品牌资源，实现品牌升级。由于一方面缺乏领域的核心技术，在高端产品中难有作为。另一方面，缺乏国际化运作的能力，品牌在国际上不为人知。联想很难依靠自身的资源和能力在短期内实现其"专业化、国际化"的战略意图。且其在国内市场通过逐渐积累的低成本控制等优势能力难以在全球其他区域市场复制推广。2004、2005 两年，联想借助上市之后的融资优势，完成了收购 IBM 全球 PC 业务，并控股 NEC，补足自身的短板。

首先，通过对 IBM PC 的并购使全世界认识了联想，提高了其在全球的知名度，从一个中国境内的区域品牌升级为被世界认识的全球品牌。第二，通过并购产生了规模经济效益，供应链控制能力增强，利用 IBM 原有的欧美供应链，降低了全球采购成本，有助于在价格上与全球其他竞争对手抗衡。第三，提升了技术研发与产品的竞争优势，通过并购，联想获得了 IBM 关于台式机和笔记本电脑的所有专利，以及位于美国罗利和日本大和的两个研发中心，弥补了联想在核心领域缺少关键性技术的劣势。同时，IBM 的 Think 品牌长期占据高端市场，延伸了联想的产品线，形成中低端到高端的品牌矩阵。而获得 IBM 具有丰富管理经验的管理团队及研发能力强的员工，对于联想而言，更是一笔宝贵财富。

联想的兼并扩张之路一发不可收拾。2012 年 3 月，联想在并购 Medion 公司基础上，在欧洲实施 Medion、Lenovo 双品牌战略，与 Medion 共同分享后者在欧洲等地的市场渠道。2014 年 10 月，又相继完成两大历史性并购——IBM System X 业务和摩托罗拉移动业务。在完成两大并购后，联想的智能手机业务和 x86 服务器业务双双跻身全球三甲。并购带来的不仅是业务版图的突飞猛进，更有品牌层面的优势叠加。在智能手机领域，联想收获了历史悠久，在世界各地拥有众多"摩粉"的摩托罗拉品牌。为了最大化品牌价值，联想提出了 Lenovo、Moto 双品牌双管齐下的战略，利用联想和摩托罗拉两个特征鲜明的品牌进攻全球成熟和新兴市场，向市场前两名发起挑战。

利用名人背书及重大事件效应建立品牌知名度。以联想在俄罗斯的推广为例。由于历史原因，大众对"中国产品"存在一定的偏见，联想的市场扩张进程非常艰难，品牌推广没有成效。但联想抓住了全欧洲最大的广告牌空出来的机会，进行了大笔的广告费投入，结果这个放置在莫斯科红场的广告牌（图 13）为联想带来了巨大的效应。2009 年，克里姆林宫首次采购了 400 多台联想设备，后又采购了 1000 台。2011 年 7 月，普京送给一名贫困女孩一台联想笔记本电脑，赠送仪式被拍成特大照片广泛报道，Lenovo 的标志格外醒目。外界纷纷询问联想是如何让普京为产品代言的，殊不知，这个巨大的广告牌正是在普京每天上班的必经之路上。加上过硬的产品和服务，如今，联想已经成为俄罗斯人心中值得信赖的品牌。经历了 3 年的时间，联想在俄罗斯的品牌占有率从 0.9%上升到 10%，从市场第 13 位上升到第 4 位。

图 13　联想在莫斯科红场的广告牌

北美和欧洲是 PC 行业的成熟市场，用户对品牌的要求很高，长期被 HP

和 Dell 品牌占据。为了在这些市场占有一席之地，联想通过赞助包括 NBA 和 F1 在内的各项体育营销活动来扩大品牌的影响力。联想把体育营销和业务紧密联系在一起，与 NBA 签署了长期的官方市场合作关系。除了在 NBA30 支球队的场馆内安装超过 1200 台设备，为 1300 多场常规赛和季后赛提供数据记录和信息处理服务外，联想专门开发设计了一项全新的赛事评估系统"联想指数"，用于完善 NBA 赛事统计分析，不但作为教练、球员比赛的依据，更大大增加观赛乐趣，提高观众参与热情。

9. 青岛啤酒："三位一体"的品牌营销模式

始建于 1903 年的青岛啤酒，是我国历史悠久的啤酒品牌。根据快消品的市场发展现状和内外部环境变化，青岛啤酒认识到与消费者不仅只是产品售卖关系，应该建立更稳固、更亲切、更紧密的新型合作关系。通过对消费者的充分研究，确定与消费者建立关系的三个层次依次为：建立选择认同、建立身份认同、建立关系认同，与此对应的三种方法分别是：产品销售、品牌传播和消费者体验，即"三位一体"的营销模式，三个组成部分相互支持、相互促进、不可分割（图 14）。

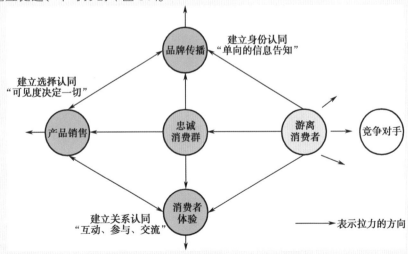

图 14 青岛啤酒"三位一体"营销模型

品牌传播是"三位一体"的核心。在品牌传播方面，青岛啤酒以传统媒体为平台、新兴的网络社交媒体为重点阵地，公关媒介资源整合，实现 360° 全媒体传播。传播紧贴重点销售市场和目标消费群，形成广播电视、网络覆盖、平面户外的媒体整合传播；传播重心侧重年轻化，利用社交网络和手机移动平台强化年轻群体传播；充分利用公关传播资源，整合资源进行品牌文化与产品品质传播，巩固行业领导者地位（图 15）。

图 15　青岛啤酒全媒体组合图

随着新媒体的强势发展，青岛啤酒品牌传播也向数字化方向倾斜，近年来通过借助优质视频媒体平台、围绕产品做内容、紧跟移动端趋势等方式大力推动新媒体应用（图 16）。

青岛啤酒一直贯彻整合传播的品牌传播策略，通过亚冠、CBA 联赛、"炫舞激情"拉拉队等品牌推广活动，增强与消费者互动，提升品牌美誉度和知名度。2014 世界杯，青岛啤酒通过世界杯纪念产品开发、全国主题促销、主题电视广告投放、新媒体互动传播等方式，打造立体化的世界杯传播系统，在品牌传播上收获颇丰。

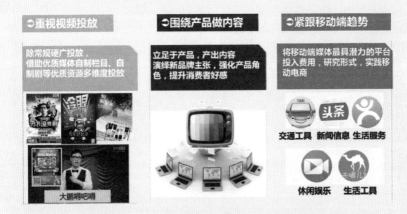

图 16 数字化品牌传播示意图

　　消费者体验是"三位一体"的关键。在消费需求日趋差异性、个性化、多样化的今天,消费者已经不仅仅关注产品本身所带来的"机能价值",更重视在产品消费的过程中获得的"体验感觉"。青岛啤酒通过音乐营销、啤酒节、全民星周末等品牌推广活动,增强与消费者互动,同时积极探索利用新媒体,为消费者体验注入时尚元素。

　　被誉为"中国十大节庆之首"的青岛国际啤酒节是"三位一体"营销模式中消费者体验的经典展现方式之一(图 17)。青岛国际啤酒节每年都会吸引 400 多万国内外游客,消费啤酒上千吨,有 15 个国家和地区的 260 余家媒体报道。在实现品牌传播和产品销售的同时,极大地提高了青岛啤酒品牌的知名度、美誉度和消费者对青岛啤酒的忠诚度。借鉴青岛国际啤酒节运作模式,现在全国各区域也纷纷开展"青岛啤酒节"活动,规模和数量逐年扩大,青岛啤酒节已覆盖至山东、上海、江苏、福建、广东等地区,延伸到 50个工厂所在地和重点战役市场,超过 1100 万人次的消费者到现场体验了激情狂欢的青岛啤酒节,并对啤酒节的现场体验赞不绝口。

图 17   啤酒节体验

　　产品销售是"三位一体"的目标。青岛啤酒"三位一体"营销模式的最终目标就是产品销售。2015 年旺季,青岛啤酒的品牌整合营销活动在产品销售上实现了创新、跨界与突破。首先策划了"海上啤酒节"全国主题促销活动,围绕促销活动拍摄了微电影,采用台网联动的方式在传统媒体与新媒体上广泛传播海上啤酒节主题促销活动。其次,官方微博、微信、视频网站等新媒体同步网络互动,上线 10 天即有超过 80 万消费者参与抽奖互动,视频播放量逾 300 万。同时,为了提升销量,青岛啤酒联合视频网站推出了"喝啤酒看大片"活动,将二维码印在颈标与包装箱上,消费者可通过扫码抽取视频网站的 VIP 会员资格,在畅饮啤酒的同时免费观看海量大片。青岛啤酒"海上啤酒节"以互联网的思维方式大胆创新,实现资源跨界整合与商业模式创新,成为酒类试水互联网+的最新案例。

四、品牌建设的健康发展环境

品牌建设是利国利民的大事，总结国内外制造业品牌企业的成功经验，针对中国企业品牌发展所面临的诸多问题和挑战，我们认为，只有构建企业主体、政府引导、社会参与的"多元共治"格局，通过宏观治理与微观努力的双重作用，才能实现"中国产品"向"中国品牌"的转变。

政府必须把自主品牌建设当做国家重要的发展战略。聚焦品牌战略引领、品牌环境优化、品牌机制创新、品牌文化积淀、品牌传播维护等方面，为中国制造业品牌营造积极健康的发展环境。

战略重视制定中国品牌规划

要贯彻党的十八大关于"形成以技术、品牌、质量、服务为核心的出口竞争新优势"的精神，制定国家品牌发展战略规划，明确指导思想、基本原则、总体目标、主要任务和保障措施。

加强国家层面对品牌发展的统筹指导和综合协调。建立国家形象与品牌战略委员会，由国务院主要领导担任委员长，整合国家政府、行业、企业、社会团体等多方力量，统一资源，形成一个成体系的国家品牌推广和提升机构。

建立品牌质量安全危机的紧急磋商机制，由质检部门联合商务、工信、食药监、广电、新闻等主管部门以及重点行业协会，对国内外有关中国品牌质量安全的舆论危机进行磋商，共同寻求应对方案。

综合配套优化品牌建设环境

切实营造依法守规、诚信经营的良性市场竞争环境。加大消除地方保护的力度，依法规范市场竞争行为，发挥行业协会在维护本行业企业良性竞争中的积极作用。

健全质量诚信体系和质量诚信状况评估机制。建立质量问题公开和查询制度，加大失信"黑名单"公开力度，推动企业主动发布质量信用报告。

鼓励企业在产品质量与安全性方面采用国际标准和更高的行业标准。加强事中事后管理，严格实施对进入市场的产品的质量监督、完善市场优胜劣汰机制，并鼓励企业实施产品自愿召回制度等措施。强化企业的产品质量与安全责任意识，不断压缩劣质和有质量安全风险的产品的市场机会和生存空间。

加快完善国家品牌价值评价机制。充分利用 ISO 品牌评价国际标准化技术委员会秘书处设在中国的良好机遇，牵头制定品牌价值国际标准，增强品牌领域国际话语权，规范品牌价值评价活动，指导企业有效提升品牌价值。推动第三方品牌评价服务的有序开展，鼓励形成有影响力的品牌评价技术服务机构。

机制创新加强中国品牌培育

完善并形成品牌保护系统化的法律法规体系，包括知识产权保护、品牌维护管理、防伪管理、品牌侵权惩罚与赔偿等内容。

建立品牌保护的监管与公开机制。落实法律法规对品牌保护的要求，确保品牌侵权得到法律惩戒。形成政府监管、社会监管、企业与消费者监管、信息公开的多维度品牌监管机制。

鼓励企业创立自主品牌，有实力的企业收购品牌。大力培育区域性、行业性品牌。支持企业开展商标和专利的国外注册保护，开展海外维权。建立出口品牌统计制度，鼓励品牌产品出口。

引导企业制定品牌管理体系，围绕研发创新、生产制造、质量管理和营销服务全过程，提升内在素质，夯实品牌发展基础。规范并扶持一批品牌培育和运营的专业服务机构，开展品牌管理咨询、市场推广等服务。

建立企业标准自我声明制度，使标准成为企业技术实力与产品质量的显性标识。着力提升中国产品的安全、环保、卫生等方面的标准水平，赋予中国制造高质量、高标准的内涵。

优化人才培养和引进机制。培养一支具有品牌管理能力和品牌发展能力、熟悉国际化经营的高层次专业人才队伍。加强对包括品牌设计、品牌策划、品牌营销、品牌评估等领域从业人员的素质和能力教育。为各层次国际化品牌人才营造更为宽松和富有灵活性的人才支持政策和良好社会环境。

文化引领充实中国品牌内涵

加强品牌文化建设。大力倡导以诚信为核心的中国传统文化，将中国博大、悠久的文化、历史融入品牌内涵，探索中国文化带动中国产品、中国品牌发展的道路。

引导企业创建基于"可持续发展"的现代品牌理念。强调"创新、协调、绿色、开放、共享"的发展，将行业领先企业打造成为我国乃至全球同行业中在重视环保、资源节约、以人为本、诚信道德经营和创新发展等与可持续发展关系密切领域的"标杆",起到示范引领的作用。

宣传维护建立中国品牌自信

引导舆论客观宣传评价。中国品牌在全球消费者中的知晓度远低于对欧美和日本品牌,国家主流媒体应客观报道和评价中国品牌现状,加大对国内优秀品牌和民族品牌的宣传和保护力度。

积极推动中国品牌的集中展示。抓住"一带一路"战略的大好机遇,开展品牌外交。组织品牌企业展览、品牌展示,加强中外品牌企业交流合作,推动我国企业拓展国际视野,使国际社会认识了解中国自主品牌的价值,提升中国品牌的国际竞争力和影响力。

5

从中国质量奖看中国企业
质量发展之道

中国标准化研究所

王立志

本章简介：深入贯彻党的十八大和十八届三中全会精神，切实把推动发展的立足点转到提高质量和效益上来，不断总结提炼具有中国特色的质量管理经验，加快推进中国质量管理创新发展，根据《中华人民共和国产品质量法》和国务院《质量发展纲要（2011—2020年）》（国发〔2012〕9号）规定，经全国评比达标表彰工作协调小组审定并报请中央批准，质检总局会同发展改革委、工业和信息化部、农业部、科技部等国务院有关部门以及相关科研院所、社会团体等，组成中国质量奖评审表彰委员会，按照《中国质量奖评审规则》规定程序和内容，围绕质量、技术、品牌和效益四个方面，组织开展了首届中国质量奖评审工作。

经中国质量奖评审委员会评审、中国质量奖评选表彰委员会审定、质检总局核报国务院批准，中国航天科技集团公司基于质量问题"双归零"的管理方法、海尔集团公司以"人单合一双赢"为核心的质量管理模式获得首届中国质量奖。华为投资控股有限公司、山西太钢不锈钢股份有限公司、大连造船厂集团有限公司、雅戈尔集团股份有限公司、联想（北京）有限公司、中联重科股份有限公司等43个组织获得首届中国质量奖提名奖。这些获奖组织的创新做法和典型经验，是我国质量管理多年探索创新的结晶，集中反映了当前中国质量管理的最高成就，对于全社会学习、交流、传播质量先进经验，推动中国质量事业创新发展，具有重要参考借鉴价值。

一、概述

建立国家质量奖励制度是世界各国提升总体质量水平，增强国际竞争能力的通行做法。据不完全统计，世界上已有88个国家和地区设立了国家质量奖。美国、日本、英国、德国等发达国家，以及巴西、俄罗斯、印度等发展中国家都已设立国家质量奖，欧盟设立欧洲质量奖。各国实践表明，质量奖励制度在推行先进质量管理理念和方法，引领区域质量水平提升，促进经济发展方面发挥了积极作用。例如，日本戴明奖的全面质量管理体系，美国波多里奇国家质量奖的卓越绩效管理模式，都是在多年的评审过程中，不断总结最佳质量管理实践，形成的各具特色的质量管理模式，为各类组织提供了系统性的参考指导，帮助大批组织有效提高质量管理水平，增强持续发展能力。

新中国成立以来，党和国家十分重视质量工作，通过树立质量标杆，弘扬质量先进，总结、推广了许多先进的质量管理方法，如"鞍钢宪法"、"三老四严"、"质量否决权"、"郝建秀工作法"等，对增强我国各类组织质量管理意识，夯实质量管理基础产生了深远影响。近年来，我国广大组织深入贯彻国务院《质量发展纲要（2011—2020 年）》要求，积极吸收、消化、融合卓越绩效、六西格玛及精细化管理等国际先进模式，质量管理能力和现代化水平得到大幅提升。但与国外相比，我国组织在经营环境、文化理念和管理基础等方面存在显著差异，仅依靠国外成熟管理模式难以有效解决现阶段面临的质量问题，需要在实践中探索适合我国实际情况的质量管理新理念、新技术与新方法。特别是，党的十八要求把推动发展的立足点转到提高质量和效益上来。国务院提出打造中国经济升级版，重点是实现实体经济的转型升级。这些战略目标的实现，离不开质量素质的提升，离不开质量水平的进步，要求更加重视质量创新，依靠质量升级推动经济社会转型发展。

因此，中央批准设立中国质量奖，旨在树立质量先进典型，激励各类社会组织、广大企业和个人更加重视质量、积极追求质量进步，总结推广具有中国特色并在国际国内具有广泛影响力和推广应用价值的质量管理制度、模式和方法，推进质量发展，建设质量强国。今后，将随着中国质量奖评选表彰工作的持续开展，全面总结我国各类组织独创性、先进性和可推广的质量管理经验和做法，逐步形成具有中国特色的质量管理模式，在全国范围内进行推广应用，切实推动我国质量总体水平再上新台阶，真正把推动发展的立足点转到提高质量和效益上来，以质量提升促进经济转型升级。

二、中国航天科技集团公司

█ 组织简介

　　中国航天科技集团公司是于 1999 年 7 月 1 日在原中国航天工业总公司所属部分企事业单位基础上组建的国有特大型高科技企业，前身为 1956 年成立的我国国防部第五研究院。

　　中国航天科技集团公司承担着我国全部的运载火箭、应用卫星、载人飞船、空间站、深空探测飞行器等宇航产品及全部战略导弹和部分战术导弹等武器系统的研制、生产和发射试验任务；同时，着力发展卫星应用设备及产品、信息技术产品、新能源与新材料产品、航天特种技术应用产品、特种车辆及汽车零部件、空间生物产品等航天技术应用产业，创造了以载人航天和月球探测两大里程碑为标志的一系列辉煌成就，在推进国防现代化建设和国民经济发展中做出了重要贡献。

　　中国航天科技集团公司目前辖有 8 个大型科研生产联合体（研究院）、13 家专业公司、9 家上市公司和若干直属单位，拥有 10 余个国防科技重点试验室、1 个国家工程实验室、5 个国家级工程研究中心。截至 2012 年底，集团公司从业人员 17 万人，已培养形成了以重点学科带头人为代表的科技人才、以优秀企业家为代表的经营管理人才和以能工巧匠为代表的技能人才等五支人才队伍。

■ 获奖概览

在我国航天事业质量管理 50 多年实践中，以航天科技独创的"零缺陷系统工程管理"理论为基础，以"严慎细实"为准则，通过实施以质量文化建设为引领的标准化管理、风险控制管理和精细化管理等，努力实现航天型号的零缺陷质量目标，形成了具有中国特色的航天科技质量管理模式。该模式创新性强，形成了从理论基础，到技术方法，再到系统框架的一整套管理体系，达到了国内领先和国际先进水平，成功应用于运载火箭、绕月探测、空间交会对接、军事航天装备体系和民用空间基础设施等领域，有力地保障了中国航天在国际上的良好质量形象，在航空、航天等军工领域以及相关民用领域具有较高的示范推广和应用价值。多年来，在"两弹一星"、"载人航天"、"月球探测"三项世界瞩目的伟大工程中，取得了一系列辉煌的成就，成为维护我国大国地位和国家战略安全基石的重要力量，为增强我国经济实力、科技实力、国防实力、综合国力和国际竞争力作出了重要贡献。

■ 优势、特色和创新之处

1. 质量管理模式

航天科技通过对我国航天质量事业 50 多年发展所积累的理论、实践和经验的归纳、总结和凝练，形成了具有中国特色的中国航天质量管理模式。航天科技模式以航天科技独创的"零缺陷系统工程管理"理论为基础，以"严慎细实"为准则，通过实施以质量文化建设为引领的标准化管理、风险控制管理和精细化管理，实现航天型号的零缺陷质量目标。

1）航天科技"零缺陷系统工程管理"理论

是航天科技自己创造的质量管理理论。"零缺陷"是理论的核心理念，"系统工程控制"是理论的管理思想，力求在航天工程项目研制、生产和服务过程的各环节做到："操作零失误、运行零故障、产品零缺陷、发射零风险"。

2）航天科技质量文化

是在聂荣臻元帅等老一辈革命家和钱学森等老一辈科学家的积极倡导下逐渐积累形成的。航天科技工业创建伊始就确立了"严肃的态度、严格的要求、严密的方法"的三严作风。1966 年，周恩来总理进一步提出了"严肃认真，周到细致，稳妥可靠，万无一失"的十六字方针。航天科技成立以来，按照"坚持、完善、发展"的质量工作思路，形成了具有当代中国航天特色的"严慎细实"的工作作风。"严慎细实"是航天精神、"两弹一星"精神和载人航天精神在质量方面的细化和体现，是发展航天事业的巨大无形资产。

3）航天科技标准化管理

坚持"高"标准、"严"要求，"严慎细实"中的"严"是通过标准化的方式来实现的。全面推行 GJB 9001B 标准，并创建了质量管理体系评估机制，主持编写国际标准 7 项，编写完成了航天领域国家军用标准 600 多项，航天行业标准 3000 多项，发布了航天科技及所属单位标准 20 000 余项，基本形成了满足航天技术与管理需要的标准规范体系。

4）航天科技风险控制管理

以控制航天型号的风险为目标，通过风险分析与预防的手段来实现"严慎细实"中的"慎"。航天科技创新性地提出了 12 风险分析法，建立了航天产品数据包，并创造性地开展了战略导弹和运载火箭产品成功数据包络线分析工作。

5）航天科技精细化管理

要求航天工程的每项工作细致周全，"严慎细实"中的"细"是通过精细化管理来实现的。航天科技总结和提炼了精细化管理的航天管理工作新28

条，并通过精细化策划、精细化设计验证和精细化过程控制加以贯彻落实。

2. 质量方面

航天科技自成立以来牢固树立"零缺陷"和"系统工程管理"的理念，按照"坚持、完善、发展"的原则，不断总结航天系统工程理论、方法和质量管理经验，在载人航天、月球探测、北斗导航等重大工程实践中，探索、创新和发展了具有中国航天特色的质量管理理论和方法，在质量文化、质量管理体系和型号研制全过程精细化质量控制以及质量基础能力建设方面采取了一系列卓有成效的举措，效果突出。长征运载火箭和神舟飞船等产品质量达到国际先进的水平。

1）航天科技在质量方面的经验和做法

——在"零缺陷系统工程管理"模式的框架下，航天科技形成了以《航天型号精细化质量管理要求》为顶层质量管理要求，相关的集团制度、标准以及各单位细化形成的制度、标准为支撑的制度、标准体系，使得航天质量管理更加系统、规范，为航天重点工程和型号质量管理提供了技术支持。

——在质量管理体系建设方面，航天科技大部分院和厂、所都通过了GJB 9001B认证，并且体系建设与型号研制生产紧密结合，形成了单位抓体系，型号抓产品保证的管理体系。

——在型号质量管理方面，型号研制初期围绕产品设计、生产、试验、交付后服务等全寿命周期开展系统的产品保证策划和风险分析工作，不断完善、细化设计与验证工作，对研制、生产、试验和交付后服务全过程实施严格的质量控制。

——在质量基础建设方面，航天科技结合产品保证、风险分析和量化控制等工作，完善质量规章制度标准规范体系，开展工艺振兴计划，加强专业机构、设备设施、工具手段等，形成有效支撑质量管理的基础平台。

——在质量培训和教育方面，航天科技建立了各级领导、型号两总系统、一线岗位人员的质量培训制度，组织有针对性的质量培训，及时总结经验和教训，收集、整理质量案例，建立了各级质量案例库，开展最佳实践总结交流，编制工程手册等，有效提升了航天队伍的整体素质。

——在群众性质量活动方面，航天科技通过 QC 小组活动、质量信得过班组建设、6S 管理、全国质量月和"航天科技 9.21 质量日"等活动，提高了全员"零缺陷"质量意识，充分调动了研制生产一线员工参与质量工作的积极性。

2）在先进性、创新性、有效性及示范推广价值等方面的评价

——系统全面开展产品保证工作。制定并实施了"航天产品保证要求"等产品保证系列标准，使产品保证工作贯穿型号研制全过程，覆盖到型号系统各级产品中，形成了具有中国航天特色的、以型号产品为核心的矩阵式管理模式，在"神舟"飞船、长征二号 F 运载火箭等型号得到成功运用，取得了明显的效果。

——创新技术风险识别与分析。创新性地提出了一系列技术风险分析与控制方法，包括单点故障模式分析、测试覆盖性分析、接口协调性和匹配性分析、成功数据包络分析、"九新"分析、飞行时序分析。这些方法在航天科技各型号得到了全面应用，如神舟九号飞船通过技术风险分析，对识别出的 26 项系统级风险，制定了 39 项有效控制措施并落实到位，确保了神舟九号飞行任务圆满成功。

——精细可靠性设计。编制了航天产品可靠性工作要求、设计准则与指南等，形成了完整配套的可靠性工作要求；注重可靠性量化设计，创新量化设计方法的应用，把产品的可靠性指标转化为工程设计参数。如长征二 F 运载火箭通过精细的设计与验证，使可靠性指标高于 0.97 的要求、安全性指标高于 0.997 的设计要求。

——创立状态更改"五项原则"。航天科技在总结实践经验的基础上，制定了企业标准"航天产品技术状态更改控制要求"，创造性地提出"论证充分、各方认可、试验验证、审批完备、落实到位"的技术状态更改的"五项原则"，确保了更改的正确、有效和受控。

——精细测试覆盖性分析。航天科技制定并实施了"型号飞行试验产品出厂测试覆盖性检查、评审管理办法"等要求，按型号产品层次自下而上提

出测试内容和要求，做到测试覆盖到单机、分系统和系统，发射前的测试覆盖到发射和飞行状态，以尽早发现产品的质量隐患和薄弱环节。

——创立质量问题归零法。质量问题双归零是航天的首创。航天科技制定并实施了航天产品质量问题归零实施要求，促进了技术和质量管理体系的改进，成为保证航天型号连续成功的法宝，在国防科技工业得到推广应用。2012 年，工业和信息化部与中国质量协会确定命名航天科技为 "实施质量问题双归零方法质量标杆示范单位"，质量问题双零方法在全国得到推广。目前，航天科技正在起草质量问题归零国际标准。质量问题归零 "双五条"要求见图 1。

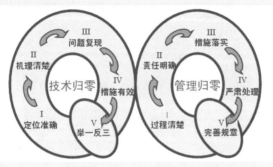

图 1　质量问题归零 "双五条" 要求

3. 技术方面

"十一五" 以来，按照 "建设创新型国家" 和 "航天等高科技领域率先达到国际先进水平" 的要求，航天科技按照系统工程理念，扎扎实实地开展了首批创新型企业的建设，努力建立以企业为主体、市场为导向、产学研相结合的技术创新体系；科技创新工作以技术发展战略为统领，以技术创新平台为支撑，以集成创新、原始创新、产品创新、军民融合创新四大创新行动为重点，以机制创新和人才强企战略为保障，系统推进了科技创新工作；在科技创新项目管理、自主投入、技术创新激励、知识产权管理、创新人才引进和培养等方面建立了完善的制度；是国家首批创新型企业，连续两个任期被国资委授予 "科技创新特别奖"；自 1999 年 7 月成立以来，共获得国家、部级科学技术奖 1800 余项，其中国家最高科学技术奖 1 项，国家科学技术进步特等奖 4 项、一等奖 12 项、二等奖 32 项，国防技术发明奖 2 项。神舟十号/天宫一号成功实施自动交会对接见图2。

图2　神舟十号/天宫一号成功实施自动交会对接

（1）始终坚持独立自主的方针，坚持自主发展的技术路线，打破国外技术封锁，实施自主创新驱动战略。加强前沿技术研究和新兴技术领域开拓。重点围绕载人登月和深空探测、重型运载火箭、空间安全等战略性前沿领域，提出了多项装备系统概念和前瞻性发展建议。如载人航天工程提出了"发射载人飞船、建设空间实验室、建设空间站"的符合国情的三步走战略，创造性地制订了具有中国特色的载人飞船三舱方案。第二代卫星导航定位系统一期工程实现了区域无源高精度定位系统的重大突破，完成组网应用，成为世界上第三个拥有自主导航定位体系的国家。在国家"863"计划的统一安排下，突破多项航天前沿技术；如基于 3G 及其兼容技术的 GEO 卫星关键技术研究和验证，为发展我国自主的卫星移动通信系统奠定了基础。

（2）以国家科技重大专项和重大工程型号为牵引，切实加强核心技术和应用基础研究，积极探索新技术新领域，牢牢把握"自主创新方向"。承担了国家 16 个重大科技专项中"载人航天与探月工程"、"第二代卫星导航定位系统"和"高分辨率对地观测系统" 3 个专项，还承担了"新一代运载火箭"和高新工程等重大任务，大力实施关键技术攻关和系统集成创新，有力地支撑了航天重大工程的圆满完成。

（3）夯实技术创新平台建设、加大自主研发投入、深入开展产学研结合，形成协同、持续、开放的"自主创新资源"。已基本建成覆盖应用基础研究、应用研究开发以及产品设计制造的创新组织机构，形成了集约、协同的发展格局。各研究院已建立 12 个系统级研发中心、30 多个重点专业研发中心，拥有包括 12 个国防科技重点实验室、1 个国家工程实验室、14 家国家级工程中心在内的 83 家创新平台。集团公司批复成立了 2 个钱学森实验室和 12 个集团级研发中心；与哈尔滨工业大学、上海交通大学、北京航空航天大学等近 20 所知名高等院校开展了技术和产业研发的战略合作，共建 50 余家产学研合作平台；与深圳市政府、哈尔滨工业大学在深圳共同建立了航天科技创新研究院，打造军民结合、面向市场、开放式研发平台；与国外高校及研究机构建立了 5 个联合研发中心，积极拓展国际视野，努力利用海外研发资源。

（4）加大自主研发投入。不断增强技术创新的自主投入，并与国家财政、金融等政策支持相衔接，重点培育、支持国防科技和武器装备发展迫切需求的、市场前景看好的核心技术和重大产业化项目。"十一五"期间自主创新累计投入达 60 亿元。2012 年，自主创新投入占主营业务收入的比例达到 4.76%。实施"工艺振兴计划"，连续三年每年自主投入 5 000 万元组织开展重大工艺研究。在自主投入的支撑下，集团公司自主解决和掌握了先进动力、精确制导、空间安全和航天技术应用重大产业化等领域的核心技术。

（5）实施创新人才规划，把握创新人才成长规律，完善创新人才成长机制，始终把"创新者"作为"自主创新核心要素"。培养造就了以 33 位"两院"院士、101 名国家级专家和一大批中青年技术带头人为代表的充满活力、奋发有为的创新型科技人才队伍，现有的 300 多名正副总设计师、总指挥中，40 岁以下的占 60%。近年来引进了 1000 多名博士，9000 多名硕士以及 200

多名海外高层次人才，大部分已成为技术创新的生力军。

（6）完善科技创新项目管理制度。制定了《中国航天科技集团公司技术研发管理办法及其配套实施办法》，适用于集团公司及其所属单位根据国家、军队和其他用户的需求以及自身发展需要开展技术研发活动的项目管理，主要包括技术发展战略规划管理、计划管理、合同管理、项目管理、合作管理和知识产权管理等内容。制定出台了"航天功勋奖"、"航天创新奖"和"航天贡献奖"管理办法。其中，"航天创新奖"每年评选一次，每次最多可达30人，奖金20万元人民币。制定了《中国航天科技集团公司知识产权管理规定》，将知识产权管理要求作为重要内容融入到人事、财务、科研和经营等制度中。比如航天型号管理规定、技术研发管理规定、合同管理办法、民用产业管理与授权许可办法等相关规章制度中要体现知识产权内容。

4. 品牌方面

航天科技结合国家政策以及政府主管部门对央企品牌建设的宏观指导和要求，明确将集团公司品牌国际化和品牌建设纳入集团公司十二五综合规划中；确定了公司品牌建设总体发展思路、指导思想和品牌建设发展目标，对公司已经形成品牌从公司品牌和产品品牌二个层面进行了分类，并分析了部分品牌的影响力。"神舟"、"神箭"获得中国工业经济联合会等授予的"中国第一世界名牌"称号；2004—2008年连续5年"中国航天"获得"中国十大影响力品牌"，形成了公司独具特色的品牌发展之路，效果显著。具体包括：

（1）围绕重大活动、重大型号展开。比如：空间交汇对接、绕月探测等国家重大航天工程。

（2）以企业文化建设为载体，善于利用各种形式推广和传播。比如航天建设50周年大会、新中国60年成就展、百姓眼中的中国航天摄影大赛。

（3）充分利用央视等各大媒体的宣传平台，精心策划，积极开展航天品牌推介活动，神舟、长征、东方红等知名品牌受到了国内外的充分认可。

（4）通过中华航天博物馆、会展中心、吴运铎事迹展等文化教育基地，展示航天品牌和实力。

（5）通过电影"钱学森"、"奔月"、"飞越苍穹"等优秀文化作品集中宣传和展示航天品牌。

（6）通过孙家栋院士荣膺国家最高科学技术奖、CCTV 年度经济人物、全国劳模报告会等活动宣传推广品牌。

5. 效益方面

自 2004 年开始，航天科技分三期开展航天成本工程建设，主要包括三个层面。第一个层面：系统思考、顶层设计、高层推进，从战略高度加强成本工程建设；第二个层面：完善制度、强化班组、优化考核，从细节着眼搞好成本工程建设；第三个层面：转变观念，重树理念，提升文化，从思想入手确保成本工程建设。经过全集团各方面艰苦努力，全员成本意识显著提高，成本管理能力大幅提升，初步建立覆盖全员、全过程、全要素的成本工程体系，成本工程要求逐步融入科研生产和经营管理流程中。自航天成本工程实施至 2012 年底，集团公司各单位在科研生产经营管理各个环节累计开展成本管控项目 24 800 余项，提高了国家投入经费使用效益，确保了国家航天型号任务完成，促进了企业核心竞争力提升，加快了建设世界一流大型航天企业集团步伐。

自 2004 年国资委对中央企业开展经营业绩考核评价以来，已经连续 9 年、三个任期始终名列中央企业负责人经营业绩考核 A 级和"业绩优秀企业"行列；从 2006 年国资委进行财务绩效评价以来，集团公司已经连续 7 年处于军工行业优秀水平。2011 年，航天科技成本工程建设荣获第十八届国家级企业管理创新成果一等奖，2012 年被国资委誉为中央企业成本管理的"典型代表"和"学习标杆"并作为中央企业"管理提升活动"优秀案例发布推广。载人航天工程、探月工程、北斗导航定位系统和高分辨率对地观测系统等重大工程任务的成功，提升了国家形象和国际地位，增强了民族自信心和自豪感，社会效益显著。

（1）实施航天成本工程顶层设计、明确工程目标与要求。通过深入调研，查找出工作中存在的"成本意识不强、结构不合理、管理基础薄弱"等主要问题，在此基础上，制订发布了《中国航天科技集团公司航天型号成本工程建设总体方案》。明确以"坚持成本管理与圆满完成任务相统一"为指导思想，坚持航天任务"三保"、"三全"覆盖、"三维"管控的工作原则，并部署了三个阶段的实施途径，提出了具体目标和要求。所属各单位以总体方案为指导，相继制定了本单位的建设规划、年度计划等，进一步分解落实工作。三个阶段的任务已经完成，航天成本工程进入了效果评估和长效机制建设阶段。

（2）构建航天成本工程"三位一体"管理体系，确保部署落实到位。构建了组织健全、责任明确、制度完善的"三位一体"航天成本工程管理体系，形成了共同参与、统筹协调、分工明确、权责到位的工作格局。其中，按照"纵向到底、横向到边、重点突出"的原则，研究院及其所属 136 家企事业单位，都成立了"一把手"亲自挂帅的成本工程领导机构和工作机构；绝大部分车间、研究室、班组，也相应成立了成本工程管理小组，并明确了各环节的工作责任。集团公司出台了《航天成本工程建设指导意见》、《航天成本工程三期规划》等一系列文件，所属各单位也相应建立了近千余条涉及成本管理的规章制度；为了充分发挥广大员工的力量，重点加强了基层班组的成本工程建设，广泛开展多工种、多层次、多岗位献计活动。通过顶层发动、自上而下推进，航天成本工程建设在全集团展开，得到有力落实。

（3）统筹技术、质量、进度与成本，加强全过程成本管理。在航天型号的设计、研制、生产、试验、发射、产品交付、维护保障的全生命周期中，综合考虑优化成本的措施。比如在型号的总体设计中，按照"模块化、系列化、通用化"原则，推行 DFC（面向成本设计）、DFMA（面向制造和安装设计）、DFT（面向试验设计）等设计理念，充分采用成熟技术，合理选择技术难度、技术指标、等级标准，减少过度设计。在制造生产阶段，工艺人员提前介入产品设计，制订科学、合理的工艺方案，采用精益管理、六西格玛等攻克工艺难关，提高工艺技术水平，同时，打破零组件按"任务"组织生产的固有模式，实施组批生产。在试验验证阶段，创新试验手段和方法，大量采用数字化仿真试验，在降低成本的同时，也有效地控制了型号飞行风险。

实施了《航天项目全周期预算管理》，对项目全周期经费实行预分预控，严格控制型号研制过程中的各项费用支出，保障了项目经费的高效使用。

（4）加强成本文化建设，努力营造良好环境氛围。2006年，集团公司正式发布了航天成本文化，明确提出了"成本是责任、成本是效益、成本是竞争力"的核心成本观，构建形成了具有航天特色的，系统、融合、开放的成本文化体系；通过编印《成本文化读本》、征集发布成本格言、推广成本工程优秀案例等形式，推动成本文化建设的落地。

三、海尔集团公司

▪▪ 组织简介

海尔集团创立于1984年，从开始单一生产冰箱起步，拓展到家电、通讯、IT数码产品、家居、物流、金融、房地产、生物制药等领域，成为全球领先的美好生活解决方案提供商。

互联网时代的到来颠覆了传统经济的发展模式，为企业带来新的挑战和机遇。海尔致力于搭建投资驱动平台和用户付薪平台，通过人单合一双赢模式创新让员工成为开放创新平台上的创业者，在为用户创造价值的同时实现自身的价值。在这一模式下，海尔将企业从管控型组织变成一个投资平台，员工从原来被动的命令执行者转变为平台上的自驱动创新者，而驱动员工创业的就是不断交互出的用户需求，企业与员工、合作方转为合作共赢的生态圈，原来串联的流程变成并联流程，所有各方并联在一起为市场共同创造价值。

海尔致力于成为全球消费者喜爱的本土品牌，多年来一直践行本土化研发、制造和营销的海外市场战略并取得了一定的成绩。目前，海尔在全球有

5 大研发中心、21 个工业园、66 个贸易公司，用户遍布全球 100 多个国家和地区。

获奖概览

以"砸冰箱"（图 3）为开端，长期重视质量管理与创新，坚持在实践中探索质量管理新理念、新模式与新方法，提出了"日清日高，日事日毕"管理法（OEC 管理法）等一系列创新性管理方法，形成了特色明显的海尔质量文化。其探索建立的"人单合一双赢"管理模式，是海尔集团独创的、具有中国特色的质量管理理论和模式，是对传统质量管理模式的突破和创新，实践方法具有很强的竞争力，得到国内外理论界的认可。该模式在海尔集团多年的实际应用中得到不断完善，并取得显著实施效果，形成了完备的方法体系和管理制度，适合我国企业经营管理实践，便于学习借鉴，具有推广价值。坚持"零缺陷、差异化、强黏度、双赢"的质量发展战略，实施共创共赢的部件质量管理模式，开展零缺陷质量保证模式下的智能制造，形成引领行业发展的服务质量创新体系。海尔集团是国内企业实现"质量兴企"的典型代表，在国内国际具有广泛的影响力，在国际上树立了"中国制造"、"中国质量"的良好形象。

图 3 "砸冰箱"创出"国家质量金奖"

优势、特色和创新之处

1. 质量管理模式

海尔始终重视管理创新，早在 20 世纪 80 年代，以"砸冰箱"为开端全面推行质量管理。1989 年底，探索形成"日清日高，日事日毕"管理法（"OEC"管理法），提出"人人都管事，事事有人管"的管理理念。1998 年以来，探索建立市场链管理模式，提出"每个人都是一个市场，每个人都有一个市场"的管理理念。2006 年以来，张瑞敏结合互联网时代的特征，创造性提出"人单合一双赢"模式（图 4）。

"人单合一"倡导员工与用户融为一体，"人"即为海尔员工，"单"即是用户需求，提出"我的用户我创造，我的增值我分享"，员工有权根据市场的变化自主决策，员工有权根据为用户创造的价值自己决定收入。

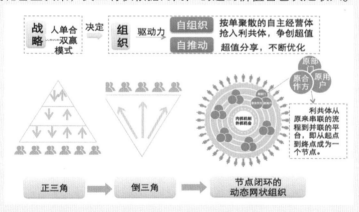

图 4　海尔"人单合一双赢"模式

"人单合一双赢"模式从战略、组织、机制、员工角色、用户角色、合作方角色六个方面进行了颠覆性创新。**一是战略创新**：从传统损益表到战略损益表（图5）。传统损益表反映的是收入减费用、成本等于利润，战略损益表则是从用户交互、人力资源、计划执行、闭环优化四个方面对经营过程和结果进行评估。**二是组织创新：从传统金字塔到扁平化网状组织。**在组织结构方面，过去是正三角，内部员工之间是上下级关系，和外部合作方之间是博弈关系。公司现在把正三角变成倒三角，并逐步形成扁平化的网状组织结构。**三是机制创新：从传统薪酬到人单薪酬。**传统薪酬按照职务级别分配，人单薪酬则按照员工创造的价值确定收益。**四是员工角色创新：从接受指令者、执行者转为接口人、创业者。五是用户角色创新：从被动购买者转为主动参与交互者。六是合作方角色创新：从企业的博弈方转变为利益攸关方。**传统意义上的合作方，上游是供应商，下游是零售商，上下游是博弈关系，现在的关系变成并联平台，企业、合作方、用户责任共担利益共享。

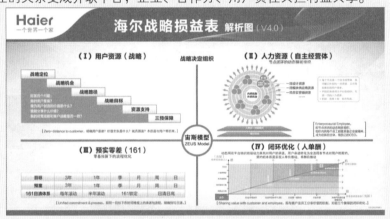

图5　支持人单合一落地的战略损益表

近年来，著名的国际研究机构和权威学者对海尔"人单合一双赢"模式高度评价。"竞争战略之父"、美国哈佛大学商学院迈克尔·波特教授认为，海尔的"人单合一双赢"战略思路清楚，其实践方法具有很强的竞争力和创新性。英国伦敦商学院加里·哈默教授认为，海尔的自主经营体创新具有前瞻性和超前性，理论和实践意义重大。美国沃顿商学院马歇尔·迈尔教授认为，海尔的"人单合一双赢"管理模式超越了西方的委托代理理论，创造了超级团队的新模式。瑞士洛桑商学院、美国哈佛大学商学院将海尔"人单合一双赢"收入案例库，并持续追踪研究公司的管理模式创新。

2. 质量方面

从质量发展战略角度，海尔认为质量的高标准是用户制定的，只有为用户不断提供超出期望的体验，才能真正创造好的质量。海尔的质量发展战略是**"零缺陷、差异化、强黏度、双赢"**。零缺陷强调产品的可靠性，满足是用户的基本功能需求，并逐步实现产品质量由"保修期"到"保证期"的转变；差异化强调针对用户的不同需求提供不同的解决方案，促进用户产生衍生需求；强黏度强调通过为用户提供超越期望的产品服务，提高用户的忠诚度；双赢强调通过与用户全方位深度交互，提供最佳体验，不断改进产品，实现企业与用户的互利。

质量是企业的生命，海尔发展的四个阶段，质量愿景（图6）不断升级。

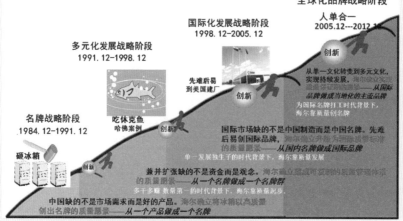

图 6 海尔质量愿景发展历程

从质量管理实践角度，海尔认为"没有成功的企业，只有时代的企业"。创业初期，在同行业只盯产量忽视质量的时候，海尔以"一把大锤"砸出了"不合格产品就是废品"的质量文化和理念；20 世纪 90 年代初期，当同行业忙于价格战时，海尔实现了产品质量向服务质量的转变；20 世纪 90 年代末期，当同行关注产品保修期时，海尔实现了从卖方质量到买方质量的转变；2000 年以后，当同行业关注传统质量时，海尔已开始探索和实践互联网时代的质量与创新，提出"从保修到保证、从事前满意到全流程用户最佳体验"的理念。

多年来，海尔获得一系列质量工作荣誉：2011 年获国家质检总局颁发的"全国质量工作先进单位标兵"称号、人单合一双赢模式获企业管理现代化创新成果一等奖，2012 年获工信部首批全国工业企业质量标杆、IECQ 颁发的有害物质管理体系贡献奖。

海尔质量管理创新的主要特色：**一是整合资源共同参与研发，提高设计质量。**借助信息化网络平台，通过交互体验获取用户需求。以此为输入，通过开放的平台吸引全球设计商、供应商、检测认证机构、研究院等资源共同参与，形成最佳产品解决方案。二是**共创共赢的部件质量管理模式。**通过利益共享机制，与全球优秀供应商组成利益共同体，共同为用户提供最佳体验服务。三是**零缺陷质量保证模式下的智能制造。**通过全球一流的自动化设备来保证生产过程质量和部件质量、整机质量。通过新设备的集成化制造，变革传统流水线加工，逐步实现无人化作业。通过模块化制造，简化工艺流程，提高效率保证质量。**四是引领行业发展的服务质量创新体系。**海尔重视服务质量创新，从 1984 年开始的"四不"（不喝水，不抽烟，不吃饭，不收用户礼品）、无搬动服务、"五个一"（一个鞋套，一块抹布，一块垫布，一个上岗证，一站式通检）等规范化服务到 1999 年的星级服务一条龙、安全测电人文关怀等增值服务，从 2007 年成套精致服务、社区好邻居服务到互联网时代下的遍布全国到乡镇的"送安同步，最后一公里解决方案"服务，每一次服务升级都在一定程度上引领行业发展和变革。通过最佳服务体验，以用户需求倒逼服务流程优化变革，从"品牌的服务组织"转型为"开放式的社会化服务"平台。

3. 技术方面

海尔以用户为中心，与用户、技术资源深度交互，采用并联方式开展技术研发，建立了"全流程并联交互创新生态体系"；承担国际标准组织技术委员会秘书处 2 个，占据 15 个 IEC 的组织席位；是无线电力联盟（WPC）的核心成员，是中国唯一进入国际电工委员会市场战略局（IEC/MSB）的家电企业。航天冰箱连续三次跟随神州飞船遨游太空，使中国成为继美俄之后第三个独立掌握此项技术的国家；节水 70%以上的洗衣机、每天耗电 0.19 度的节能冰箱等，在节能环保领域达到全球领先水平，见图 7。

图 7　海尔占领制高点的标准化专利池

海尔技术创新的主要特色：**一是与用户深度交互，丰富产品设计创意。**通过 600 多个云交互的网络入口，吸引用户深度参与产品前端个性化设计，每天有超过 100 万活跃粉丝参与海尔产品的互动。通过大数据平台，平均每天产生有效创意 200 多项，全年产生 7 万多项有效创意。**二是与供应商深度交互，实现模块化解决方案。**供应商参与用户交互和前端设计，根据公司提供的模块接口，形成模块化解决方案。众多世界 500 强企业，积极参与深度交互，如陶氏在净水洗涤模块设计、爱默生在动力模块设计、巴斯夫在节能模块设计等领域，为公司提供了国际领先的解决方案。**三是与世界一流研发资源深度交互，做到并联快速产品开发：**以中国、美国、欧洲、日本、澳新五大研发中心为基本节点，通过兼并、收购、联合等手段整合世界一流的研发资源，开展并联协同产品开发。如日本研发中心并购三洋研发中心，澳新研发中心整合斐雪派克研发机构，美国研发中心借力麻省理工等，创新了产品研发机制，推进了产品并联快速研发的进程。**四是以小微公司机制驱动的超前研发模式。**将硅谷的创业方式引入企业的内部，实现员工由"在册"变为"在线"，由企业投资变为风投孵化，驱动技术超前研发。

4. 品牌方面

据世界权威市场调查机构欧睿国际数据显示，中国制造的产量占全球的40.5%，但在海外市场的自主品牌占比却只有2.9%。在这2.9%的占比中，海尔集团占据了86.5%的品牌销量。

海尔品牌建设的主要特色：一是坚持"三位一体"及"三步走"的品牌发展战略。以"创造世界名牌"为目标确定"走出去，走进去，走上去"的海外"三步走"战略（图8）："走出去"是指进入主流市场；"走进去"是进入主流市场的主流渠道销售主流产品；"走上去"是成为当地化的主流名牌。海尔在海外市场采用"本土化研发、本土化制造、本土化营销"的"三位一体"运营模式，利用当地资源实现发展，满足全球消费者需求。二是坚持品

图8 海外市场"三步走"战略

牌发展战略与集团发展战略紧密结合。海尔一直重视品牌建设，始终将品牌发展战略与集团发展战略相结合。在名牌战略阶段以"要么不干，要干就干

第一"的观念来创建名牌；在多元化战略阶段通过为用户提供高质量的家电产品打造多元化品牌；在国际化战略阶段通过走出国门创国际化品牌；在全球化品牌阶段，用全球资源满足用户个性化需求创全球化品牌；在网络化战略阶段，以"网罗生活智慧，为千家万户打造不拘一格的智能家居体验"为定位，打造网络时代的服务型企业，为用户提供按需设计、按需制造、按需配送的个性化体验。**三是坚持用户全流程参与创牌。**在网络化战略及"人单合一双赢"模式的指导下，利用互联网与用户交互，让用户全流程参与品牌建设。海尔在海外 facebook、twitter、youtube 及国内各主流微博、SNS 平台，分别建立了沟通平台。截止目前，facebook 群粉丝量已接近 40 万，国内仅新浪微博群粉丝就已突破 1000 万。通过虚实网交互的方式每天与数亿消费者进行交流沟通，让用户参与到设计、研发、营销等环节中，让用户变成公司品牌的创造者。**四是坚持品牌的差异化与国际化。**在全球搭建了以海尔、斐雪派克、亚科雅、卡萨帝、统帅为主体的品牌架构，以多品牌满足世界不同区域消费者需求。在澳新市场，**斐雪派克**以"全球顶级厨房电器品牌"为定位，秉承"重新定义奢华生活"的品牌主张，为用户提供灶具、冷藏等解决方案。在日本市场，**亚科雅**以"追求极致价值的白电高端品牌"为定位，秉承"追求极致价值"的品牌主张，为城市年轻白领提供冰箱、洗衣机等高端家电解决方案。在中国市场，**卡萨帝**以"国际高端艺术家电"为定位，秉承"创艺家电，格调生活"的品牌主张，为现代城市精英人士提供涵盖冰箱、酒柜、空调、洗衣机等高端家电解决方案。在中国市场，**统帅**以"互联网时代第一家电定制品牌"为定位，秉承"你设计我制造；你需要我送到"的品牌主张，为用户提供冰箱、洗衣机、热水器等产品解决方案。在全球市场，**海尔**以"网罗生活智慧，为千家万户打造不拘一格的智能家居体验"为品牌定位，为全球用户提供家电、通信、IT 数码产品、家居集成等解决方案。

5. 效益方面

海尔经济效益突出，2014 年，海尔集团全球营业额 2007 亿元。根据世界权威市场调查机构欧睿国际（Euromonitor）发布 2014 年全球大型家用电器调查数据显示，海尔大型家电零售量第六次蝉联全球第一，并首次突破两位数的市场份额增长。

海尔效益管理的主要特色：**一是预算到人。**建立以发展战略为主导，建立上下承接、横向协同的流程，将全员预算分解到 2000 多个自主经营体，明确预算责任主体的责任与分工。同时，引入竞争机制，让所有自主经营体都可以参与竞争，公司择优确定预算分配方案，最大限度提高了资源利用效率。**二是风险利益共担。**承担产品项目的自主经营体对项目的经营结果负责，包括公司以外的合作方在内的每个人都要承担项目经营风险，共享项目经营收益。**三是实时监控。**公司的管理者、员工都可以实时监测到经营绩效差距，随时发现问题，及时采取纠正措施。

海尔建立完善的社会责任推进体系及机制，以青岛海尔股份有限公司为例，在其公司章程中明确规定每年有累积额度在人民币 1000 万元以内的资金，用于公益性、救济性捐赠，迄今为止，海尔已向社会捐赠总额逾 5 亿元。海尔坚持绿色采购，在原材料采购方面，已与 50 余家顶级供应商建立绿色采购伙伴关系，同时为保证供应商所提供产品符合绿色标准，每月对超过 700 家的供应商进行评估，并在每年的供应商大会上进行嘉奖。

四、华为投资控股有限公司

组织简介

华为创立于 1987 年，在 20 多年的时间里，华为以开放的姿态参与到全球化的经济竞合中，从一家立足于中国深圳特区，初始资本只有 21 000 人民币的民营企业，稳健成长为世界 500 强公司，业务遍及全球 170 多个国家和地区的全球化公司。2014 年，公司年销售规模达到近 2882 亿人民币。

作为全球领先的信息与通信解决方案供应商，华为为电信运营商、企业和消费者等提供有竞争力的端到端 ICT 解决方案和服务，帮助客户在数字社会获得成功。坚持聚焦战略，对电信基础网络、云数据中心和智能终端等领域持续进行研发投入，以客户需求和前沿技术驱动的创新，使公司始终处于行业前沿，引领行业的发展。每年将销售收入的 10% 以上投入研发，在近 17 万华为人中，超过 45% 的员工从事创新、研究与开发。华为在 170 多个标准组织和开源组织中担任核心职位，已累计获得专利授权 38 825 件。

华为积极致力于社会经济的可持续发展，运用信息与通信领域专业经验，弥合数字鸿沟，让人人享有高品质的宽带连接；努力保障网络的安全稳定运作，助力客户和各行各业提升效率、降低能耗，推动低碳经济增长；开展本地化运作，构建全球价值链，帮助本地发挥出全球价值，实现整个产业链的共赢。

■■ 获奖概览

以"技术、质量"突破市场，以"服务、诚信"巩固市场，以"创新、品牌"拓展市场，坚持以客户为中心，创建了"客户为中心的质量管理创新模式（CCQM 模式）"，在供应商、合作伙伴中广泛推广，取得了显著成效，具有推广应用价值。每年研发经费投入不少于销售收入的 10%，近十年累计投入研发经费 1300 多亿元，建立了世界领先的产品开发管理体系。综合来看，该企业提出的"客户为中心的质量管理创新模式（CCQM）"，融合了多种质量管理方法与质量文化，结合自身实践与业务特点，初步形成了一套先进的理念架构、方法模式与管理系统，满足了遍布全球的客户质量要求。公司创建的"客户为中心的质量管理创新模式 CCQM"及其配套质量管理方法和工具具有一定的推广应用价值。

优势、特色和创新之处

1. 质量管理模式

华为在推行质量管理的长期实践中，构建了体现自身特点的 "客户为中心的质量管理创新模式 CCQM"，见图 9，强调以客户为中心，突出自我批评、开拓创新和可持续发展，坚持以奋斗者为本。

图 9　华为质量管理创新模式 CCQM

1）客户为中心

为了实现以客户为中心的质量理念，华为公司构建了 CVM、VOC、ITR、CC3 和 CDM 等独特的客户管理系统。

——**CVM（客户价值管理）**。为客户提供最大价值是华为公司存在的唯一理由，华为多年来一直致力于建设和维护系统化运作的客户满意管理体系，将客户满意理念和要求融入各主业务流设计，实现客户需求，提升客户的竞争力和赢利能力、保护客户权益、帮助客户商业成功。

——**VOC（客户声音管理）**。华为系统梳理了 20 多种客户接触渠道，明确了面向客户界面的"铁三角"组织统一审视客户声音、对客户差异的声音进行一致化，确保客户声音的清晰与准确。

——**ITR（客户问题管理）**。建立了覆盖全球 150 多个国家的语言技术支持中心，从机关到 16 个地区部、100 多个代表处及其下的系统部设置了分层分级的客户满意管理组织，并进行规范化运作。

——**CC3（客户界面管理）**。设置"铁三角"代表客户呼唤公司的炮火。华为公司客户群由 AR（Account Responsible）、FR（Fulfillment Responsible）、SR（Solution Responsible）组成"铁三角"，向客户提供集成解决方案。"铁三角"的设置解决了客户眼中的"一个华为"的问题，保证了客户界面的统一。

——**CDM（契约化交付管理）**。华为公司服务以客户为中心，在承诺、当责、坚守的理念指导下，通过契约化的交付管理，提升客户满意度。华为建立业务连续性管理（BCM）与相关组织，确保客户网络的连续运行与快速恢复。华为通过在服务产品开发中构筑质量标准，在交付项目中引入了 4 阶 16 步的先进方法，建立三级 PMO 组织，配置大量技术专家与项目经理，实现契约化交付的客户承诺。

2）自我批判

"熵"是一个热力学概念，认为"在孤立的系统内，分子的热运动总是从原来集中、有序的排列状态趋向分散、混乱的无序状态，系统从有序向无序的自发过程中，熵总是增加的。为了有效解决熵增式的组织疲劳症的出现，华为持续坚持自我批判理念，创新自我批判模式。华为认为"没有自我批判，就不会认真听取客户的需求，就不会密切关注并学习同行的优点，就会陷入以自我为中心。"华为的自我批判分为意识层面的思想批判和行动层面的组织批判。

3）开拓创新

——在**市场开拓方面**，华为坚持"质量是和平占领市场的武器"的理念，拓展海内外市场。**一是以"技术、质量"突破市场**。华为领先业界的技术、产品质量成为突破市场的利器。华为公司的多个产品的多项 TL9000 指标达到业界最佳（第三方测评），华为凭借领先的产品技术与良好的产品质量，不断取得市场突破。**二是以"服务、诚信"巩固市场**。全球有 140 多家服务分支机构，3000 多家合作伙伴，3 个全球网络运营中心，3 个全球技术支持中心，7 个研究中心，3 个培训中心。**三是以"创新、品牌"拓展市场**。华为遍布全球的研发中心、产品线是产品创新的主体，贴近客户抓需求，源源不断地开发出符合客户要求的产品。**四是以"构建健康商业环境"促进市场持续发展**。华为充分尊重他人知识产权，通过专利交叉授权合法使用他人技术作为自主创新的重要补充；专利从数量向质量转变，聚焦核心专利、杀手级专利，确保产品竞争力持续领先。

——在**技术创新方面**，坚持领先战略。**一是开放式创新**。华为坚持开放式创新理念，与客户、供应商、大学与科研机制以及标准开发机构都开展了广泛的技术创新。**二是敏捷式创新**。华为引入业界敏捷的理念与实践，倡导敏捷式创新，构建了快速、灵活的微创新机制，使华为的创新机制更加完善，不断地推出满足各层次客户需求的产品，践行了"以客户为中心"的核心理念。

4）可持续发展

——**消除数字鸿沟**。华为运用创新技术和专业经验，持续推进人人享有通信，人人享有宽带，持续开展 ICT 专业人才培养和知识传递，推广领先的 ICT 解决方案，从而提升经济水平、生产效率和生活质量，促进全社会共同进步。

——网络稳定运行。华为以保证在全球范围内 24 小时及时高效地响应客户网络保障需求为目标，从组织、人员、流程及 IT 工具等方面全方位构建客户网络保障体系。支持 140 多个国家、600 多个客户 1521 张网络的稳定运行。全球 3000 多名工程师，全天候、365 天不间断服务。

——推进绿色环保。华为的绿色基站较传统基站能够节能达 50% 以上；通过优化冷却系统，可以实现降低 40%～80% 的设备能耗；万人桌面云解决方案，每年可实现节电 172 万度，减排二氧化碳 1600 多吨；2012 年，华为全年节电超过 5000 万度。

——推进产业链社会责任。华为将社会责任融入采购业务和流程，融入采购日常工作，将社会责任纳入业务部门和个人的绩效考核。华为公司要求所有供应商签署社会责任协议，将社会责任贯穿于供应商认证和选择，供应商日常管理，供应商绩效考核，一直到供应商退出机制。

5）奋斗者为本，不让雷锋吃亏

——要生存必须奋斗。在 IT 这个行业，哪怕是最成功的公司，如果不能不断地超越自己，就一定会被别人超越。客户永远会选择最好的那个公司，华为只有靠自己的奋斗，才有可能在这个竞争激烈的行业里生存下去。

——奋斗就是为客户创造价值。客户是价值创造的源头，公司的可持续发展，归根到底是满足客户的需求。通过奋斗支撑客户的成功，为客户创造价值。在为客户创造价值的同时，也是为自己创造价值，与客户实现双赢。

——为奋斗者创造机会。华为坚持不断地识别真正的奋斗者，并在升级、升职、岗位安排中优先为奋斗者提供更多的发展机会等，使奋斗者能够得到更快的成长，更大的发展空间。

——回报向奋斗者倾斜。华为奉行"绝不让雷锋吃亏"的精神，奋斗者的努力与贡献，会获得公司相应的物质回报。公司员工在海外艰苦地区工作的补贴，要比在发达国家的高得多，饱和配股、奖金和加薪也比同等条件下非艰苦地区多。

2. 质量方面

华为坚持以客户为中心，把质量作为立足之本，华为长期推动持续改进，不断地优化质量管理体系，以满足复杂多变、严格的、遍布全球的客户质量要求。华为质量文化建设模型见图10。

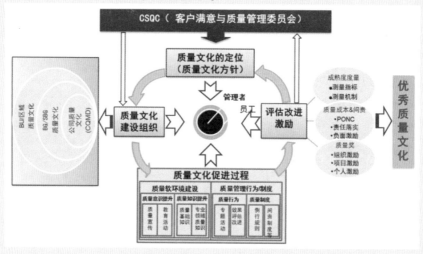

图10 华为质量文化建设模型

1）首席质量官制度（CQO）

2008年起，华为推出企业首席质量官制度，并由首席质量官兼任公司管理者代表。首席质量官职责包括：确保质量管理体系及其过程在公司内各相关业务领域得到有效建立、实施和保持；向最高管理者汇报质量管理体系的运作绩效和改进需求；确保在公司内有效提升满足客户要求的意识；就质量管理体系相关事宜，代表最高管理者与客户、认证机构、员工以及社会的沟通联络。

2）IPD集成产品开发

华为从1998年开始引入集成产品开发（IPD）分为概念、计划、开发、验证、发布、生命周期共6个阶段。华为产品开发分为三个方面进行管理，分别为：产品需求管理、市场管理、集成产品开发。产品需求管理涵盖了客户/产品需求的收集、分析、分发、实现与验证等过程。市场管理包括了理解市场、市场细化，组合分析、业务策略和计划、管理业务计划和评估绩效等一系列的内容。

3）客户满意管理

2011 年客户满意管理组织机制化、系统化运作，并成立了《全流程的大T 客户质量改善项目组》以及《开局坏件、批量问题改善项目组》，广开问题反馈渠道，通过公开信箱、电子流、客服电话、定期走访等多种手段，主动收集内外部客户 VOC 反馈，建立基于到货批的客户满意调查，建立问题闭环改进承诺机制，以客户真实感知驱动内部业务运作改进。

客户满意 TOPN：针对上一年客户满意调查结果以及客户重点投诉问题，建立了多个 TOP N 改进项目，由制造 SBG 总裁总体牵头，通过每月的工作质量改善例会对 TOP N 项目进行管理、分析和改进。

问题闭环管理：全球质量问题处理信息系统：建立了全球质量信息系统、对客户以及内部运作的质量问题进行收集、整理、分析，改进，形成了完整的闭环管理系统。客户满意品牌建立并获一线和公司普遍认可，客户满意度、客户投诉次数、问题解决率以及 VOC 问题关闭率均达成年度挑战值。

质量回溯：制造 SBG 建立了质量回溯组织和运作机制，输出了质量回溯入口标准。对重大质量问题进行质量回溯，总结经验并水平推广，有效地防止同类问题的再次发生。同时推行质量问题"三不"原则（不找到问题根因不放过、不制定改善措施不放过、责任人未受到教育不放过），提升了产品品质。

3. 技术方面

基于客户需求持续创新是华为的成长驱动力。华为每年拿出不少于销售收入的10%投入研发，2012 年，华为研发费用支出人民币 300 亿元，占收入的 13.7%，近十年投入的研发费用超过人民币 1300 亿元。华为进行产品与解决方案的研究开发人员有 70 000 多名（占公司总人数45%）。

1）先进技术创新

华为公司与全球领先的研究机构、大学进行合作，这些合作成果为华为公司技术发展战略规划和增强核心竞争力方面提供了很好的基础。为了及时了解国际先进技术，华为公司积极探索实践全球化的研发模式，在德国、瑞典、美国、法国、意大利、俄罗斯、印度及中国等地设立了 16 个研发中心，招聘行业顶尖专家，通过自研与合作，引进、消化、吸收适用的先进技术，进行关键技术研发，提升华为技术创新能力。

2）标准与专利

华为公司已形成例行的专利评审机制，拥有技术精湛的专利评审委员（Patent Review Board），引入了先进的国际化专利申请支撑 IT 系统 Anaqua。截至 2012 年 12 月 31 日，华为累计申请中国专利 41 948 件、PCT 专利 12 453 件、外国专利 14 494 件。累计共获得专利授权 30 240 件。

3）技术开发目标与计划

华为公司每年在制定 SP/BP 时，同时会制订技术升发与改造的目标和计划，基于公司的基本战略目标和技术定位，进行技术经济论证和可行性分析，最终确定长短期技术发展计划，明确技术开发和改造的目标和规划。这些年一方面与运营商已共同建立 28 个联合创新中心（JIC），通过用户研究，推出新的降低 TCO 解决方案、新应用与新业务、新终端、新体验、新商业模式。另一方面通过与供应商开放式合作，从解决方案开发、部件开发到路标交互设计交互，全方位、多层次与供应商开展联合研发（HSJR）。

4. 品牌方面

华为认为品牌就是承诺，就是诚信。意味着首先要信守对客户的承诺，围绕客户需求持续创造价值，赢得客户信赖。品牌不仅是一个图标、一句标语，或者对使命的宣言，更是在企业所有的决策、行动，以及客户互动中永远坚守的承诺。华为认为品牌是打出来的。一个成功的品牌并非只依靠工厂或实验室制造出来，也不是靠广告宣传出来的。品牌是客户通过每一个接触点形成的印象总和，例如一场 Workshop、一次投标、一个产品设计、一个站点的交付、一篇新闻稿和一本宣传手册等等。品牌存在于客户的体验中，深入到客户的内心里。也就是说，"品牌是打出来的"。过去 20 多年，华为全体员工正是以客户为中心，持续坚持艰苦奋斗，才获得了客户的尊重和信赖。

1）1987—1992 年，创业之初，在家门口遇到来自全球顶级品牌的竞争

20 世纪 80 年代，中国通信设备市场为进口高价市场垄断，总共有 8 种制式的机型，分别来自 7 个国家：日本的 NEC 和富士通、美国的朗讯、瑞典的爱立信、加拿大的北电、德国的西门子、比利时的 BTM 公司和法国的阿尔卡特等。这些企业里，有多家是超过有 100 年历史的西方领先品牌。华为一成立，就面临与这些领先品牌进行激烈的竞争。1990 年开始，华为踏上自主研发之路，创建自有品牌。这是一条艰难的道路，但也成就了华为品牌。

2）1992—2000 年，立足中国市场，成长为中国领先的通信品牌

在当时，外国电信巨头主要关注中国城市和发达地区市场。华为一开始就秉持着"以客户为中心"、"艰苦奋斗"的精神，先从偏远地区的农村市场开始，一点一点打开市场，并逐渐拓展到城市市场。

华为成为第一家在中国建立起覆盖所有 300 多个本地网的服务网络，贴近客户，快速响应。尽管早期华为的产品还不是很完善，但只要一出现故障，华为的工程师就会尽快赶到现场进行处理；华为甚至还为客户提供过称之为"守局"的服务，也就是设备安装开通后，华为的工程师还在现场守护，以防有什么问题时及时予以排除，短则几天，最长达几个月，等设备稳定后才撤走。

华为 1994 年首次亮相北京国际通信展，拉开了国内市场快速发展的序幕。1997 年，华为推出了"中国人自己的 GSM"。充满自豪地向国人和世界展现了华为的民族精神。华为成为了很多中国人心目中值得骄傲的民族品牌。

3）2000—2011 年，拓展海外市场，成长为全球品牌

2000 年，华为开始大规模拓展海外市场。经过数年在新兴市场的拓展，华为成长为亚非拉前三的领先通信设备供应商，并在 2006 年获得欧洲所有主流运营商客户的认可。

2006 年，华为的海外销售额超过国内。为构筑全球化的品牌形象，华为重新思考了公司的品牌核心价值，更新了企业标识。新标识在保持原有标识蓬勃向上、积极进取的基础上，更加聚焦、创新、稳健、和谐，表达了华为对客户的郑重承诺：华为将继续保持积极进取的精神，通过持续的创新，支持客户实现网络转型并不断推出有竞争力的业务，华为将更稳健地发展，更加国际化、职业化，更加聚焦客户，与华为的客户及合作伙伴一道，构建和谐商业环境、实现自身健康成长。

4）2011 年—现在，向多业务领域拓展，构筑世界级品牌

顺应全球 ICT 行业融合的趋势，华为围绕"管道战略"，在运营商市场领域致力于成为客户可信赖的合作伙伴和领导者的基础上，向多业务领域进行转型，致力于构筑"全球领先的 ICT 解决方案供应商"形象。在企业市场，华为致力成为企业 ICT 领域的领导者。自 2011 年始，华为加大了在企业市场的宣传和投入。2012 年对外发布了 20 款广告，有效地增加了市场推广覆盖面，保证了品牌声音的放大。

顺应行业变化与公司业务转型，2012 年华为结合业界领先实践，与领先品牌顾问公司合作，对公司的品牌长期承诺、品牌战略等进行了梳理。面向未来，华为将品牌与公司业务进行有机结合，使品牌成为驱动公司业务战略实现的利器。对内构筑公司品牌文化，激发 15 万华为员工"力出一孔"，对外塑造创新的公司品牌形象，支撑公司业务的稳健成长。

5．效益方面

2008—2012 年，华为连续 5 年处于"中国电子信息百强企业"排行之首，公司的产品和服务也获得国内国际社会广泛的认可，在国内外舞台获得众多的荣誉。华为致力于持续提高产品和服务质量水平，不断地满足客户需求。主要产品和服务的关键绩效指标表现处在业界最佳水平。

2012 年 12 月 12 日，华为在堪称数据中心行业奥斯卡的 DCD（Datacenter Dynamics）中国第一届数据中心产业颁奖典礼中，凭借"万人桌面云集装箱数据中心"项目荣获"DCD 蓝图奖"。

五、山西太钢不锈钢股份有限公司

组织简介

　　山西太钢不锈钢股份有限公司（简称太钢不锈）是太原钢铁（集团）有限公司 1998 年 6 月对不锈钢生产经营业务等经营性资产重组后，发行 A 种上市股票，公开募集设立的股份有限公司；2006 年 6 月，太钢不锈完成对太钢（集团）钢铁主业资产的收购，拥有完整的钢铁生产工艺流程及相关配套设施。

　　太钢不锈主要产品有不锈钢、冷轧硅钢、碳钢热轧卷板、火车轮轴钢、合金模具钢、军工钢等。不锈钢、不锈复合板、高牌号冷轧硅钢、电磁纯铁、高强度汽车大梁钢、火车轮轴钢、花纹板、焊瓶钢等，不锈钢等重点产品进入石油、石化、铁道、汽车、造船、集装箱、造币等重点行业，应用于秦山核电站、三峡大坝、"和谐号"高速列车、奥运场馆、神舟系列飞船和嫦娥探月工程等重点领域。

　　太钢不锈拥有 700 多项以不锈钢为主的核心技术，技术中心在国家认定的企业技术中心排名第四。多项不锈钢技术开发与创新成果获国家科技进步奖，"太钢牌"不锈钢材获"中国名牌产品"和"中国不锈钢最具影响力第一品牌"称号。

■ 获奖概览

以"建设全球最具竞争力的不锈钢企业"为战略目标，多年来深入实施"以六西格玛为核心的全员全过程精细化管理模式"，将六西格玛管理理念方法融入质量管理全过程，形成了"11355"特色。在冶金行业建立了以首发首创为目标的高效技术创新机制，累计投资100多亿元，在世界最先进的节能环保技术集群中选择集成，形成了完整的固态、液态、气态废弃物循环经济产业链，主要能耗和环保指标居世界领先行列，破解了城市钢厂的发展难题。不锈钢产量连续四年居全球首位，在我国钢铁产能过剩、行业整体亏损的情况下，保持了较强的竞争力和较好的利润水平。

■ 优势、特色和创新之处

1. 质量管理模式

公司经过持续不断的管理创新，确立了"**以六西格玛为核心的全员全过程精细化管理模式**"，将六西格玛管理理念和方法融入质量管理全过程。

1）质量文化

建立了具有太钢特色的质量文化。核心价值观：以人为本、用户至上、质量兴企、全面开放、不断创新；创新文化：闻新则喜、闻新则动、以新制胜、宽容失败、反对守成。

2）全员培训（图11）

编写了各种系列的成套教材，具有很强的针对性、可操作性和可推广性。厂处级领导：主要开展六西格玛倡导者培训，侧重六西格玛理念和领导力的培训；中层管理人员和工程技术人员：主要开展六西格玛黑带培训，侧重六西格玛 DMAIC 各阶段方法、工具的培训；一般管理人员和新入职大学生：主要开展六西格玛绿带培训，方法、工具的培训较黑带略低一些；岗位班组长和一般操作人员：主要开展 SPC 知识的培训和简单的六西格玛普及知识的培训。

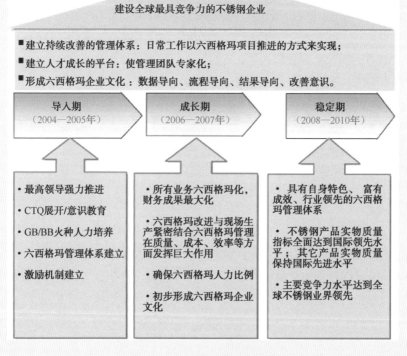

图11　六西格玛战略规划图

3）以精细化为手段，专注流程改进和流程设计

通过精细化的体系设计、精细化的产品设计和精细化的过程管控，打造国际一流的品牌。将六西格玛 DMAIC 和 DFSS 分别用于流程改进和流程设

计，质量改进项目分为五层次：重大改进攻关项目（MBB）、质量命题承包项目（CBB）、跨流程质量提升黑带项目（PBB）、厂级质量提升黑带项目（FBB）以及质量控制绿带小组项目（QGB、QC）。

4）三维对标，确定质量改进目标

与顾客要求对标、行业水平对标、国际水平对标，并根据对标结果确定质量改进目标，实施科技创新和质量持续改进。

5）11355 特色

1 个理念：六西格玛精细化理念。**1 条主线**：持续改进的主线。**3 个统一**："知、行、衡"统一、一贯制。**5 个载体**：体系、标准、对标、一贯、信息化。**5 个满意**：股东、顾客、员工、供应商与合作伙伴、社会满意。

截止 2012 年底，太钢共组织不同层次（绿带及以上）的六西格玛培训8148 人次，覆盖全部管理人员、技术人员和班组长以上骨干操作人员。太钢累计有 943 人通过全国注册黑带考试，约占全国通过注册黑带考试总人数的16%，同时太钢有 24 人通过中国质量协会注册黑带认证。通过持续深入推进六西格玛在现场的应用实践，提升了员工用数据分析问题、解决问题的能力，提升了企业精细化管理水平。

2. 质量方面

公司以"建设全球最具竞争力的不锈钢企业"为战略目标，整合创新了全员实施六西格玛精细化管理，开展全流程的质量策划、质量控制、质量改进，实现了多项技术创新和管理创新，全面提高企业质量管理的领导力、执行力及核心竞争力，形成以六西格玛精细化管理为核心的质量文化。公司结合实际，编写了近千万字的六西格玛精细化管理培训教材，开展全员培训，将企业研发团队和 QC 改进活动整合到六西格玛改进活动中，使员工自主参与质量管理活动，形成五级架构的质量改进模式，有很好推广价值。主导产品质量达到国际先进水平，广泛应用于国家的尖端项目和重点工程，是不锈钢行业的领袖级企业。

1）管理创新

聚焦竞争对手与顾客需求进行持续的改进和创新。一方面与国际一流企业开展质量、管理、能耗、成本等方面全面对标，开展战略合作。同时动态地了解顾客需求，将对标结果和顾客需求作为企业日常质量策划、质量控制、质量改进的输入驱动，持续开展全流程的改进和创新。

2）与国际先进质量管理体系接轨

公司整合质量—环境—职业健康安全—能源管理体系，形成四位一体的综合管理架构。同时按照 JIS、ASME、TUV 等国外权威管理标准建立专项质量管理体系，并通过了认证。2013 年不锈钢产品的出口量达 50 万吨，创历史最好水平，质量和价格获得了国际的竞争优势。公司对生产过程的异常质量波动和典型质量异议，随时开展专项审核，提高了体系的有效性。"太钢质量管理创新"项目获中国钢铁工业协会管理现代化创新成果奖一等奖。

3）以国家和行业产品标准建设，引领中国不锈钢质量提升

构建国际水平的产品企业标准体系，产品质量达到国际先进水平。主导制定不锈钢系列国家标准 21 项、行业标准 29 项，引领中国不锈钢产品质量提升。

4）开展顾客特色服务

在售前：让顾客先期介入产品设计，为顾客提供增值服务，开展与顾客互动培训，充分了解、传达顾客需求；在售中：实施网络合同评审，快速、准确满足顾客需求，建立大客户制，成立技术服务团队，快速响应顾客需求；在售后：实施一张纸立案，快速响应、快速整改，设立 28 个市场 LHY（龙虎鹰团队），以市场需求为主线建立快速响应机制；建立 12 个 TEAM，面向市场和现场的改进。

5）开展质量绩效评价和激励

第一，建立全面预算指标体系。太钢建立"降废减非、产品实物质量指标、过程质量指标、技术经济指标"等方面的预算指标体系，并分解到部门、工段和岗位，公司对预算指标完成情况实施动态评价和改进。

第二，建立评价体系，实行以质量为导向的激励机制，根据质量状况对

各单位职工工资总额实施调节。将产品实物质量指标、下工序评价和顾客投诉与各单位职工收入直接挂钩，保证员工收入的50%与岗位质量绩效挂钩。公司每年安排1500万元对优秀质量改进项目和突出贡献人员实施重奖，极大地调动了全员质量工作积极性。

第三，设立质量控制红线。对达不到基本质量保障条件和导致显现质量异议的管理、操作行为，严格落实单位、部门、工序和相关人员的责任。

3. 技术方面

公司通过实施高水平技术升级改造，实现了不锈钢装备大型化、智能化、集约化、高效化、环保化，成为全球不锈钢工业发展的新标杆。建立了冶金行业独有的以首发首创为目标的高效技术创新机制。

1）技术创新战略目标

树立了"以实现多层次首发首创为出发点，获得更多的独有产品、高效益产品，拥有更多世界领先的高质量、低成本、绿色制造技术"的技术创新战略目标。

2）科研和转化体系

建立了以"一个核心、两个平台、两个合作"为主体的科研和转化体系。在全公司范围内实施"515"人才工程，推行首席师制度，坚持研发队伍的国际化，建立了以工程院院士为首席科学家的不锈钢和特殊钢研发团队，拥有一批由博士和硕士组成的高级研发人员。以技术中心为核心，以具有国际水平的先进不锈钢材料国家重点实验室和全国独有、国际一流的中试研究基地为平台，通过"产学研用"联合，以及博士后工作站引进关键领域知名学者的方式，瞄准国际先进不锈钢领域发展方向和技术前沿，进行基础理论研究和关键技术开发，以解决我国在不锈钢领域重大科学问题和关键技术瓶颈环节。

3）技术创新管理机制

形成了独具特色的技术创新管理机制与做法。建立了重点品种SBU（战略经营单位）的运行机制，解决生产过程中的重大工艺、质量问题；围绕公司亟待研究和解决的重大工艺技术及质量问题，作为命题承包项目实施，首席课题负责人可以跨单位、跨部门自组团队，实现科技资源优化配置。

4）创新文化

形成了"闻新则喜、闻新则动、以新制胜、宽容失败、反对守成"的创新文化。建立科技投入保障机制，确保科技投入达到企业销售收入的 5%以上，每年安排 4000 余万元用于科技创新和质量改进绩效奖励，激发科技人员创新的积极性和主动性。

5）科技创新和知识产权管理制度

建立完善了一系列科技创新管理制度，还按照国家关于知识产权试点企业的有关要求，完善太钢知识产权管理制度。运用自身的技术优势通过制修订国标、行标的形式，引领中国不锈钢技术的发展方向。

4. 品牌方面

（1）建立品牌工作实施方案，明确了品牌名称、品牌标识和品牌建设目标，建立公司品牌评价体系，初步设定了"品牌认知度"、"品牌满意度"、"品牌忠诚度"和"品牌价值度"要求。

（2）注重企业品牌文化建设，编写了《不锈之魂》《太钢绿色发展手册》等资料宣传企业品牌。公司的合作方也积极参与品牌培育和宣传，2009 年太钢用户肖屹巍登顶珠峰，向世界展示太钢的品牌标志。

（3）有 36 种产品替代进口，28 种产品在国内市场占有率第一。自主开发产品为我国三峡大坝、西气东输、秦山核电站、载人航天工程、港珠澳大桥、大秦铁路货车车厢等国家重点工程配套，替代进口，保证了国家重点工程的实施。

5. 效益方面

1）经济效益

公司始终把绿色发展作为生存的前提、发展的基础，新的效益增长点和竞争力，全力建设创造价值、富有责任、备受尊重、绿色发展的都市型钢厂，在我国钢铁产能过剩、钢铁行业整体亏损的情况下，公司还保持了较高的利润水平。

2）社会效益

十年来累计投资 100 多亿元，率先集成世界最先进的节能环保技术，实施了 130 多个节能环保项目，对废水、废酸、废气、废渣进行高效循环利用，实施余压余热发电，形成了完整的固态、液态、气态废弃物循环经济产业链，主要能耗和环保指标达到世界领先水平，也取得了巨大的社会效益。

——拓展资源能源转换、社会废弃物消纳处理等功能，每天回收利用城市生活污水 6 万吨，每年可减少 COD 排放 5000 多吨，近五年累计处理生活污水量，相当于一个 200 万人口城市一年的总用水量。

——建成的世界首套全功能冶金除尘灰资源化系统，相当于开发一座年产 200 万吨铁矿石的矿山。

——建成世界先进水平的高炉矿渣超细粉生产线，相当于建设一个年产 280 万吨的新型建材生产基地，粉煤灰回收利用可年产 80 万立方米新型墙体材料。钢渣综合处理可年产 50 万吨钢渣肥料。

——利用回收的生产余热，为周边 1000 多万平方米的居民住宅实行集中供热，每年可削减二氧化硫排放 2000 多吨、减少烟尘排放 3000 多吨，节约燃煤 3 万多吨，到"十二五"末向城市集中供热面积可达 3500 万平方米。

公司的节能减排和循环经济在取得显著社会效益的同时，也取得了较好的经济效益，破解了城市钢厂的发展难题，堪称行业典范。公司致力于建设冶金行业绿色发展示范企业的经验和做法具有极高的推广价值。

六、大连造船厂集团有限公司

▪▪组织简介

　　大船集团是目前国内唯一有能力提供产品研发、设计、建造、维修、改装、拆解等全寿命周期服务的船舶企业集团，也是国内唯一汇聚军工、造船、海洋工程装备、修/拆船、重工五大业务板块的装备制造企业集团。

　　大船集团自 2005 年整合重组以来，实现了持续、快速、跨越发展，大船集团为我国国防和海军现代化建设作出突出贡献，是我国水面舰船研制生产实力较强、为海军建造舰船较多的船厂。共和国首艘炮艇、首艘导弹潜艇、首艘导弹驱逐舰、首艘油水补给船、包括 2012 年 9 月交接入列的，都是由大船集团建造的，被誉为"中国海军舰艇的摇篮"。令人瞩目的辽宁舰见图 12。

图 12　辽宁舰

大船集团积极履行社会责任，按照"多元化投资、社会化生产、专业化协作、本地化配套"的发展思路推进总装造船，走社会化造船道路，创新资本运营思路，通过各种方式吸引社会资金及合作伙伴，既为做强做大提供了发展空间，又带动了地方经济的发展，形成产业链条。

获奖概览

以"航母精神"为指导，全方位质量管理为基础，创新性地提出零缺陷传递、网格化管理、质量确认实名制、现场"三色牌管理"、质量预警机制、"1+2+3"检验管理模式等多种质量管理方法，形成了具有大船特色的全面质量管理模式（大船模式）。该模式具有丰富的文化积淀和创新内涵，构成了富有特色、体系完备的全面质量管理体系，水平先进，创新性强，在相关领域具有一定推广应用价值。该企业突破并掌握了相关核心技术，实现总装造船模式和精益造船，被誉为"中国海军舰艇的摇篮"，为我国国防和海军现代化建设做出了突出贡献。

优势、特色和创新之处

1. 质量管理模式

大船集团自 20 世纪 80 年代以来，经过长期的实践、积累、总结和升华，形成了具有大船特色的全面质量管理模式（以下简称大船模式）。大船模式以"航母精神"为指导，全方位质量管理为基础，通过实施立体检验、网格化管理，追求大船的卓越质量。

——"航母精神：爱国、创新、科学、拼搏、协作"是大船集团质量文化的精髓，大船集团建造的我国第一艘航空母舰"辽宁舰"的交付，凝练了"精心设计、精细管理、精工建造、精诚服务、精益求精"的核心理念（图13）。

图13　大船集团质量方针

——全方位质量管理是大船集团质量管理的基础，多构件、大构件、多厂区、多人员、多岗位的协同配合，需要全方位、立体式的质量管理，构件质量信息模拟互换系统、大船质量管理小组、质量风险管理等富有大船集团特色的质量管理方法，保证了协同质量。

——立体检验包括对产品的全过程检验，也包括对人的全过程监督，"1＋2＋3检验管理模式"、质量确认实名制、质量预警机制、现场"三色牌管理"是大船集团独创的立体检验质量方法。

——网格化质量管理是将网格化管理应用于多区域、多厂区质量的监控，并用图表的方式进行实施，有效地控制了多部件、多构件的质量。

——追求卓越是大船集团的质量目标，卓越绩效模式的推行、开展"零缺陷传递"管理和"美观造船"活动，保证了大船集团不断打造新的卓越。

2. 质量方面

大船集团以国家《质量发展纲要（2011—2020 年）》要求为框架，创新质量管理模式和体制，大力推进质量管理四大工程，坚持"以质取胜、追求卓越"，奉行"精心设计、精细管理、精工建造、精诚服务、精益求精"的质量方针，持续推进具有大船集团特色的"零缺陷传递和美观造船"为主线的质量文化建设，坚持以优质的产品质量树立"DSIC"的品牌形象。

1）质量文化建设

推进具有大船集团特色的质量文化建设，确定"五精"质量方针、"三零"质量理念、"两诚"等质量文化核心理念，颁布《质量文化手册》，创建《大船质量》季刊等，创建质量文化宣传平台。

2）零缺陷传递

树立"检查上道工序、做好本道工序、服务下道工序"的零缺陷传递理念，要求各生产过程和管理过程都能够正确认识缺陷、勇于面对缺陷、主动查找缺陷、逐步消除缺陷，加强过程管理，营造"零缺陷"的质量观念和行为习惯。

3）质量区域网格化

把整个施工场所划分为若干区域，确定区域的施工负责人、技术负责人、检验负责人，明确每个人的区域管理职能，使每个区域都有专人管理，促使责任真正落实到个人。

4）质量确认实名制

通过产品实物标识、质量记录追溯等手段，真正做到谁施工谁负责、谁检验谁负责、谁管理谁负责，以保证质量过程控制的真实性、有效性和可靠性及产品质量的可追溯性。

5）现场三级管理制度

本着"谁用工，谁管理"的有效机制，实行以集团对用工单位的监督工作控制为主，对各施工区域抽检控制为辅；用工单位对所辖施工区域监督控制为主；外协施工队实行内部巡检控制为主的三级管理制度。

6）三色牌管理

根据现场施工及违纪情节，对施工单位分别给予"黄色、橙色、红色"的三色警示牌处理，加大三色牌的管理力度。

7）美观造船

在全员中树立"美观造船"的理念，明确"美观造船"的产品与形象目标。在每船确定交工签字时间后，由船厂和船东分别对船只进行现场打分评价，并进行分析对比，持续改进，追求卓越管理。

8）推行外协企业自主认证

大船集团在取得 DNV、新时代、海军二方质量管理体系认证、武器装备科研生产许可认证、装备承制单位注册认证基础上，为强化各外协单位的自身管理，提升企业整体的质量管理水平，要求所有承担船舶建造的外协单位进行独立第三方认证，承担军品任务的要通过新时代认证。目前，集团 102 家外协企业全部通过了第三方认证，82 家单位通过了新时代认证。

9）质量预警机制

从 2008 年开始根据集团不同阶段质量工作重点及质量形势，不定期的发布"质量预警"信息，要求各部门有针对性的采取"纠正措施"或"预防措施"规避质量风险，截止到目前为止共发布 65 期。

10）1+2+3 三级检验管理模式

考虑中国造船业质量管理的发展历史，结合自身实际情况，创新性地提出了 1+2+3 检验管理模式，即一级管理+二级管理+三方共管，自 2011 年新检验模式实施以来，取得了良好的效果，得到了顾客的好评，从而有效地提高了生产效率和产品质量的可靠性。

3. 技术方面

1）聚焦高技术高附加值产品

立足自身优势，聚焦大型集装箱船、VLCC、海洋工程等高技术高附加值产品，坚持长期稳定的研究开发，突破并掌握了相关核心技术，根据市场需求不断推出具有自主品牌有较强竞争力的系列化产品，保证了市场波动时经营业绩稳定提高。紧密跟踪国家、省市各级政府科技创新支持政策，结合产品与技术开发重点，积极开展技术研究、产品开发、新工艺攻关。围绕年度生产经营重点及产品开发方向，加大自主科研经费投入，实行年度计划，当年立项，当年完成，通过下达申报文件、主管部门受理审核、专家组评审、技术委员会审核、总经理办公会批准、计划下达及组织实施、项目验收的全过程管理，效果明显，有推广应用价值。

2）优化总装造船流程

开展生产管理技术改进与创新，实现总装造船模式和精益造船。以"中间产品成品化"为导向，进一步优化总装造船流程，走中间产品专业化之路，建立"拉动计划"体系并推行 JIT 管理，持续推行工程管理标准化和精细化，制定多项关键生产管理程序，规范了生产管理行为，建立五级计划管理体系，使计划编制的科学性、准确性逐步提高，增强了生产组织体系的抗风险能力。通过技术创新支撑了产品建造质量和效率不断提高，产品建造周期不断缩短，例如 VLCC 水下建造周期由首制船的 303 天缩短到现在的 38 天，部分主导产品的建造周期已达到甚至超过日本、韩国造船水平。

3）加强科技创新制度建设

在科研项目管理、知识产权管理、技术质量攻关、技术革新及合理化建议等方面共制定 20 余项科技创新制度及有关规定，如《大船集团科技项目管理办法》、《大船集团技术质量攻关管理实施细则》、《大船集团新工艺、新技术推广应用管理实施细则》、《大船集团知识产权管理规定》等，指导和规范各项创新工作。为提高核心竞争力，支撑跨越式发展，贯彻落实"天天有改革、日日有创新"的理念，对科研开发活动进行了统筹协调，许多项目都涉及产品设计研发、工艺改进、管理创新等多个层面，促进了集团创新活动持续、有效开展。

4）重视信息平台建设

按照"效益驱动、统筹规划、重点突出、分步实施"的原则，紧密围绕

"三个信息平台"：物流信息平台、集成综合协同管理平台、生产计划与管理信息平台，完成全集团计算机配置和网络敷设工程，建立通畅、稳定的网络通信平台，为实现数字化造船提供保障。

5）坚持标准引领战略

船舶设计建造过程中优先采用 ISO、IEC、ITU 等国际标准，其他国外标准如 DIN、NS、JIS 和中国标准（GB、CB 等），广泛采用工厂先进的施工惯例。目前企业拥有国际标准 11 000 余项、国外标准 47 000 余项、国家标准 20 000 余项、船舶行业标准 3000 余项、其他行业标准 28 000 余项，以及企业标准 1200 多项。

目前已研发成功的产品有 4000 / 6000 / 8000TEU 集装箱船系列以及 LNG 船；完成了国际上主流的 300/350/375/400/500 英尺 5 型自升式钻井平台的开发设计，形成了自主品牌的系列化产品；"十一五"期间，完成国家级军民品科研项目 48 项，自立科研项目 540 项；完成新技术新工艺推广应用、技术质量攻关、技术革新等基础性创新项目 4500 余项，征集合理化建议 14 000 余条，组织实施 5100 余条；获得国防科技进步一等奖 1 项，2009—2012 年获发明专利授权 35 项、实用新型专利 141 项，均处于国内同行业之首。

4. 品牌方面

百年大船长期以来实施品牌战略，以"诚信造船，领先一步"的经营理念，抓住优势产品、打造品牌船型，有多型船舶产品先后获得名牌产品称号。大船集团自导入卓越绩效管理模式以来，将追求卓越管理与"创奖"工作密切结合，先后于 2008 年荣获"辽宁省质量管理奖"、2011 年荣获"辽宁省省长质量奖"、2012 年荣获"全国实施卓越绩效模式先进企业"等多项荣誉称号，并作为中船重工集团公司推进卓越绩效模式的首批试点单位，在中船重工集团得到表扬和肯定。公司品牌建设独具特色，全面推进五大产业，打造品牌成效。

（1）2012 年 9 月 25 日，由大船集团建造的我国第一艘航空母舰"辽宁舰"举行了隆重的交接入列仪式。党和国家领导人亲临现场，举世瞩目，举国欢庆。"辽宁舰"完成了全部建造和试验试航工作，正式交付海军，这是大船人的光荣，也是全国人民的梦想，第一艘航空母舰的交接入列，是我军发展史上的一个重要里程碑，标志着我国进入了"航母"时代。

（2）民船方面，成功开发节能型防泥沙压载水舱 VLCC，并获得实船订单；在国际上首次提出的少压载水 VLCC 设计方案，已拥有多项自主知识产权，得到船东高度认可；完成 3900TEU、9200TEU 集装箱船开发，为承接订单奠定了技术保障；加大 LNG 船开发力度，首次自主完成两个项目投标，与船东开展多轮技术和商务澄清，为承接订单并转入实船设计积极备战；开展万箱级集装箱船的开发与优化，总体设计快速性指标已处于国内领先水平。

（3）海工产品开发取得突出成效。在国内率先成功设计建造了 400 英尺水深自升式钻井平台、3000m 深水半潜式钻井平台，填补了国内空白。通过持续的开发与创新，使深水半潜式钻井平台等主流浮式海工装备具备自主详细设计能力。大型自升式钻井平台和海上风电装备安装平台已形成自主研发能力，300 英尺水深自升式钻井平台建造成功并拥有自主知识产权，为大型自升式钻井平台系列化、品牌化研发奠定了技术基础。

（4）修/拆船方面，长兴岛修船基地首艘常规修理船舶"大唐"号按期完成修理任务，顺利出坞交船；"海洋石油 113"FPSO 改装项目主体工程完工。绿色拆船项目正式开工建设，积极推进海域、土地、规划等审批及拆船码头、拆船驳岸及港池挖泥工程施工。成功中标中海集团 5500 吨废钢船"森海 2 号"和 16 000 吨废钢船"枫林湾号"，顺利进入中远集团合格供应商名录。

（5）重工方面，积极推进经营模式和产品创新，成功进入发电厂建设项目管理总承包市场；单点系泊装置实现自主设计和总包建造，开拓了钻井架及其相关配套设备产品市场；道桥项目再传佳音，中标大连滨海大道跨海大桥项目；成功取得核电设备（安全壳和设备模块）制造资质。

5. 效益方面

大船集团自 2005 年整合重组以来，主要经济指标保持 20%以上增长，是中国首家工业总产值和销售收入"双超两百亿"的造船企业。大船集团是目前国内为海军提供舰船最多的船厂,"辽宁舰"的正式交付,标志着我国进入了"航母"时代,标志着我国武器装备建设取得了重要进展,对于提高我军现代化水平,促进国防科技工业技术进步和能力建设起到了至关重要的作用。

大船集团加强新产品研发推广,抢占市场制高点。2009—2012 年,共计申请专利 253 项,获授权 176 项,其中实用新型专利 141 项,发明专利 35 项。利用社会资源,大力推进社会化大协作。在辽宁省内采购的船用配套设备额占全年物资采购金额的 45%,重点配套企业有 60 多家。仅大连地区的材料供货商共计 300 多家,外部协作单位共计 200 多家,在大连周边地区形成了 100 多亿的规模造船产业集群,为发展地方经济,建设新型工业化城市做出了突出贡献。

大船集团实施降本增效,严控建造成本。针对多种船型的首制船开展优化设计,船体结构重量大幅降低,能效指数达到国内领先水平。对人工费切块进行优化,编制下发了新承接产品直接人工费、外部加工费切块方案;扩大了利用废钢制作工装的范围;规范大修项目预算申报及维修项目费用支出办理流程,实施对资产责任部门的经济考核,有效控制大修费用。

七、雅戈尔集团股份有限公司

■ 组织简介

雅戈尔集团股份有限公司(下称"雅戈尔")的前身为宁波青春服装厂,创建于 1979 年,现在已成为以品牌服装为主业的综合性集团公司,是中国服装行业的领军企业。

雅戈尔从品牌代加工起步，经过 三十多年的发展，由单一品牌发展为多品牌运营模式。2012 年起,雅戈尔着手打造中国男装品牌优质会员俱乐部,凝聚起近千万消费者和 130 万忠实会员。2014 年，龙马俱乐部全新升级，将旗下 YOUNGOR、GY、HSM、HANP 四大品牌会员纳涵至"雅戈尔龙马 •汇",权益互通，服务增值，并附增了独具特色的"汇公益"项目，引领会员共同参与环保、家庭、教育等领域的微公益项目，倡导品牌及受众追求生活品质、积极向上的形象。

雅戈尔建立了国家级企业技术中心、国家级博士后科研工作站、国家认可实验室，被国家科技部认定为"全国创新型试点企业"。承担国家火炬计划 11 项、863 计划项目 1 项、国家重点新产品项目 9 项。已获授权专利 60项，其中发明专利 37 项;已被受理专利 36 项，其中发明专利 21 项。

获奖概览

提出了以品牌为核心的"三全"管理模式（即"全面的文化引领、全面的创新驱动、全面的质量管控"），坚持"做全球服装制造业的标杆"的奋斗目标和"一针一线总关情"的质量精神，创建了"三维度四层次"的质量责任体系，形成了符合企业实际的"12345"质量工作模式。通过制定技术创新规划、创新体系建设、技术创新、创新成果转化等途径，取得了显著成效。通过品牌文化引领、品牌创新驱动、品牌品质保障实现稳健经营，引领民族服装产业的发展。综合来看，雅戈尔集团以形象化的质量文化为基础，建立了立体化的质量责任体系，形成了完善的质量管理制度，合理运用各种质量管理方法，在质量管理、技术创新、品牌建设和综合效益等方面取得了一定成绩。该企业创建的质量管理模式及其质量管理制度、方法和工具具有一定的推广应用价值。

优势、特色和创新之处

1. 质量管理模式

雅戈尔"以品牌为核心的'三全'管理模式",是指围绕品牌建设,突出"全面的文化引领、全面的创新驱动、全面的质量管控",有效推动了企业经营的健康有序发展。雅戈尔质量管理理念见图14。

(1)以品牌为核心。主要缘于目前国内外市场竞争激烈,行业竞争已经从产品竞争上升为品牌竞争,人民生活水平的提高对品牌化提出了更高需求,服装的行业特性决定着品牌建设的重大意义。

(2)全面的文化引领。是指雅戈尔的企业文化包括品牌文化、质量文化和回馈社会的文化。雅戈尔确立了"创国际品牌,铸百年企业"的战略目标,坚持打造"一身正气、终身成就"的品牌形象,积极开展各种群众性活动,使质量意识深入人心,始终秉承"装点人生、服务社会"的价值理念,在企业发展的同时不忘回馈社会。

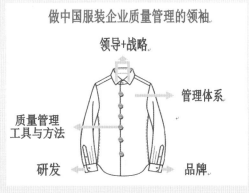

图14 雅戈尔质量管理理念——"领袖风范"

（3）全面的创新驱动。是指注重关键核心技术创新、新面料研发、产品设计、工艺改造，实现产品升级换代。加强品牌细分和推广，提高品牌竞争力，形成国内最有影响力行业品牌。不断加强管理机制建设，充分运用信息化管理手段，建立完善快速反应机制，提升企业管理水平。

（4）全面的质量管控。是指加强质量基础建设，建立"三维度四层次"的质量责任体系，为产品质量提供保障。建立以"一奖八制度"为核心的工作制度体系，创建了"12345"工作模式，实现了信息化与精细化管理的结合，PDCA与产业链的结合，质量功能展开（QFD）与市场营销的结合。建立以"一站式"服务、"一店购买，千店服务"、顾客情感体验为特色的服务体系，不断提升服务质量。雅戈尔重视节能减排和清洁生产，努力打造生态生产基地。

在"以品牌为核心的'三全'管理模式"实施过程中，雅戈尔始终坚持占全部产品一半以上的主导产品实行全链条管控。从文化引领、技术创新、质量管理各方面通过上下游联动，各环节紧密配合、无缝对接、协同推进，有力保障了企业经营发展核心的品牌建设。

2. 质量方面

1）质量文化形象化

在企业文化的总体框架下，雅戈尔制定了"做中国服装企业质量管理的领袖、创中国最具价值的男装品牌"的质量战略，结合行业特点，以一件衬衫为模型来诠释"领袖"风范的质量理念，提出了"做全球服装制造业的标杆"的奋斗目标和"一针一线总关情"的质量精神，要求员工工作"象直尺一样精准，象针线一样精细，象剪刀能够协作，象熨斗一样臻于至善，精致卓越"。

2）质量责任立体化

雅戈尔创造性地提出了"三维度四层次"的质量责任体系（图15）。质量责任从职权、职能、工厂三个维度分别进行了明确的定位，三个维度分别包括质量总监、工厂负责人、质管部长、质检员；研发部门、采购部门、生产部门、零售终端；工厂、车间、班组、岗位等质量责任，形成了完整的质量责任管控立体网络。

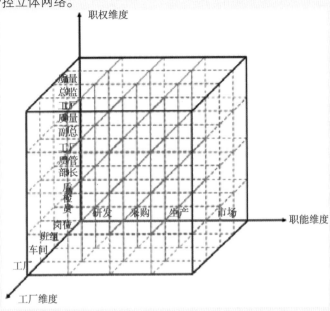

图15 "三维度四层次"产品质量责任体系

3）管理制度系统化

雅戈尔在集团层面设立了总经理质量奖、首席质量官制度、产品质量责任制度、质量诚信制度、质量安全一票否决制度、内部质量信息发布和报告制度、质量培训制度、质量成本管理制度以及质量安全重大问题通报与报告制度等"一奖八制度"，形成了完善的质量管理制度体系。

4）管理方法实用化

雅戈尔创建了符合公司实际的"12345"工作模式，即：1个方法—PDCA；2个质量攻关方法—质量功能展开（QFD）、失效模式及后果分析（FMEA）；3项质量改进活动—技术比武、质量控制（QC）、现场障碍清除小组（BRT）；4个质量控制层次—厂部、车间、班级、岗位；5E质量管理循环—每小时循检、每天晨会、每周例会、每月质量分析会、每年质量大会。

5）管理工具集成化

雅戈尔通过质量管理方法的实践与创新，实现了 PDCA 与产业链、质量功能展开（QFD）方法与营销网络建设、信息化工程与精细化管理的三个结合，使市场营销、产品开发、质量管控、管理改进方面等工作得到提升，产业链的整体质量更加稳定，顾客需求得到快速反馈，解决问题更加及时。

3．技术方面

雅戈尔通过制定技术创新规划、创新体系建设、产业创新、技术创新、创新成果转化等途径，取得了显著成果。

1）坚持持续创新

雅戈尔从创业至今，始终坚持持续创新，这种创新经历了四个阶段：第一阶段是以提高缝制效率和服装加工质量为重点的"基础技术创新"，第二阶段是以引进国外先进成衣后整理技术提高产品附加值的"吸收技术创新"，第三阶段是以功能性纺织新材料和成衣后整理为重点的"自主技术创新"，第四阶段是以提升品牌价值为核心的全产业链"协同技术创新"。实践证明，持续创新为企业的稳健发展提供了技术保障。

2）坚持协同创新

雅戈尔建成了一条从棉种改良开始的原材料生产、面料制造、成衣加工到终端销售的完整产业链，形成了贯穿产业链联动的技术创新模式，进一步凸显了产业链的竞争优势。2009 年以来，新技术、新工艺、新产品年均超300 余项，70%达到国际国内先进水平。

3）坚持围绕消费需求创新

雅戈尔从 1995 年开始引进 HP 免熨技术以来，不断消化吸收、自主创新，实现了从 HP→VP→DP 的免熨技术和功能性服饰产品的升级换代，获得了 4 项发明专利，使主导产品满足了客户和市场需求，显著提升了核心产品的竞争力。

4）坚持产品创新

雅戈尔坚持产学研合作，组织攻克了汉麻品种脱毒改良、汉麻纤维脱胶、汉麻纺纱、面料制造等一系列国际性技术难题，突破了汉麻产业发展技术瓶颈，建立了世界上首条汉麻纤维机械化生产线，形成了贯通汉麻种植、纤维处理、纺纱、面料制造、成衣生产和成衣后处理的完整产业链，带动了汉麻产业上下游发展，填补了纺织服装行业的空白，被联合国粮农组织授予"天然纤维种植、开发、应用特殊贡献奖"，取得了良好的经济和社会效益。

5）坚持资源整合创新

雅戈尔与东华大学、意大利 ORIAN 公司等国内外行业一流科研院所及杜邦公司、意大利玛佐多、德国 BASF 等 26 家合作伙伴形成长期的战略合作关系。从意大利、加拿大等国家引进高级技术人才，并在香港、意大利、美国建立设计工作室。通过国家级技术中心，建立了内部高效的技术创新资源共享机制，使关键核心技术在内部有效、快速地推广应用，提高了技术资源整合能力，促进了企业可持续发展。

4. 品牌方面

雅戈尔始终坚持发展自主品牌，通过品牌文化引领、品牌创新驱动、品牌品质保障实现稳健经营，引领民族服装产业的发展。

1）注重文化引领

雅戈尔的发展历程是我国改革开放 30 多年发展历程的缩影。雅戈尔品牌文化以"时尚雅戈尔、科技雅戈尔、文化雅戈尔"为发展方向，基于企业的愿景和价值观，以"装点人生、服务社会"为使命，以质量为核心要素塑造品牌文化，打造了"一身正气，终生成就"的品牌形象。

2）注重自主品牌建设

雅戈尔经历了品牌代加工、自创品牌、打造中国第一品牌、实施多品牌运营等四个阶段，品牌从无到有，从有到强，从强到广，始终坚持自主品牌建设，制定了自主品牌走向国际的明确路线，面料自主品牌的出口、美国新马公司的并购、美国百年品牌企业 Hart Schaffner Marx 的租赁、代工生产（OEM）向原始设计制造（ODM）的转型升级等措施，为雅戈尔自主品牌走向国际奠定了扎实的基础。

3）注重品牌细分

雅戈尔在做好主品牌的同时，构建并实施了多品牌战略，对品牌进行细分，推出量身定制高端品牌市长服饰（MAYOR）、年轻时尚雅戈尔休闲品牌（GY）、高端汉麻品牌（HANP）和美式商务休闲品牌（Hart Schaffner Marx），满足了顾客个性化多层次需求。

4）注重品牌传播

雅戈尔注重品牌传播，对主品牌雅戈尔进行视觉形象（VI）导入、广告片拍摄、时尚秀等。全国720家大型旗舰店以情感营销为主题开展系列品牌传播活动，如每年的衬衫节、西服节、父亲节等，满足了顾客的情感契合。

5）注重品牌渠道建设

雅戈尔在全国范围内投入近50亿元，构建独具特色的自营营销网络体系，设立10大营销公司、51个区域、2757个销售网点。零售终端实施"四统一"规范化管理，即统一装修风格、统一产品陈列、统一产品价格、统一服务标准。

6）注重顾客服务

雅戈尔建立以"一站式"服务、"一店购买，千店服务"、VIP会员服务、量身定制个性化服务为特色的顾客服务体系，增进顾客情感体验，顾客满意度和忠诚度逐年提升，2012年顾客满意度和忠诚度分别达到83%、79%。

7）注重品牌维护

雅戈尔重视商标注册维权，先后在美国、法国等30多个国家和地区进行了商标注册。坚持伪造商标的实物打假和互联网的商标打假。建立品牌危机管理机制和应急预案，保障品牌抗风险能力。

5. 效益方面

雅戈尔连续多年稳居中国服装行业销售和利润总额双百强排行榜首位，位列世界服装500强中国入选企业第一名。雅戈尔关注员工权益，构建发展平台、建设绿色工厂、创建和谐安居环境、丰富职工精神文化生活。注重绿色节能环保、积极参与碳汇行动，是环境友好型企业。雅戈尔帮助宜科科技和广博集团两家公司由民营小企业发展成为上市公司。雅戈尔的发展创造了大量就业机会，现有员工 2.4 万余人。雅戈尔制定公益支持计划，并将其纳入公司整体战略规划，积极开展"助学助教"、"医疗健康"、"关爱老人"、"质量教育"、"抗震救灾"等公益活动，迄今为止，雅戈尔已向社会捐赠总额逾 3 亿元，被中华慈善总会授予"中华慈善奖"，连续三年上榜"胡润社会责任50 强"，并被中央精神文明建设指导委员会评为全国文明单位。

八、联想集团

组织简介

联想集团成立于 1984 年，是一家主营台式电脑、笔记本电脑等产品的公司。

30 余年来，该企业一直倡导"致力质量创新，成就卓越品质"的管理理念，在不断探索和发展的道路上，由一家 10 余人、20 万元投入的小公司，逐步成长为营业额达 460 亿美元的《财富》世界 500 强公司。目前拥有全球员工约 6 万名，客户遍布全球 160 多个国家。

联想集团在中国的北京、上海、惠阳及深圳、印度的庞帝其利（Pondicherry）、墨西哥的蒙特雷（Monterrey）及美国的格林斯博罗（Greensboro）设有个人电脑制造和物流基地。目前拥有多模式技术、混合自然交互、服务器架构、大数据、云服务技术等多种全球行业顶尖技术。同时拥有专利达 22 000 项，获得各类国家级科技进步奖。

获奖概览

　　该企业在"致力质量创新，成就卓越品质"的质量管理理念指导下，努力发展成为一家世界级、基业长青的科技公司。在打造世界一流品质的道路上，结合业务实践与中国传统围棋文化，提出了具有中国特色的"复盘"管理模式。该模式已经成为联想质量文化的重要组成部分，助力企业发展。提出的"NUDD"产品质量风险管控体系，有效解决了在功能特性越来越新、开发周期越来越短背景下，新产品开发阶段的早期质量风险管理难题。通过实施"保卫+进攻"的双拳策略，推出一系列具备核心竞争力并拥有自主知识产权的产品。凭借两级研发体系+创新三角保证了核心技术的成功转型。综合来看，该企业的"复盘"管理模式和"NUDD"产品质量风险管控体系，对高科技、研发型企业质量管理具有一定借鉴价值。参加国际国内30多个标准化组织活动，并参与相关标准制订。牵头制定的"闪联"标准已成为国际、国家和行业标准，并荣获国家信息产业部颁发的"重大科技发明奖"。

优势、特色和创新之处

1. 质量管理模式

　　联想是一家极富创新性的高科技公司，始终秉承自主创新与追求卓越的传统，在打造世界一流品质的道路上，一直倡导"致力质量创新，成就卓越品质"的管理理念，探索出"端到端"质量管理模式。其中，极具中国特色的"复盘"管理，以及新产品开发阶段的联想"NUDD"产品质量风险管控体系，始终助力企业发展。

1）"复盘"管理模式（图16）

联想在快速发展过程中，有很多成功经验和失败教训。在 2001 年，公司提出了"复盘"的理念，并在联想各业务单元和质量管理中开始应用，2007年，联想开始形成系统化的"复盘"方法并应用于质量管理中，选取关键的系统性质量问题进行"复盘"，后经不断优化，于 2011 向全球推出，并通过开发 IT 系统、举办研讨会、评奖等方式在各业务中进行共享，增加经验积累，从而不断驱动质量及其他业务模块持续改进。

图16 质量问题的复盘流程

2）NUDD 质量风险管控体系（图17）

NUDD 是联想实践的一套新产品质量早期风险管控体系。它是为了解决联想新品开发过程中因为功能特性越来越新、开发周期越来越短等情形所带来的质量风险提高的问题，从而设计的一种全新的质量风险管理机制。

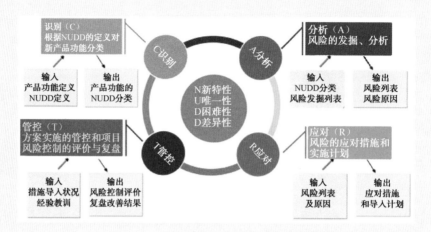

图 17　NUDD 质量风险管控体系图

NUDD 是实现联想新产品开发阶段的早期质量风险管理，是新特性（New）、唯一性（Unique）、困难性（Difficult）和差异性（Different）的简称组合。NUDD 就是按照这四个不同的维度在新产品开发过程中进行早期风险的识别（Category）、分析（Analysis）、应对（Response）、管控（Tracking），从而达到降低新产品质量风险的目的。它是一种过程管理与目标管理相结合的质量管理方法。

2. 质量方面

1）TTQ（Time To Quality）

TTQ 是联想为衡量新品爬坡阶段质量水平而新建立的绩效测量指标，TTQ 以客户感受为导向和基本出发点，端到端管理质量问题；可针对性地考量各业务部门对质量水平的贡献及影响；过程管理与结果导向相结合；大量总结历史数据，进行算法建模，加之客户评价，力求适应性；详尽定义每个打分标准，规则明确，打分客观，准确衡量新品质量水平；每个项目最后得分分为优良中差四个表现类别，多维度进行评价，可汇总计研发问题，来料问题，生产制程问题等子维度的新品质量表现水平。

2）EWG（Early Warning Group）

EWG 流程管理法是在一个新的产品发布后，最快速的获得用户对新产品的反馈，最高效的改善新产品质量水平，是联想公司质量部门最重要的职责之一。每一个新产品正式上市时，针对此产品的 EWG 流程即正式启动；这是一个集各个部门的能量于一体，前端至后端集中资源通力合作，追求快速响应的流程；在这个流程中，市场和服务部门会在产品上市后立刻启动用户意见建议收集工作，汇总和分析用户在新功能新应用方面遇到的各种问题；质量部门会详细的分析重要的用户问题，寻找问题出现的根本原因，调查问题的影响范围并给出问题的解决方案，同时持续地统计和监控各项质量指标；研发部门会为各种问题的解决方案给予技术上的支持；供应链各部门会推动各级供应商提供最大的资源支持，在最短的时间内，将解决方案导入产品的生产过程中，使得后续生产的产品有获得更优的质量表现。

3. 技术方面

1）"双拳战略"：保卫现有优势+进攻新兴市场

一方面保卫好中国业务和全球企业客户业务；另一方面向移动互联市场、高速增长的新兴市场和全球交易型业务市场发起猛烈的进攻。借助有效的业务模式、简单高效的成本结构、领先的创新能力等优势，联想全球业务不断取得进展。联想根据既定战略，推出覆盖智能手机、平板电脑、个人电脑和智能电视四大品类的终端产品，通过与个人云服务的融合，实现从传统PC 领域领先厂商到 PC+领域领先厂商的过渡。

2）两级研发体系+创新三角保证核心技术转型

2012 年，联想调整组织架构，端到端部门整合，根据业务全球划分为TPG 和 LBG 两大业务集团，分别针对联想 Think 系列以及 Idea 系列产品进行全面部署。联想在全球各地的研发团队有非常明显的特点和优势，他们之间协同研发、优势互补、高效创新。现在全球创新有非常多的合作项目，比如近期推出的超轻笔记本 X1 Carbon 就是全球三地研发协同创新的优秀产品。联想已经在全球范围内构建起以中、美、日三地为支点的全球研发架构。

通过并购 IBM 全球 PC 业务，国际化的联想已经具备了强大的全球技术创新能力，

3）加强企业技术创新基础设施建设

联想在中国的北京、上海、成都、深圳，以及美国的罗利、日本的大和都建有研发中心，联想为技术创新建立了世界一流的实验环境，有遍布全球的实验室，包括与 Intel 联合的未来技术中心，与微软联合的实验室，与微软、英特尔、蓝戴斯克、IBM、赛门铁克五家厂商联合创立的联想技术创新中心、EMC 实验室、可靠性实验室、破坏性实验室、音响效果实验室、主板 4CORNOR 测试实验室等等。其中，联想可靠性实验室（简称：LRL）正式通过中国国家合格评定委员会（CNAS）现场审核。

4）建立知识产权风险管理系统，完善专利保护机制

联想拥有专利 8000 余项，所以非常重视知识产权保护。同时为配合技术创新过程中的专利管理，联想建立了以公司级专利管理部门为核心，以各部门专利管理人员为基础的专利管理模式。从而有效保证了有统一的专利管理机构，让公司从宏观的研发发展方向上，总体部署整个公司的专利战略，而且也使专利管理渗透到各部门的研发过程中，更有效地推动技术创新。从而，使联想具备完善且合理的知识产权保护体系，具备细致且可执行的各类知识产权保护流程，能够及时并有效地将具有自主知识产权的各类创新成果（商标、软件著作权、专利等）以最恰当的保护形式予以保护。从而实现无形财产的积累，形成具有自主知识产权的核心竞争力。

4. 品牌方面

联想自 1984 年创立以来，在品牌打造方面走出了一条成功之路。联想创立初期，不畏艰难，坚持自有品牌的创立，并打造出国内著名的品牌；2002 年为打造国际品牌，"凤凰涅槃"，毅然切换 "Lenovo" 品牌；2006 年联想创中国企业奥运品牌推广之先河，成功把品牌推向全球；2005 年联想并购 IBM 个人电脑业务，联想根据公司战略在全球 160 多个国家建立分支机构，销售产品，把品牌深入推广到全球不同文化、不同背景的区域和用户中，帮助市

场提升为全球领先的品牌，市场占有率接近第一的位置；联想重视规划，设定中长期目标，要让联想在全球范围内成为一个令人敬仰的品牌，组织和资源保障，使品牌策略执行到位，为了调整为全球通用的品牌，联想重新调整了品牌体系，企业品牌为统一的"Lenovo"的品牌，把产品品牌整合为两类：商用产品-Think，消费类产品-Idea。以不同品牌形象和品牌特点，迎合不同类型客户的需求，有利的帮助了公司海外业务的拓展，并在公司整体效益上获得提升；联想不断加强品牌维护和管理，制定严谨、细致的制度和内部品牌和推广规范，使联想品牌始终保持持续发展和活力。

联想品牌建设结出硕果，2008 年 3 月 18 日，英国《金融时报》在北京发布了"第二届'FT 中国十大世界级品牌'调查结果"，联想荣登榜首；2010 联想荣获 "品牌中国"产业联盟的品牌中国华谱奖；2013 年位居国际品牌机构 BrandZ Top50 最具价值中国品牌 50 强；2013 年联想第一次冲进了全球最具竞争力品牌的 500 强榜单，在中国企业中排名第一；2013 年一季度联想在全球 PC 市场占有率达到 16.7%，位居全球第一。

5. 效益方面

1）出色的经营业绩

全球个人电脑市场排名第一，市场份额大幅提升至 16.7%，年销量超5200 万台，过去的 13 个季度在主要个人电脑厂商中连续保持最快增速。2005年以来，营业额从 130 亿美元提升到 340 亿美元，全球财富 500 强排名第 329位。盈利能力大幅提升，2009 年盈利 1.76 亿美元，2012 年盈利 6.35 亿美元。

2）个人电脑中国市场的领导者地位

联想中国占集团整体收入 42%，通过进一步巩固其在中国这个全球最大个人电脑市场的领导地位，市场份额大幅提升。继续雄踞中国市场。联想的个人电脑已深入中国的新兴城市，其销量受惠于中国新兴城市的城市化进程。

3）质量控制相关的关键财务举措

服务业务：贯彻全面预算管理原则。将部件在使用生命周期每月的故障率作为服务成本预算和核算的基础。通过财务指标的月度分析，持续推进质量参数的改善。全面记录和深入分析各产品维修量指标，发现及评估指标异常的深层原因，支持服务业务决策。分配，协调资源支持客户联络工作，获取终端客户对产品的质量评价的第一手信息。不仅从自身角度评价质量，更要从客户角度评价。

GSC 业务：协同供应链建立经济衰退期存货管控模式，优化积压库存管控流程，全力助力中国区财务指标达成及有效控制资产负债项目风险。从财务角度对 DOA 存货处理业务模式进行分析和评价，提供优化处理方案。推进加强质量控制，保证公司成本最低及业务模式最优化。加强工厂制造成本及质量监控，建立分工厂成本核算及分析模式，支持供应链工厂成本及质量优化。

九、中联重科股份有限公司

■ 组织简介

中联重科股份有限公司创立于 1992 年，是一家持续创新的全球化装备制造企业。其前身是原建设部长沙建设机械研究院 8 名工程师借款 50 万创立的院办企业，秉承"科技产业化，产业科技化"的使命，公司经历了科研院所转制、股份制改造、全球化经营等阶段，实现了从一个科研事业单位到跨国公司的蜕变。

中联重科于 2000 年在深交所上市，2010 年在香港联交所上市，是中国工程机械行业唯一的 A+H 股上市公司。成立 20 年来，中联重科年均复合增长率超过 60%，为全球增长最为迅速的工程机械制造商。2013 年，跻身 2013 福布斯全球企业 800 强第 779 位，成为世界排名第六、国内第一的工程机械企业。

中联重科是工程机械国家和行业标准制修订主导者之一，至今累计制修订国家和行业标准 369 项；是国际标准化组织/起重机技术委员会（ISO/TC96）秘书处承担单位，组织参与国际标准的制修订。目前，中联重科年产生专利超过 1600 件，其中发明专利占比超过 30%，新技术、新产品对年营业收入的贡献率超过 50%。

▪ 获奖概览

在实践中探索形成了以文化引领、战略导向、市场驱动、技术保障、分层级矩阵式管理为主要内容的质量管控模式，将质量、环境、职业健康安全、测量等管理体系与卓越绩效管理模式融为一体，实现质量管理模式与公司管理体制良性互动。建立了全面的质量关键指标实时监测和预警系统，完善质量成本考核，落实质量责任制，建立了以"质量链"为基本原则的全过程的质量管控体系，实现全过程质量安全监控。实施了以可靠性为基础的科研开发战略，建立了"五位一体"、"两级平台"的技术创新体系。通过 20 年的实践，初步形成了一套质量管控模式，涵盖公司质量管理的文化、战略、责任、体系与技术等各个层级，责权清晰，管理有效，对我国企业，尤其是多品种、中小批量的机械装备制造企业的质量管理具有一定的借鉴意义和推广价值。该企业已成为质量文化领先、管理基础坚实、具有核心技术创新能力、品牌优秀知名度高、综合效益突出的装备制造企业。2005 年获"湖南省质量管理奖"，2010 年获首届"湖南省省长质量奖"。

优势、特色和创新之处

1. 质量管理模式

文化引领、战略导向、市场驱动、技术保障、分层级矩阵式质量管控模式。

1) 文化引领：表里如一、品质卓越、思想引领

中联重科传承中华民族优良传统文化，形成了以诚信、创新、执着为主要内涵的企业核心价值观（图18）。核心价值观加速了质量文化的落地，树立了全员质量观，形成了精诚务实、言行一致的企业氛围，实现了产品质量精良、员工品质优秀、企业发展质量优良的有机统一。

图 18 中联重科质量文化系统图

2) 战略导向：经营人才、精制产品、稳健导向

中联重科始终秉承"经营企业就是经营人才"的理念，建立了以专业技

能与创新理念人才培养的应用体系。并将精益求精的要求贯穿于产品设计、制造和客户服务的全过程，促进了创新性人才与高品质产品的协同发展和良性互动。由此共同支撑了公司的稳健经营和可持续发展。

3）市场驱动：聚焦市场、闭环响应、全员驱动

以市场为中心，建立了市场信息反馈和持续改进的闭环系统。敏锐感知顾客需求的变化，形成了研发、制造、销售、服务等各环节的快速反应、有效协同。市场的驱动，促进了全员参与质量改进，实现了顾客满意度持续提升。

4）技术保障：依托平台，创新模式，保障质量

依托公司拥有的国家级创新平台和企业创新平台，集成运用国际融合创新、买断整合创新、顶层自主创新三类创新模式，持续深度研究产品、关键零部件技术，以保障产品的高性能和高可靠性。

5）分层级矩阵式管控

战略分层、管理分层、矩阵式管控，实现跨线联动，持续改进，整体提升。

2. 质量方面

1）建立了有效的质量文化体系

通过零缺陷活动和项目实施，有效地将质量文化落地到事业部，融入到员工，创新性地建立了公司质量文化体系。中联重科成立"零缺陷项目指导委员会"，形成了有组织的、有序的零缺陷改进专案的推进方式（图19），范围涵盖整个生产运营的质量链，该方法具有普遍的推广意义。

2）建立了质量战略规划体系

中联重科以人才培养、产品质量保证，公司健康发展为导向，根据"分层管控"原则，制定了质量战略规划体系。

3）建立了全面的质量 KPI 实时监测和预警系统。

中联重科以产品质量、质量成本和客户满意度等为质量监控主要指标，建立了从设计质量、制造质量、服务质量等方面的指标分析系统，进行了全

面的监控分析并快速预警和预防。

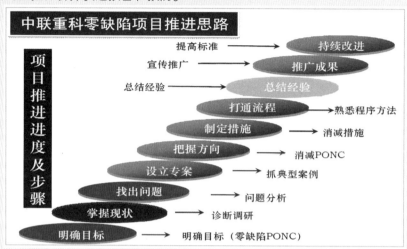

图19 中联重科推进零缺陷项目思路

4）建立了质量成本考核体系，落实质量责任制

中联重科建立了质量成本管理体系，明确了考核指标和目标。根据分层考核原则，进行目标分解，促进质量持续改进，外部质量损失率逐年降低，从 2009 年的 0.60% 下降到 2011 年的 0.39%，客户满意度不断提升。

5）质量管理模式与公司管理体制良性互动

中联重科实行事业部管理模式，创造了独特的"50 字管理方针"，即"点控线，线联面，线面贯通，点面互动"；"整合资源、目标管理、过程监控、服务协调"；"人、财、物、产、供、销、分配相对独立；集中决策、自主经营"。"50 字方针"体现了中联分层管理理念，与公司分层级矩阵式质量管理模式得到了高度统一，使公司的质量管理能够落到每一个管理层面，这种良性互动提升了企业的产品竞争力，促进了企业持续高速发展。2005 年实行事业部制以来，中联重科销售收入从 33 亿增长到 480 亿，净利润从 3.1 亿增长到 73 亿。

6）建立了以"质量链"为基本原则的全过程的质量管控体系

中联重科建立从市场为起点、以产品为载体，从先期质量策划、过程质量控制、持续质量改进和供应链质量管理进行全流程质量管控。同时整合了质量、环境、职业健康安全、测量、CCC 一体化的综合管理体系，有效提升管理效率。

7）建立产品全生命周期的质量控制

中联重科引入产品质量先期策划（APQP），建立从产品开发项目策划到设计、验证、量产、循环利用等全过程的研发质量管控体系，建立了贯穿产品全生命周期的实验体系，实现了"经验积累规范化、知识传承标准化、研发软件平台化、实验验证体系化"，确保产品在整个生命周期内的高品质、高安全性，降低设计开发风险。

8）建立全过程质量安全监控体系

中联重科建立了质量安全管理制度，进行目标管理和资源整合，自编教材进行质量安全培训。企业设立安全责任制和安全奖励资金。对 99 个过程安全影响因素分解和过程安全分析，形成过程安全指导书，并定期对安全因素审核，提高了过程质量安全管理的有效性。另外，所有出厂产品都配备GPS 系统对产品进行使用过程的安全监控，此方法具有推广价值。

9）开展全员质量绩效评价和激励

一是设立质量控制红线：对达不到基本质量保障条件和导致显现质量异常的管理、操作行为，严格落实公司、部门、车间和相关人员的责任。二是建立以质量为导向的激励机制：建立从高层领导到员工收入与质量绩效强相关的考核激励机制，对优秀质量改进项目和突出贡献人员实施重奖，调动了全员质量改进的积极性。

3. 技术方面

1）实施了以可靠性为基础的科研开发战略

中联重科制定了以可靠性为基础，以绿色和智能为目标的科研战略，并有效执行。重点突破影响产品质量的关键技术瓶颈，持续提升产品的可靠性和竞争力，形成了科研促进产业、产业反哺科研的良性循环。

2）建立了"五位一体"、"两级平台"的技术创新体系

"五位一体"国家级创新平台：建立了由建设机械关键技术国家重点实验室、混凝土机械国家工程技术研究中心、城市公共装备技术研究院、国家认定企业技术中心和博士后工作站组成的五位一体的国家级创新平台，对行业前瞻性、基础性和共性技术进行研究。

"两级平台"：第一级平台是公司中央研究院，从事公司共性技术的研究；第二级平台是公司下属事业部的产品研究所，从事事业部的产品开发。一级共性技术平台向二级产品平台提供共性和基础技术，二级产品开发平台向市场提供高质量的主机产品和关键零部件。一级平台与二级平台相互独立又相互促进，实现了关键技术攻关、产品升级换代和新产品研发的协同。

"五位一体"、"两级平台"的技术创新体系使科研开发与市场需求实现有效对接，每年向市场推出 300 多项具有自主知识产权的新产品，近两年承担（完成）国家 973、863 和国家科技支撑计划项目 10 项。

3）实施了完善的科技投入和评价激励机制

中联重科每年将销售收入的 5%以上用于科研，实行两级投入机制，公司投入共性技术并扶持重点项目，事业部自主投入专业产品，保证了技术创新的整体性和可持续性。建立了以创新水平和市场评价为导向的评价机制，以及多层次、重基层的激励机制。

4）集成运用三类持续创新研发模式

中联重科探索和运用"国际融合创新、买断整合创新、顶层自主创新"三类持续创新的中联创新模式，大幅提升了公司创新能力，增强了公司国际竞争力，各类主导产品的技术水平都处于世界领先地位。

4. 品牌方面

1）以总体战略目标引领品牌规划

中联重科品牌规划以公司总体发展战略目标为指引，基于公司的国际化**资本运作能力、科技创新能力和文化软实力**，致力于塑造专业、负责、国际化的品牌形象。

2）精准传播，立体推广

一是品牌建设体系完备。确立董事长是公司品牌第一责任人，形成了一套责权明晰、管理有效的品牌管理系统及其工作运行机制，制定品牌管理制度 7 则、具体业务流程 37 条。**二是针对专业客户聚焦传播。**基于工程机械行业的特质和对用户的研究分析，重点针对专业客户，传播内容聚焦于品牌价值承诺，确保传播精准性。在行业内首推"蓝色关爱"服务品牌，实现从"被动维修服务"向"主动关怀服务"的升级。**三是传播手段立体化。**形成新闻传播、广告投放、事件营销及行业展会等立体式传播构架，特别是以企业公民身份参与社会重大事件的新型品牌建设推广探索，传播健康文化，凝聚了正能量，推动了品牌知名度、美誉度加速提升。

5. 效益方面

1）树立龙头企业引领行业发展的新标杆

一是主导和参与制修订国家、国际标准。累计制修订国家、行业标准369 项；是中国工程机械行业唯一一个国际标准化技术委员会秘书处独立承担单位。**二是创造了多个世界第一。**打造了"全球数一数二"产品，持续引领中国工程机械全球崛起。近两年，中联重科创造了多项世界第一，在新材料应用、耐磨技术、减震技术、长臂架泵车、大吨位履带式起重机、全地面起重机、塔式起重机和宽幅摊铺机等方面处于国际领先地位，引领了工程机械行业的发展。**三是创造了行业增长率第一、稳步增长。**中联重科自成立以来的 20 年间，营业收入年均复合增长率达 62.41%，为全球行业之最。

2）树立企业公民反哺社会的新标杆

① 产业集聚，带动新型城镇化建设。中联重科通过产业集聚带动城镇化，为龙头企业反哺社会树立了一个新标杆。公司工业园落户在湖南、陕西、上海的 13 个县市的多个乡镇，并在周边形成一个由数百家极具活力的中小配套企业形成的企业群体，带动了当地城镇化的建设。以湖南为例，中联重科有 11 个制造园区分布于 3 个地市的 10 个县区及乡镇，在 260 多千米的沿

线上，打造了一条平均每 35 千米就有一个园区的中联西线工业走廊，成为当地的支柱企业和主要纳税人。

② 节能环保，助力两型社会建设。中联重科的产值能耗从 2009 年的 0.0083 吨标煤/万元逐年下降到 2011 年的 0.0049 吨标煤/万元，远低于同期行业平均水平，废气、废水、废渣及噪声排放达到国家标准，为构建"两型社会"、"美丽中国"做出了企业应有的贡献。

③ 热心公益事业，践行社会责任。中联重科积极参与抗震救灾、抗冰救灾、抗旱救灾、爱心助学、扶危济困等社会公益事业，近十年直接投入约 1.4 亿元；员工自发捐赠成立的内部救助基金规模已近 4000 万元，支出 965.74 万元，为企业践行社会责任树立了榜样，有利于形成奉献社会的良好风气，构建社会主义和谐社会。

编委会

中国制造 2025 系列丛书出版工作委员会

主　　　任：刘九如

出 版 人：徐　静

编辑部成员：郭穗娟　陈韦凯　许存权　管晓伟　齐　岳

　　　　　　李　洁　秦　聪　王凯晨　万子芬

出 版 监 制：周　彤

装 帧 设 计：王彦飞

跋

制造业是立国之本，兴国之器，强国之基。自从新中国成立尤其是改革开放以来，我国制造业持续快速发展，已经成为世界制造大国；但是，我国制造业大而不强，转型升级和跨越发展的任务紧迫而艰巨。当前，新一轮科技革命和产业变革与我国加快转变经济发展方式形成历史性交汇，中国制造站在了新的历史转折关头。

2015 年 5 月 8 日，国务院正式发布实施《中国制造 2025》。这是党中央、国务院总揽国际国内发展大势，站在增强我国综合国力、提升国际竞争力、保障国家安全的战略高度做出的重大战略部署，是我国实施制造强国战略的第一个十年的行动纲领。我们的目标是，通过今后三个十年的奋斗，把中国建设成为世界制造强国，为实现中华民族伟大复兴的中国梦打下坚实基础。

《中国制造 2025》的发布在国内外引起了巨大反响，国际经济界高度关注，国内工业界备感振奋，全国各地掀起了全面升级实体经济、大力发展制造业的热潮。

《中国制造 2025》的发布同时也引发了业界的战略研究和深入讨论。当前，特别需要加强思想上的沟通和交流，广泛地宣传《中国制造 2025》。为此，国家制造强国战略咨询委员会委托中国工程院战略咨询中心组织院士和专家撰写了《中国制造 2025》系列丛书。

《中国制造 2025》系列丛书共分为七卷，包括《〈中国制造 2025〉解读——省部级干部专题研讨班报告集》、《智能制造》、《优质制造》、《绿色制造》、《服务型制造》、《工业强基》和《〈中国制造 2025〉重点领域技术创新绿皮书——技术路线图》。本丛书对《中国制造 2025》的战略定位、主要内容和工作部署进行了全面深入的阐释，以使制造业和社会各界人士更好地理解和贯彻《中国制造 2025》。

感谢院士和专家在百忙中为本丛书撰稿，感谢编写组全体成员的辛勤劳动，在较短的时间里，完成编辑和出版工作。

国家制造强国建设战略咨询委员会

2016 年 3 月